DU
TRAVAIL INTELLECTUEL
EN FRANCE.

—

TOME II.

IMPRIMERIE DE BOURGOGNE ET MARTINET,
rue Jacob, 30.

DU TRAVAIL
INTELLECTUEL
EN FRANCE,

DEPUIS 1815 JUSQU'A 1837,

PAR

AMÉDÉE DUQUESNEL,

Auteur de l'Histoire des Lettres avant le Christianisme.

TOME SECOND.

PARIS,

W. COQUEBERT, ÉDITEUR,

48, RUE JACOB.

1839.

TROISIÈME PARTIE.

PHILOSOPHIE.

—◆—

I

La religion et la philosophie se confondent souvent ; à vrai dire elles pourraient n'être qu'une seule science, et c'est la guerre sociale, l'état anormal du monde qui les séparent. Dans notre travail nous avons été plus d'une fois arrêté par cette malheureuse division, nous qui avons l'intuition de ce que devrait être la vie humaine, du but glorieux auquel elle s'efforce d'atteindre. Pourquoi faut-il que toutes les forces intellectuelles ne poussent pas le monde vers la vérité ? Ce n'est explicable que par la déchéance de l'homme, que par ce dogme terrible enseigné par toutes les religions de la terre. La fin du dernier siècle a été témoin des plus désastreuses erreurs philosophiques ; il est consolant d'avoir à constater que, malgré la réapparition bruyante de quelques doctrines matérialistes , la tendance générale de la philosophie comtemporaine est sage et bienfaisante.

Les descendants de Gassendi, de Hobbes, de Locke et de Condillac, furent au commencement de ce siècle Cabanis et Destutt de Tracy. Ces deux philosophes célèbres continuèrent à exposer cette doctrine de la sensation, si paradoxale dans ses prétentions exclusives d'être elle seule toute la science. Toutefois cette école sophistique a rendu des services éminents aux études philosophiques, quoiqu'elle se soit trompée sur les bases. Nous ne ferons que mentionner le nom de Cabanis, mort avant 1815. Dans ses *Rapports du physique et du moral de l'homme*, Cabanis partit de la physiologie, et en déduisit toute sa doctrine qui faisait résider dans les nerfs toutes les facultés fondamentales de l'homme, l'intelligence, l'amour, la volonté. Cabanis tirait ainsi l'immatériel du matériel ; c'était faire descendre Dieu de l'homme, ou plutôt c'était anéantir Dieu. Quelque singulière que nous paraisse aujourd'hui cette doctrine, elle régna long-temps sans opposition sur la France, émerveillée des magnifiques découvertes des sciences mathémathiques et naturelles. L'homme, étonné de tout ce qu'il apprit alors, oublia cette pensée au moyen de laquelle il découvrait ces belles choses ; il nia cette âme qui lui révélait des phénomènes admirables.

à peu près comme l'homme qui en dissertant sur la lumière oublierait le soleil.

Non seulement le succès de Cabanis est explicable par les préoccupations matérielles de la France d'alors, mais aussi par la lucidité et l'esprit ingénieux de l'écrivain. Une fois que vous avez concédé à Cabanis ses étranges prémisses, il en déduit avec une incontestable habileté les conséquences les plus curieuses ; il séduit le lecteur par un enchaînement captieux, surtout en s'adressant, comme il faisait alors, à des hommes peu habitués à l'étude de la psychologie.

Né en 1754, M. Destutt de Tracy avait vécu dans l'intimité de Cabanis. Ces deux écrivains se réunissaient souvent à Auteuil, où se retrouvaient aussi MM. Maine de Biran, Garat, de Gérando et Laromiguière. M. de Tracy, en continuant l'enseignement sensualiste, l'étudia sous une autre face : il fut le métaphysicien de la doctrine dont Cabanis avait été le physiologiste. Caractère honorable et honoré, il sut préserver son cœur des erreurs de son esprit. Ses Éléments d'idéologie, si vantés lorsqu'ils parurent, sont aujourd'hui condamnés comme tout le condillacisme par les écrivains philosophiques les plus distingués. En rapportant tout à la sensation, M. de Tracy est, comme toute son école, incomplet et étroit ; mais il est impossible d'employer plus d'esprit et de logique à raisonner sur des principes faux. J'ai dit plus haut que l'école sensualiste avait rendu de grands services aux études philosophiques, et je n'ai pas développé cette pensée. L'école sensualiste a accoutumé les psychologistes à l'analyse minutieuse, à la recherche des plus petits détails; aussi voyons-nous les psychologistes modernes, M. Jouffroy, par exemple, affirmer que les faits de l'âme peuvent être examinés et analysés comme les faits anatomiques. M. de Tracy absorbe une bonne partie de cette gloire de l'école sensualiste, et c'est à cela sans doute que dernièrement, à Munich, M. Schelling faisait principalement allusion lorsqu'il parlait de la reconnaissance dont le monde savant devait honorer la mémoire de Destutt de Tracy.

Ni Locke, ni Condillac, ni de Tracy, n'ont eu la conscience entière de leur œuvre. L'esprit de système les a éblouis; ils ont écrit leur théorie avec l'enthousiasme des novateurs; ils s'y sont laissés aller par entraînement pour les nouveautés; ils n'y ont vu que des vérités abstraites renfermées dans le cercle étroit du monde savant. Si on leur avait dit qu'en partant de leur principe on en serait venu à nier Dieu et la liberté de l'homme, à éteindre dans la créature toute noblesse, tout amour, à enseigner que les devoirs de l'homme n'étaient que la conservation de lui-même et la jouissance, ils auraient jeté leurs livres au feu avec horreur.

Voilà cependant ce que le singulier catéchisme de Volney enseigne aux hommes; et ceci confond l'orgueil humain. Un écrivain doué de facultés brillantes a consacré sa vie à l'étude; il a supporté avec courage les privations et les fatigues d'un voyage lointain; il s'est enfermé des années dans un couvent de la chaîne du Liban pour pénétrer le mystère des langues orientales, et tout cela pour dire à ses semblables, dans son livre des *Ruines*, que toutes les religions sont des inventions humaines, et dans son catéchisme, que les devoirs de l'homme n'avaient pour base que sa conservation, c'est-à-dire l'égoïsme !

Certes le succès de l'école sensualiste est bien facile à concevoir. Quand vous direz à toutes les mauvaises passions de l'homme qu'elles sont légitimes, quand vous aurez pour auxiliaires tout ce qu'il y a en nous de penchant au mal, vous pouvez compter sur une foule de prosélytes. Voilà ce qui a eu lieu. Le sensualisme, secondé par les leçons de Garat, par les écrits de Lancelin et du docteur Gall, a régné sur la France en triomphateur jusqu'à l'apparition des deux grandes écoles, catholique et éclectique, qui ont renversé son temple. Depuis long-temps il ne vivait que de souvenirs, quoique se montrant encore de temps en temps dans les livres de quelques auteurs, entre autres dans ceux de M. Azaïs, dont les leçons eurent tant de vogue sous l'empire; lorsque tout-à-coup, au milieu des victoires de l'école religieuse et de l'éclectisme, un médecin de génie, M. le docteur Broussais, né comme un de ses glorieux antagonistes, l'abbé de Lamennais, à Saint-Malo, en Bretagne, se jeta dans le monde philosophique avec toute l'audace que ses compatriotes ont montrée souvent dans leurs courses à travers l'Océan. Son livre *De l'irritation et de la folie*, ouvrage dans lequel les rapports du physique et du moral sont établis sur les bases de la médecine physiologique, ressuscitait tout le système de Cabanis, et le ressuscitait avec un dédain superbe pour les doctrines qui tenaient alors le sceptre du monde savant. Le style de M. Broussais a toute l'âcreté d'un chef de secte, il anathématise tout ce qui ne pense pas comme lui. Si l'altier comte de Maistre avait pu lire ce volume, il eût bondi comme un lion. Il faut le dire, le grand médecin de la Bretagne s'est nui dans le monde de la science par le ton tranchant qui a dicté son livre; mais d'un autre côté il a ébloui bien des lecteurs superficiels, qui prennent presque toujours une assurance bruyante pour un signe de supériorité. Il y a une sorte de danger à se déclarer l'adversaire d'un homme qui place si bas ses antagonistes. Aux yeux de la foule, celui qui parle haut a souvent raison.

Le docteur Broussais a succombé, comme Cabanis, avec des facultés éminentes, comme succombera tout philosophe qui voudra combattre la spiritualité de l'âme, comme ont succombé tous les spiritualistes exclusifs qui ont voulu nier l'existence des corps.

Toutefois il est juste de reconnaître que, si le livre de *l'Irritation* contient une foule d'inductions contre l'immatérialité de l'âme, le docteur Broussais, inconséquent en ceci, a proclamé plusieurs fois cette immatérialité. Il dit, par exemple, dans son *Traité de physiologie appliquée à la pathologie* : « La sensibilité est immatérielle comme la pensée dont elle est la base. » Quand des intelligences de la force de celle du docteur Broussais sont entraînées loin de la vérité par l'esprit de système, elles rentrent toujours en elles par instant. Plus loin nous lisons :

« J'observe bien que la pensée se manifeste à l'occasion du mouvement de la matière ; mais je ne saurais en saisir le *quomodò*..... »

' Là dessus personne n'est plus savant que le grand docteur de la Bretagne. Personne ne peut expliquer *comment* l'âme et le corps réagissent constamment l'un sur l'autre. Mais puisque M. Broussais avoue franchement cette ignorance, pourquoi ose-t-il dire que le moral vient du physique ? M. Broussais n'a pas fait faire un pas à la doctrine sensualiste ; son système est celui de Cabanis. Tou ce qu'il y a de nouveau dans les livres de M. Broussais appartient à la physiologie : M. Broussais est un grand médecin.

II

Il nous tardait d'arriver à la véritable philosophie du xixe siècle, aux écoles catholique et éclectique.

Le comte de Maistre a peut-être été amené à
écrire les *Soirées de Saint-Pétersbourg* par le souvenir des dialogues de Platon. Il a l'élévation du
philosophe grec et aussi son ironie mordante. Ce
livre, qui remue tant et de si hautes questions,
est une lecture charmante pour tout esprit habitué aux contemplations philosophiques ; on aime
jusqu'aux erreurs du comte de Maistre, tant son
style a de grâce et de force !

La question fondamentale de l'ouvrage, *le gouvernement temporel de la Providence*, comprend
toute l'existence de l'homme. Le bonheur, cet
inépuisable thème que le genre humain varie sous
tous les tons, depuis Salomon jusqu'au comte de
Maistre, préoccupe presque continuellement la
pensée du philosophe catholique. Il répond à cette
objection, que le méchant triomphe sur la terre et
que le juste souffre. Il démontre que le bonheur
attribué au méchant n'est qu'une mensongère ap-

parence, et que si le juste souffre, ce n'est pas comme juste, mais comme faisant partie de l'humanité, soumise à la souffrance par suite du péché originel. Et en vérité, cette grande déchéance qui se retrouve dans toutes les religions de la terre, est le seul moyen d'expliquer la vie étrange que nous traînons ici-bas.

L'école éclectique, par la bouche de M. Damiron, a fait au comte de Maistre des reproches qui nous semblent souvent hasardées assez légèrement.

Qu'est-ce que la douleur? dit M. Damiron; est-elle, comme le pense M. de Maistre, la conséquence et la punition du péché originel? Oui, si l'on admet avec lui le péché originel. Mais admettre le péché originel, c'est admettre un mystère, c'est-à-dire une chose inexplicable et incompréhensible. Or, avec une chose inexplicable et incompréhensible, on ne rend raison de rien *philosophiquement.*» (*Essai sur l'histoire de la philosophie en France au* XIXe *siècle*, t. I, p. 242.)

Si nous comprenons ce passage, il tend à proscrire absolument le mystère du domaine philosophique, c'est-à-dire à séparer entièrement l'ordre philosophique et l'ordre religieux; ce qui réduirait la philosophie à une science bien étroite et bien vaine. La métaphysique est la connaissance de ce qui ne tombe pas sous les sens, de ce qui est au-delà des sens; conséquemment c'est la connaissance du mystère autant que la raison de l'homme peut approcher de cette vision. En proscrivant le mystère, vous proscrivez la métaphysique elle-même ; au nom de qui ? de la métaphysique. Voilà où sont amenés les esprits les plus distingués quand ils abandonnent les enseignements de celui *qui est la voie, la vérité et la vie.* Vous reprochez au comte de Maistre d'invoquer l'enseignement des livres saints pour résoudre l'immense problème de l'existence de la douleur ou du mal ; et quelle solution présentez-vous à la place de celle écrite dans les livres de Moïse ? aucune. Belle compensation en vérité. La philosophie n'est rien, ou elle est l'auxiliaire de la religion.

Nous sommes étonné d'ailleurs que M. Damiron n'ait pas remarqué avec quelle hauteur de vues le comte de Maistre a parlé *philosophiquement* du mystère du péché originel. M.Cousin, dont les écrits, pour le dire en passant, sont bien autrement chrétiens que ceux de MM. Damiron et Jouffroy, avait, après saint Augustin et Bossuet, parlé admirablement du mystère de la Trinité. Le comte de Maistre a émis sur le péché originel des idées qui ne sont peut-être pas neuves, mais qui du moins ne m'étaient jamais tombées sous les yeux si claires et si fortes ; et quand je dis qu'elles ne sont peut-être pas neuves, ce n'est pas qu'elles me rappellent des phrases d'un autre écrivain, mais c'est que je suis tenté de croire que toute vérité se trouve dans cette effrayante collection des œuvres des Pères, que les plus savants d'entre nous n'ont guère fait qu'entrevoir. Si j'analyse bien, le comte de Maistre

cherche à expliquer ainsi les suites du péché originel pour la race humaine. Le premier homme et
la première femme, par le fait de la désobéissance
aux ordres de Dieu, souillèrent leur âme; cette
souillure corrompit leur nature, et tous les esprits
habitués aux études spiritualistes ne comprendraient pas que l'âme d'Adam et d'Ève fût restée
la même après leur chute. Par cette faute, Adam
et Ève descendirent du rang où Dieu les avait placés,
à celui de créatures faibles et soumises au mal.
Serait-il rationnel qu'il fût sorti de ces êtres cor-
rompus et faillibles des êtres incorruptibles et forts?
N'est-ce pas une loi générale que tout être enfante
des êtres de la même nature que lui? Il faudrait
autant exiger d'un lion, par exemple, qu'il mît au
monde un homme, qu'exiger d'Adam déchu un
fils exempt de faiblesse. Je ne sais si je m'abuse,
mais il me semble que la raison entrevoit ici une
sorte de démonstration de ce mystère du péché
originel, et qu'il faut remercier le comte de Maistre
au lieu de lui chercher des querelles puériles.

M. Damiron adresse d'autres reproches à l'illustre philosophe. Ici nous partageons jusqu'à un certain point les idées du professeur. Il est vrai que
le comte de Maistre ressemble un peu à un ange
vengeur, aux prophètes terribles des temps anté-
chrétiens. Je ne l'accuse pas de n'avoir pas vu la
partie consolante du christianisme; mais certes il
ne l'a pas assez exprimée. Son Dieu nous apparaît
trop comme une puissance formidable qui châtie

des criminels. La vue du philosophe se trouble à l'aspect de ces hécatombes sanglantes qui remplissent les annales des peuples ; sans cesse préoccupé de l'expiation par le sang, il idéalise le bourreau en termes magnifiques ; il regarde la guerre comme une plaie éternellement saignante au flanc de l'humanité.

M. de Maistre oublie peut-être un peu la voix tout à la fois si douce et si grande qui est venue consoler le monde il y a dix-neuf siècles, l'immense mystère d'amour qui s'accomplit alors, le sacrifice d'une vie divine mis à la place des sacrifices qui ensanglantaient la terre. Depuis on n'offre plus à Dieu le sang des hommes, ni celui des boucs et des génisses ; le cœur humain immole ses passions, sacrifice sublime et digne d'un être doué de pensée.

Si la mort ne nous avait pas enlevé le spirituel et profond écrivain auquel nous devons les *Soirées de Saint-Pétersbourg*, ses idées se seraient peut-être déjà modifiées par les spectacles que nous avons aujourd'hui sous les yeux. Nous ne gâtons pas notre siècle, nous avons souvent fait ressortir les cupidités hideuses qui le souillent ; mais, sous le rapport de l'humanité, qui ne sent la supériorité de cette époque sur celle qui l'a précédée ? Ce temps a soif d'or et non de sang. On se rappelle les peintures terribles de la révolution de 93 que nous a données le comte de Maistre dans ses *Considérations sur la France* à la fin du dernier siècle. Ce spectacle digne du Dante était bien fait pour remplir l'âme d'effroi, pour suggérer l'idée d'un Dieu vengeur du crime, et flagellant les nations sans relâche. Mais n'était-ce pas un volcan qui jetait une immense lave avant de s'éteindre? Une autre révolution est survenue, et ce peuple, si féroce il y a quarante ans, n'a pas exigé une seule tête. Il y a plus, c'est que dans les deux mondes les intelligences les plus hautes réclament l'abolition de cette peine effrayante sans laquelle M. de Maistre pense que la société devrait crouler. La guerre, cet autre sacrifice qui a frappé si long-temps les nations de terreur, semble s'éloigner de nous, comme si elle devait disparaître un jour entièrement. Le règne de la loi d'amour se prépare-t-il? Ces signes sont favorables; mais d'un autre côté quelle dégoûtante démoralisation, quelle prostitution sale à l'argent, le plus ignoble des éléments sociaux! L'agiotage est peut-être plus déplorable que la guerre.

Cette réserve faite, que de choses à admirer dans ce livre! Quelle profondeur d'idées et quel charme d'expression! Comme le comte de Maistre est éloquent lorsqu'il parle de la guerre, de la mort, de la prière, des souffrances du juste, de la poésie, de presque toutes les grandes questions qui occupent l'esprit de l'homme! Quelle verve dans la satire! Bien peu d'écrits philosophiques ont l'attrait des *Soirées de Saint-Pétersbourg*.

M. de Bonald ne sacrifie pas aux grâces comme le comte de Maistre. Sa parole est toujours grave, sans ornements superflus; c'est le langage qui convient à l'enseignement philosophique. Les écrits de M. de Bonald ont été examinés ailleurs sous le rapport politique.

M. de Bonald doit être considéré comme un des plus puissants adversaires de l'école matérialiste; personne n'a fait ressortir avec plus de talent le blasphème hideux de ces philosophes qui ont voulu abaisser l'homme jusqu'à la bête, en voyant dans les sens l'origine de toutes ses idées. Il montre le mensonge de ces doctrines et par le raisonnement et par les excès affreux qu'elles enfantent. Comme dans toutes les sciences il faut partir d'un fait reconnu vrai qui serve de base à l'édifice, M. de Bonald cherche ce fait fondamental en métaphysique, et il s'arrête à l'origine divine du langage. On lui a dit qu'il n'avait pas assez démontré cette origine; on peut répondre qu'il a démontré l'impossibilité pour l'homme de créer le langage, et ici Bossuet et Rousseau se sont rencontrés dans un même pressentiment. Les pages de M. de Bonald sur ce grave sujet sont d'une clarté remarquable : toute sa métaphysique découle de ce principe.

Puisque l'homme parle, et qu'il n'a pu inventer le langage, il faut nécessairement que ce langage lui ait été transmis par une puissance supérieure. Voici d'abord Dieu qui apparaît. M. de Bonald arrive ensuite à classer nos connaissances en deux familles, les vérités particulières ou les faits physiques et sensibles, dont la notion nous est acquise par les sens, et les vérités sociales, objet des idées générales, dont la notion nous est donnée par la société, et qui ont été primitivement révélées à l'homme par Dieu. Ce sont les idées innées de Platon qui ont été défendues dans notre siècle par les esprits les plus avancés en ces sortes d'études. Voilà donc Dieu et l'homme expliqués autant que possible par l'origine divine du langage. M. de Bonald arrive ensuite aux conséquences de ce principe par rapport à la société et à ses lois, qui reposent selon lui sur les vérités religieuses révélées à l'homme par Dieu au moyen du langage :

« Si l'on veut bien se rappeler l'enchaînement des propositions développées dans ce chapitre, dit-il, on se convaincra que tous ces principes et toutes leurs conséquences sont fondés sur le fait primitif du don de la parole, enseignée à l'homme par une cause intelligente. La nécessité de cette origine du langage, et par conséquent des idées qu'il sert à exprimer, une fois reconnue, nous trouverons sous un petit nombre d'expressions simples les idées des rapports les plus généraux entre les êtres sociaux, rapports qui sont l'objet de toutes les lois et le fondement de tout état public et domestique de société. »

M. de Bonald s'est surtout attaché, dans ses *Recherches philosophiques*, à combattre le matérialisme. Selon nous, il a déployé dans cette lutte un magnifique talent ; son style est partout d'une clarté parfaite, ses raisonnements sont le plus souvent invincibles, et si nous ne nous trompons pas, le philosophe catholique a été tout aussi tolérant que l'éclectisme lui-même ; il accorde au sensualisme tout ce que la raison doit lui accorder. Nous lisons à la page 432 du premier volume :

« La preuve fondamentale que l'auteur des *Rapports* (1) donne de son opinion ; cette preuve qui commence à la première page, pour ne finir qu'à la dernière, et qui retentit comme une note fondamentale dans tout l'ouvrage, est que la faculté de penser correspond toujours à l'état des organes, et que les idées varient suivant les âges, les sexes, les tempéraments, les climats. Mais cette assertion hasardée, qui souffre une infinité d'exceptions et demande de nombreuses explications, fût-elle vraie de tous les hommes et dans toutes les circonstances, quelle force pourrait-elle prêter à un système, lorsqu'elle peut être revendiquée, et avec plus d'avantage encore, par le système opposé ?

» En effet, si l'une des conditions de l'union de l'âme et du corps est que l'âme, tant qu'elle reste unie à cet instrument matériel, ait besoin pour la réalisation de la pensée ou sa manifestation même mentale du ministère du cerveau ; si le cerveau lui-même, en vertu des lois générales de notre organisation, est lié par des rapports nécessaires avec ses autres organes, soit avec ceux de qui il reçoit les impressions qui font les images, et les

____

(1) Cabanis.

expressions qui revêtent ses idées, soit avec ceux qui, servant à la nutrition générale de notre corps, entretiennent la vie au cerveau comme dans les autres viscères, il est impossible que le cerveau ne se ressente pas en quelque chose de l'état sain ou malade, fort ou faible, des autres organes, et que la pensée ne se ressente pas aussi de l'état du cerveau, non dans la faculté de penser, qui est indépendante des organes, mais dans l'exercice de cette faculté, et l'expression même intérieure de la pensée pour laquelle le ministère du cerveau paraît nécessaire.

» Ainsi, dans l'enfance, la lésion ou la lassitude de cet organe, la pensée ou plutôt son expression, pourra se montrer plus lente, plus obscure, moins présente, moins capable, non précisément de considérer, mais plutôt de nommer toutes les faces d'un objet et tous ses rapports. Elle recevra tous ses développements, lorsque l'organe qui lui sert de moyen aura acquis toute la perfection dont il est susceptible, vu sa constitution native, et qu'il se trouvera dans un état de force et de santé; elle paraîtra s'affaiblir ou même s'éteindre, lorsque l'organe cérébral tendra à sa dissolution, et que le corps aura perdu le mouvement et la vie. Il n'y a rien dans ces diverses circonstances qui ne s'explique aussi naturellement dans le système des spiritualistes, qui font du cerveau le ministre et l'instrument de l'âme, que dans le système des matérialistes, qui en font l'âme elle-même; et jusque là aucune des deux opinions ne peut s'en servir contre l'opinion opposée. »

M. de Bonald montre dans toute cette victorieuse discussion la même bonne foi et la même force d'esprit. L'illustre auteur des *Recherches* a tué l'école matérialiste, M. Broussais n'est pas appelé à la faire revivre.

Au reste, tout le monde a rendu justice aux études psychologiques de M. de Bonald ; l'école éclectique lui a reproché seulement de n'avoir pas exposé assez les diverses faces de la vérité, par exemple de n'avoir, parmi toutes les preuves de l'existence de Dieu, développé que celle puisée dans l'origine du langage ; mais M. de Bonald s'est surtout attaché à cette preuve parce qu'elle était plus neuve et qu'une foule d'écrivains célèbres s'étaient occupés des autres démonstrations. Nous avouons n'avoir pas trouvé heureuse la manière dont M. Damiron, dans son *Histoire de la philosophie en France au* XIXe *siècle*, cherche à prouver à M. de Bonald que les difficultés qu'il voit dans l'explication de la langue des premiers hommes ne sont pas réelles.

Quand on parle des trois grands noms de la philosophie catholique au XIXe siècle, on confond trop leurs travaux. Chacun de ces écrivains a une spécialité bien distincte. M. de Maistre a surtout appliqué sa doctrine à l'ordre social ; M. de Bonald, dans sa partie purement philosophique, a terrassé l'école qui régnait avant lui, l'école sensualiste exclusive ;

M. de Lamennais est remonté plus haut, il s'est cramponné à la raison individuelle et lui a livré les plus rudes combats qu'elle ait eus à supporter. Elle n'en est pas morte toutefois, et nous croyons fermement qu'il ne voulait pas la tuer. M. de Lamennais a été le plus populaire des trois grands noms de l'école. Nous avons analysé son œuvre dans la partie de ce livre qui concerne la religion ; nous y renvoyons le lecteur. Nous avons jugé M. de Lamennais comme personne ne l'a fait jusqu'à nous ; sommes-nous dans le vrai ? L'avenir jugera, si l'avenir s'occupe de ce livre. Nous espérons toutefois n'avoir rien avancé qui ne soit conforme à l'enseignement de l'Église.

Nous avons fait entrer l'œuvre entière de M. Philippe Gerbet dans le chapitre sur la religion. Il nous reste à parler de M. le baron d'Eckstein et d'un homme qui occupe une place à part dans l'école religieuse, de M. Ballanche.

M. d'Eckstein n'a rien formulé relativement aux doctrines générales qui ne se rencontre dans les écrits de de Maistre et de M. de Lamennais. Ce qui distingue la manière de M. d'Eckstein, c'est l'application qu'il fait de la croyance catholique aux mille questions d'art, de littérature et de philosophie. Son érudition est énorme, son style quelquefois très pittoresque, et aussi quelquefois très obscur. M. d'Eckstein est un auxiliaire puissant de l'école catholique. Il a semé dans presque tous les champs cultivés par les croyants. Il a rédigé seul *le Catho-*

lique, il a été notre collaborateur à *la Revue européenne* et à *la France catholique ;* il écrit maintenant dans la *Revue française et étrangère*. Quant
à M. Ballanche, il occupe une place bien plus isolée. Je ne sais si M. Ballanche est positivement un
catholique dans le sens attaché ordinairement à ce
mot, je ne le crois pas ; mais au moins est-il plein
d'amour pour le Christ et pour sa parole ; il croit
et il aime. Le nom de Ballanche est connu de tous,
il est entouré d'une sorte d'auréole mystérieuse
comme un prophète de commisération ; la colère
n'approche jamais de ses lèvres : il a pitié de ceux
que d'autres haïssent. N'est-ce pas qu'il a une pénétration plus profonde, qu'il voit plus clairement
les mystères internes de l'âme humaine ? Nous le
croirions volontiers. Il est parfois tout pénétré
d'onction, comme Fénelon ou Silvio Pellico ; mais
quand il est splendide, il l'est peut-être plus
qu'eux. Pourquoi donc le public ne lit-il guère les
œuvres de M. Ballanche ? C'est peut-être parce
qu'un voile peu pénétrable au vulgaire recouvre sa
pensée, peut-être encore parce qu'il a enveloppé
ses idées chrétiennes de formes grecques. Le goût
de l'antique était passé en France, du moins comme
objet d'imitation pour les modernes ; le public n'est
pas allé chercher si M. Ballanche cachait des pensées neuves sous des titres comme *Orphée* et *Antigone*. Et d'ailleurs l'auteur de la *Palingénésie* était
si étranger à toutes ces coteries qui fondent les ré-
putations ! Toute sa jeunesse se passe à Lyon, il a

été dit qu'il resta trois années sans sortir, vers l'âge
de dix-huit à vingt-un ans. Sa nature était exceptionnelle. Toute sa vie il a rêvé ainsi, ne songeant
qu'à dire la vérité aux hommes, et n'ayant pas l'é-
nergie d'action nécessaire pour les remuer et les
diriger. Je ne sais pourquoi je place M. Ballanche
parmi les philosophes plutôt que parmi les poëtes ;
mais si je l'avais placé parmi les poëtes, j'aurais
certainement pu me demander pourquoi je ne le
plaçais pas parmi les philosophes. Certes il est
poëte dans sa *Vision d'Hébal*, dans bien des parties de l'*Antigone* et de l'*Orphée*; mais cependant
l'enchaînement de l'idée philosophique est trop apparent pour qu'on ne croie pas que M. Ballanche y
tient encore plus qu'à l'imagination et à la forme.
Le poëte peint plus encore qu'il ne pense ; M. Ballanche pense beaucoup plus qu'il ne peint.

Un caractère très remarquable chez l'auteur de
la *Palingénésie*, c'est qu'il aime l'époque actuelle
au lieu de la maudire, comme de Maistre par exemple. Écoutons-le parler de l'illustre auteur des
Soirées de Saint-Pétersbourg :

« Non, ce grand homme de bien, ce noble théo-
sophe, ce vertueux citoyen d'une cité envahie par
la solitude, n'avait reçu d'oreille que pour entendre la voix des siècles écoulés ; son âme n'était
en sympathie qu'avec la société des jours anciens.
Il ne savait point distinguer ce cri si parfaitement
articulé de l'avenir, il n'entrevoyait rien des destinées nouvelles ; les peuples ne pouvaient le com-

prendre, car il avait cessé de parler leur langage. Mais les rois se sont réveillés pour porter à des rêves de l'antre de Trophonius l'appui de toutes les forces sociales les plus diverses et les plus opposées. Les oracles qui s'étaient tus comme au temps de Plutarque, recouvrent la faculté de parler, comme au temps de Julien.

» Toutefois, il faut bien le dire, M. de Maistre n'a point erré dans les routes obscures du passé. Il a vu tout de suite, pendant que les chefs des peuples ne faisaient qu'entrevoir, il a vu que la féodalité ne pouvait ressusciter ; dès lors il s'est hâté de gravir au plus haut sommet du principe théocratique. Il avait compris d'avance que c'était le seul moyen d'éviter le piége où le fier génie de Bossuet s'était laissé honteusement prendre. Il a dédaigneusement repoussé l'inconséquence des transactions, pour marcher plus directement au régime de l'immobilité. Il a franchi d'un saut les débris de l'empire de Charlemagne, pour aller prendre des armes dans le camp de Constantin ; il a convoqué de nouveau les peuples et les rois sous *le Labarum*, devenu non plus le signe vivificateur de l'affranchissement, mais le signe silencieux du pouvoir sacré. Il a redemandé au Vatican d'Hildebrand ses foudres usées dans de glorieux combats livrés à la multitude des tyrans du moyen âge ; il les a redemandées pour en armer la main débile du vieux prêtre dont nous n'avions su admirer naguère que la douceur évangélique.

» Bossuet dans sa Politique sacrée, livre admirablement beau, composé en entier de centons de l'Écriture sainte, Bossuet a essayé de faire revivre la loi abolie, puisqu'il prend ses exemples et ses règles dans la théocratie juive, renversée par la mission de Jésus-Christ ; mais, dans d'autres écrits, il a fait de vains efforts pour assigner des limites à une puissance qui ne peut pas connaître de limites. Moïse initia un peuple, le Christ initia le genre humain : Bossuet et M. de Maistre ne parviendront point à nous ravir le bienfait de ces deux initiations devenues notre inaliénable héritage. »

Ce que j'aime le plus dans M. Ballanche, c'est cette adoration profonde de Jésus-Christ, jointe à ce sentiment si vif de l'avenir des sociétés.

Maintenant il faudrait bien tâcher de découvrir si les écrits du philosophe de Lyon renferment un système qui soit à lui.

Il dit dans la préface de sa *Palingénésie sociale :*

« L'homme, hors de la société, n'est pour ainsi dire qu'en puissance d'être, il n'est progressif et perfectible que par la société. L'homme est destiné à lutter contre les forces de la nature, à les dompter, à les vaincre ; si, durant cette lutte pénible, il veut prendre quelque repos, c'est lui qui est dompté, qui est vaincu ; il cesse, en quelque sorte, d'être une créature intelligente et morale.

» Cette lutte contre les forces de la nature est une épreuve et un emblème ; le véritable combat, le combat définitif, est une lutte morale.

» Enfin la Providence de Dieu qui n'a jamais cessé de veiller sur les destinées humaines, a voulu qu'elles fussent une suite d'initiations mystérieuses et pénibles pour qu'elles fussent méritoires comme foi et comme labeur.

» Tels sont les principes dont je désire établir la conviction intime, affermir et fortifier le sentiment profond. En un mot, le haut domaine de la Providence sur les affaires humaines, sans que nous cessions d'agir dans une sphère de liberté ; l'empire des lois invariables régissant éternellement, aussi bien que le monde physique, le monde moral et même le monde civil et politique ; le perfectionnement successif, l'épreuve selon les temps et selon les lieux et toujours l'expiation ; l'homme se faisant lui-même, dans son activité sociale comme dans son activité individuelle, n'est-ce point ainsi que l'on peut caractériser la religion générale du genre humain, dont les dogmes plus ou moins formels, plus ou moins observés, reposent dans toutes les croyances.....

» Sans doute il ne peut m'être donné de dévoiler le plan de la Providence, son dessein sur la grande famille humaine ; car ce plan est caché dans des profondeurs inaccessibles à nos yeux, et ce dessein ne nous sera complétement révélé qu'après cette vie ; mais du moins il me sera permis de montrer qu'il y a un plan et un dessein. Ce que nous voyons nous racontera une partie de ce que nous ne voyons pas, et toujours serons-nous autorisés à croire de toutes nos forces religieuses les plus intimes qu'une créature intelligente et morale ne peut être destinée à subir une fin ignoble et misérable. »

Voilà sans doute de belles pensées noblement exprimées, mais enseignées depuis long-temps par tous les grands écrivains du christianisme. Nous appuyons sur cette idée, non pour nier la puissance de M. Ballanche, mais pour le défendre au contraire. Il est presque convenu que l'auteur de *La Palingénésie* est enveloppé d'un voile impénétrable, et qu'il n'y a que les initiés à entrevoir ses mystères. C'est une erreur, la grande idée chrétienne de l'expiation et du progrès par la souffrance domine l'œuvre entière de M. Ballanche, et pour cela surtout cet écrivain pourrait être très utile à ce siècle idolâtre de la jouissance terrestre ; lisez *Antigone, Orphée, le Vieillard et le jeune homme, l'Homme sans nom ;* tous ces livres sont le développement du dogme catholique de l'expiation par le labeur et le remords.

Dans *l'Essai sur les institutions sociales,* l'auteur a suivi principalement les phases de la pensée qu'il étudie dans ses grandes époques. A l'origine, Dieu parle, c'est la révélation ; puis l'homme enseigne ce qu'il a appris de Dieu : il l'enseigne d'abord en parlant, puis en parlant et écrivant, enfin en parlant, écrivant et imprimant. Une presse est devenue l'humble instrument d'un immense mouvement intellectuel : un gibet n'avait-il pas sauvé le monde ? M. Ballanche aperçoit dans l'imprimerie une vue providentielle, et présage d'immenses malheurs aux pouvoirs qui voudraient lutter contre cette force invincible. Sa voix fut écoutée par la restauration comme celle de Chateaubriand et de tant d'autres, et la restauration s'est perdue.

Arrêtons-nous ici, et passons à l'examen de l'école éclectique qui domine aujourd'hui l'enseignement philosophique en France.

III

En dehors de l'école de la philosophie catholique, de puissants adversaires combattirent le sensualisme avec acharnement. Chateaubriand et madame de Staël doivent être nommés ici à cause de la puissante influence spiritualiste qu'ils ont exercée sur le siècle. Sans parler du *Génie du Christianisme*, que nous essayerons de caractériser ailleurs, le livre de *L'Allemagne* est une des plus brillantes inspirations de l'école spiritualiste. Arrêté, en 1810, par le brutal despotisme de l'empire, il vit le jour en 1814, et son effet fut général. Il fit plus pour le spiritualisme qu'un traité purement philosophique, parce qu'il était plus à la portée de la majorité des lecteurs, parce qu'il s'adressait à l'imagination, faculté plus brillante que le raisonnement et plus bruyante aussi, que l'on me passe ce mot. M. Royer-Collard avait eu la gloire de commencer trois années auparavant le mouvement de spiritualisme philosophique ; M. Jouffroy a caractérisé ainsi l'œuvre de cet homme éminent : « Il a terminé

le règne exclusif d'une philosophie et commencé
un nouveau mouvement qui est celui au milieu duquel nous nous trouvons ; de plus, le mouvement
qu'il a imprimé n'est pas celui d'une nouvelle doctrine dogmatique ; c'est un mouvement véritablement scientifique qui, sous les auspices d'une méthode qui ne proscrit rien et qui professe que les
recherches philosophiques n'ont point de terme,
aspire à élever peu à peu à l'aide des siècles et de
l'observation une véritable science de l'esprit humain. »

M. Royer-Collard, lorsqu'il monta dans sa chaire
philosophique, n'avait pas l'autorité imposante que
nous lui avons vue depuis ; il arrivait presque inconnu ; mais, fort de sa conscience et de son talent,
il osa porter immédiatement les plus rudes coups
à l'erreur triomphante. Il parla dès l'abord avec
une gravité solennelle à laquelle on ne s'attendait
pas ; il combattit le condillacisme, et ne tarda pas
à démontrer à tous l'étroitesse de ses doctrines in-
complètes. Formé par la philosophie écossaise de
Reid et par toute cette école si studieuse et si tolérante, il réhabilita l'âme en prouvant que la sensation, loin d'être tout, n'est que le commencement
et pour ainsi dire que l'occasion des opérations de
l'âme. Il convainquit d'ignorance le système qui
voit toute l'intelligence dans la sensation, en lui
prouvant qu'il n'expliquait pas les notions de
cause, de substance, de temps et d'espace.

La manière de M. Royer-Collard est très savante ; nous voudrions que l'espace nous permît de la faire juger par de nombreuses citations, mais nous sommes obligé de n'en faire qu'une. Nous choisissons le passage suivant sur le temps et sur l'espace :

« Comme la notion de durée devient indépendante des événements qui nous l'ont donnée, de même la notion de l'étendue, aussitôt que nous l'avons acquise, devient indépendante des objets où nous l'avons trouvée. Quand la pensée anéantit ceux-ci, elle n'anéantit pas l'espace qui les contenait.

» Comme la notion d'une durée limitée nous suggère la notion du temps, c'est-à-dire d'une durée sans bornes, qui n'a pas pu commencer et qui ne pourrait pas finir, de même la notion d'une étendue limitée nous suggère la notion de l'espace, c'est-à-dire une étendue infinie et nécessaire qui demeure immobile, tandis que les corps s'y meuvent en tous sens. Le temps se perd dans l'éternité, l'espace dans l'immensité. Sans le temps, il n'y aurait pas de durée ; sans l'espace, il n'y aurait pas d'étendue. Le temps et l'espace contiennent dans leur ample sein toutes les existences finies et ils ne sont contenus dans aucune. Toutes les choses créées sont situées dans l'espace, et elles ont aussi leur moment dans le temps ; mais le temps est partout, et l'espace est aussi ancien que le temps. »

Après avoir réfuté le condillacisme dans sa partie psychologique, dans la manière dont il explique les opérations de l'âme, M. Royer-Collard l'attaque avec une autorité toute sacerdotale relativement à ses résultats moraux. C'est là que sous la forme philosophique il mit en relief toute la vérité de l'enseignement chrétien, les devoirs et la responsabilité de l'homme, l'âme immatérielle et immortelle, la vie à venir, la justice et la bonté du Créateur, toutes ces grandes doctrines qu'il transporta depuis dans la politique aux applaudissements de la France entière.

En dehors du monde spécialement religieux, aucun philosophe n'a montré plus d'amour pour la vérité que M. Royer-Collard ; il n'a fait que passer, mais il a laissé une trace lumineuse qui éclaire encore aujourd'hui.

Un jeune homme, dont le nom est devenu célèbre, assistait aux leçons de l'illustre professeur avec un recueillement profond et une avidité de science bien rare. C'était l'élève de prédilection de M. Royer-Collard, et cet élève était appelé à continuer le mouvement moral imprimé par son maître ; il est devenu lui-même un maître illustre qui compte aujourd'hui des élèves nombreux et enthousiastes ; cet élève est M. Victor Cousin, que nous voyons avec douleur enseveli dans les honneurs administratifs.

Un caractère bien remarquable (et qui cependant a son danger) de l'esprit de M. Cousin, c'est qu'il se passionne pour l'école qu'il étudie. Ainsi, après avoir suivi les traces de M. Royer-Collard dans son Exposition de la philosophie écossaise, il s'est mis à explorer l'Allemagne, et alors il s'est fait kantiste jusqu'à adopter le langage de cette école. Ces mots germains dont M. Cousin parsemait ses leçons, ont éloigné de lui beaucoup de lecteurs. On ne saurait trop recommander aux écrivains philosophiques de se mettre autant que possible à la portée de chacun ; souvent on éloigne par un mot des esprits qui se seraient laissé pénétrer par un langage plus ordinaire.

M. Cousin divise la psychologie en trois points : LA LIBERTÉ, LA RAISON et LA SENSIBILITÉ. L'école catholique dit intelligence, amour, liberté. Il y a identité presque complète. Ce qu'il y a d'important dans la psychologie de M. Cousin, c'est l'immense rôle qu'il fait jouer à la volonté, qu'il regarde comme le principe et l'essence de la personnalité. On ne pouvait combattre avec une arme plus terrible l'école sensualiste qui expirait.

Nous ne pouvons entrer dans tous les détails du travail de M. Cousin sur la psychologie ; cette étude ne conviendrait qu'à un livre spécialement consacré à la philosophie ; nous aborderons des questions d'un intérêt plus général, dans ce sens qu'elles sont à la portée de plus d'intelligences. Arrivant aux théories religieuses, M. Cousin s'exprime ainsi :

« Le Dieu de la conscience n'est pas un Dieu abstrait, un roi solitaire relégué par delà la création sur le trône d'une éternité silencieuse et d'une existence absolue, qui ressemble au néant même de l'existence ; c'est un Dieu à la fois vrai et réel, à la fois substance et cause, toujours substance et toujours cause, n'étant substance qu'en tant que cause, et cause qu'en tant que substance, c'est-à-dire étant cause absolue, un et plusieurs, éternité et temps, espace et nombre, essence et vie, individualité et totalité, principe, fin et milieu, au sommet de l'être et à son plus humble degré, infini et fini tout ensemble, triple enfin, c'est-à-dire à la fois Dieu, nature et humanité. »

Des écrivains ont vu dans ce passage une profession de foi panthéistique. M. Damiron, dans ses Essais sur la philosophie au xix\ :siècle, a repoussé ce reproche adressé au chef de l'éclectisme ; nous voulons joindre notre humble voix à la sienne. M. Cousin a fait trop franchement, à plusieurs reprises, profession de christianisme pour qu'il puisse être accusé de cette erreur, dont quelques hommes se sont glorifiés de nos jours avec une risible ignorance. Le panthéisme ne reconnaît qu'un être au monde dans lequel se perdent toutes les existences particulières. L'individu disparaît ; il n'y a plus pour chacun ni volonté, ni responsabilité, ni bien ni mal, ni vertu ni crime. Comment accuser de cette erreur monstrueuse le philosophe qui a consacré une partie de sa carrière à démontrer la liberté de l'homme ? Arrière donc le reproche de panthéisme ! Mais n'est-il pas des expressions dans la définition de M. Cousin qui laissent des doutes sur ses idées ? nous le croyons : « *à la fois Dieu, nature et humanité.* » Si l'auteur avait voulu dire que la nature et l'humanité faisaient partie de l'essence, de la substance de Dieu, c'eût été là du panthéisme. Mais s'il a voulu dire (et nous le pensons) que ces choses émanent de Dieu, en tant que *cause productrice* qui les dirige et les maintient, c'est de la philosophie providentielle. Plus haut il est écrit : *infini et fini*, ce qui, nous semble-t-il, confond la créature et le créateur. La créature ne peut être que finie, le créateur primordial qu'*infini*. S'il n'était pas infini, il aurait un commencement, et conséquemment ne serait plus créateur primordial. En prenant les derniers mots cités dans toute leur rigueur, on conçoit les soupçons des critiques ; mais encore une fois nous répéterons que si l'erreur panthéistique peut ressortir de quelques paroles, la doctrine prêchée par Jésus ressort de l'ensemble de l'œuvre. En conséquence nous disons hardiment : M. Cousin n'est pas panthéiste.

M. Cousin a donné dans son Cours de 1828 une introduction à l'histoire de la philosophie. Sa manière est large et profonde ; il a des aperçus magnifiques sur toutes les grandes catégories historiques ; son style est à la hauteur de sa pensée. Il trace d'une main ferme les idées principales que la philosophie a émises dans l'Orient, dans le monde grec, et chez les peuples qui sont nés du christianisme. En passant, il remue une foule de questions d'un intérêt universel. Ce qu'il dit sur la guerre, comme moyen de civilisation, a excité bien des critiques :

« Messieurs, dit-il, on parle sans cesse des hasards de la guerre, et il n'est question que de la fortune diverse des combats ; pour moi, je crois que c'est un jeu très peu chanceux, un jeu à coup sûr ; les dés y sont pipés, ce semble, car je porte le défi qu'on me cite une seule partie perdue par l'humanité. De fait, il n'y a pas une grande bataille qui ait tourné au détriment de la civilisation. La civilisation peut bien recevoir quelque échec, les armes sont journalières ; mais définitivement l'avantage, le gain et l'honneur de la campagne lui restent, et il implique qu'il en soit autrement. Admettez-vous que la civilisation avance sans cesse ? Admettez-vous qu'une idée qui a de l'avenir doit l'emporter sur une idée qui n'en a plus, c'est-à-dire dont toute la puissance est usée ? L'admettez-vous ? et vous ne pouvez pas ne pas l'admettre. Donc il s'ensuit que toutes les fois que l'esprit du passé et l'esprit de l'avenir se trouveront aux prises, l'avantage restera nécessairement à l'esprit nouveau. Nous avons vu que l'histoire a ses lois ; si l'histoire a ses lois, la guerre, qui joue un si grand rôle dans l'histoire, qui en représente tous les grands mouvements, et pour ainsi dire les crises, la guerre doit avoir aussi ses lois, et ses lois nécessaires ; et si, comme je l'ai démontré, l'histoire avec ses grands événements n'est pas autre chose que le jugement de Dieu sur l'humanité, on peut

dire que la guerre n'est pas autre chose que le prononcé de ce jugement, et que les batailles en sont
la promulgation éclatante. Les défaites et les victoires sont les arrêts de la civilisation et de Dieu
même sur un peuple, lesquels déclarent ce peuple
au-dessous du temps présent, en opposition avec
le progrès nécessaire du monde, et par conséquent
retranché du livre de vie. »

On a accusé M. Cousin d'avoir fait ici le panégy-
rique de la force brutale; nous avouons que ce n'est
pas sans quelque fondement. Le comte de Maistre,
dont personne n'accusera l'esprit de faiblesse, n'a
pas glorifié la guerre en ces termes. Il est arrivé ici
à M. Cousin ce qui lui est arrivé en bien d'autres
circonstances, c'est de se passionner pour son idée.
La guerre est une expiation, un fléau terrible qui
pèse sur l'humanité par suite de sa déchéance. Si
l'humanité était dans son état normal, les idées,
pour se répandre, n'auraient nul besoin de la mort
que porte la guerre dans ses flancs. Les moyens pa-
cifiques auraient suffi; l'imprimerie, au lieu d'être
découverte il y a quelques siècles, l'eût été peut-
être dès le commencement du monde. Sans nul
doute que dans l'état violent où est l'humanité, la
guerre a été souvent civilisatrice. Les peuples avancés ont gravé leurs idées avec le fer sur le sein des
peuples vaincus; mais dans l'état normal ils les auraient gravées dans l'intelligence et dans le cœur
avec la parole et l'imprimerie. Si à force d'expiations
l'humanité se régénère progressivement, la guerre

ne pourra-t-elle faire place aux communications paisibles qui s'établissent par les voyages, par les livres et les journaux ; et ne voyons-nous pas déjà des signes de rapprochements entre les diverses nations de la terre ? Les gouvernements représentatifs rendront les guerres beaucoup plus rares. Quand les peuples se connaissent, ils ne se haïssent plus. Il ne faut pas que les esprits superficiels viennent nous dire que ce sont là des rêves de philanthropes ; qu'ils veuillent bien se donner la peine de regarder autour d'eux. Croient-ils que c'est pour rien que la presse multiplie ses feuilles par millions ? que les chemins de fer, et cette admirable découverte de la vapeur, vont mettre Saint-Pétersbourg à peu de jours de Paris ? Croient-ils que la Providence mêle ainsi sans dessein les peuples qu'elle a semés sur le globe ? Et à quelle époque, leur demanderais-je, avez-vous vu un pareil spectacle ? Il y a vingt ans encore, un voyage de cent lieues était considéré comme quelque chose ; aujourd'hui on s'embarque à Marseille, et dans six ou sept jours, à heure fixe, on vous débarque sur la plage de Syrie.

M. Cousin n'a pas assez vu que la guerre devait céder au mouvement de civilisation pacifique de nos jours. C'est une vérité qui a été énoncée souvent par M. Ballanche, ce philosophe si pénétré de l'esprit évangélique. M. Cousin est aussi inexorable lorsqu'il parle des grands hommes ; le succès, voilà ce qu'il exige de toute puissance sociale : il n'y a pas pour lui de grands hommes méconnus ; absolument parlant, c'est une erreur.

Mais abandonnons cet examen de détails, et caractérisons la philosophie de M. V. Cousin : c'est une reconnaissance solennelle des vérités éparses dans les philosophes de toutes les sectes ; c'est une étude impartiale, quoique passionnée dans l'expression, des divers systèmes qui ont régné tour à tour dans le monde de la pensée ; c'est une démonstration de l'erreur des écrivains exclusifs. L'effet de cet enseignement fut prodigieux, parce qu'il venait à temps, et aussi parce que le professeur était doué d'une éloquence nerveuse et brillante. Il y a des pages de M. Cousin que nous tenons pour égales aux plus belles pages de ce siècle.

Le philosophe éclectique aborde parfois les questions religieuses avec une audace que nous avons vue à peu d'hommes ; on se rappelle encore l'effet qu'il produisit lorsque, développant les quelques mots de saint Thomas et de Bossuet, il prononça les paroles qui suivent :

« Messieurs, nous sommes bien au-dessus du monde, au-dessus de l'humanité, au-dessus de l'humaine raison. La nature et l'humanité ne sont pas encore pour nous ; nous ne sommes que dans le monde des idées. Est-il permis d'espérer que, puisqu'il n'est pas encore question de la nature ni même de l'humanité, on voudra bien ne pas traiter la théorie précédente de panthéisme? Le panthéisme est aujourd'hui l'épouvantail des imaginations faibles; nous verrons un jour à quoi il se réduit : en attendant, j'espère qu'on ne m'accusera pas de confondre avec le monde l'éternelle intelligence qui, avant le monde et l'humanité, existe déjà de la triple existence qui est inhérente à sa nature; mais si, à cette hauteur, la philosophie échappe à l'accusation de panthéisme, on ne lui fera pas grâce d'une accusation tout opposée, et qu'elle accepte, celle de vouloir pénétrer dans la profondeur de l'essence divine qui, dit-on, est incompréhensible. Des hommes, des êtres raisonnables, dont la mission est de comprendre et qui croient à l'existence de Dieu, n'y veulent croire que sous cette réserve expresse, que cette existence soit incompréhensible! Mais ce qui serait absolument incompréhensible n'aurait nul rapport avec notre intelligence, ne pourrait être nullement admis par elle. Un Dieu qui nous est absolument incompréhensible est un Dieu qui n'existe pas pour nous. En vérité, que serait-ce pour nous qu'un Dieu qui n'aurait pas cru devoir donner à sa créature quelque chose de lui-même, assez d'intelligence pour que cette pauvre créature pût s'élever jusqu'à lui, le comprendre et y croire? Messieurs, qu'est-ce que croire? c'est comprendre en quelque degré. La foi, quelle que soit sa forme, quel que soit son objet, vulgaire ou sublime, la foi ne peut pas être autre chose que le consentement de la raison à ce que la raison comprend comme vrai. C'est là le fond de toute foi. Otez la possibilité de connaître, il ne reste rien à croire, et la racine de la foi est enlevée. Dira-t-on que si Dieu n'est pas entièrement incompréhensible, il l'est un peu? soit; mais je prie qu'on veuille bien déterminer la mesure, et alors je soutiendrai que c'est précisément cette mesure de la compréhensibilité de Dieu qui sera la mesure de la foi humaine. Dieu est si peu incompréhensible, que ce qui constitue sa nature, ce sont précisément les idées, dont la nature est d'être intelligibles. En effet, on a beaucoup recherché si les idées représentent ou ne représentent pas, si elles sont conformes ou non conformes à leurs objets. En vérité, la question n'est pas de savoir si les idées représentent, car les idées sont au-dessus de toutes choses; la vraie question philosophique serait plutôt de savoir si les choses représentent; car les idées ne sont pas le reflet des choses, mais les choses sont le reflet des idées. Dieu, la substance des idées, est essentiellement intelligent et essentiellement intelligible. J'irai plus loin; et à ce reproche d'un mysticisme pusillanime, je répondrai du haut de l'orthodoxie chrétienne. Car savez-vous, messieurs, quelle est la théorie que je vous ai exposée? pas autre chose que le fond même du christianisme. Le Dieu des chrétiens est triple et un tout ensemble, et les accusations qu'on élèverait contre la doctrine que j'enseigne doivent remonter jusqu'à la trinité chrétienne. Le dogme de la trinité est la révélation de l'essence divine, éclairée dans toute sa profondeur et aménée tout entière sous le regard de la pensée. Et il ne paraît pas que le christianisme croie l'essence divine inaccessible ou interdite à l'intelligence humaine, puisqu'il la fait enseigner au plus humble d'esprit, puisqu'il en fait la première des vérités qu'il inculque à ses enfants. Mais quoi! s'écriera-t-on, oubliez-vous que cette vérité est un mystère? Non, je ne l'oublie pas, mais n'oubliez pas non plus que ce mystère est une vérité. D'ailleurs je m'expliquerai nettement à cet égard : mystère est un mot qui appartient non à la langue de la philosophie, mais à celle de la religion. Le mysticisme est la forme nécessaire de toute religion, en tant que religion ; mais sous cette forme sont des idées qui peuvent être abordées et comprises en elles-mêmes. Et, messieurs, je ne fais que répéter ce qu'ont dit bien avant moi les plus grands docteurs de l'église, saint Thomas, saint Anselme de Cantorbéry, et Bossuet lui-même au XVIIe siècle, à la fin de l'*Histoire universelle*. Ces grands hommes ont tenté une explication des mystères, entre autres du mystère de la très sainte Trinité ; donc ce mystère, tout saint et sacré qu'il était à leurs propres yeux, contenait des idées qu'il était possible de dégager de leurs formes. La forme symbolique et mystique est inhérente à la religion ; elle est, dans le cas qui nous occupe, empruntée aux relations humaines les plus intimes et les plus touchantes. Mais encore une fois, si la forme est sainte, les idées qui sont au-dessous le sont aussi, et ce sont ces idées que

la philosophie dégage et qu'elle considère en elles-
mêmes. Laissons à la religion la forme qui lui est
inhérente : elle trouvera toujours ici le respect le
plus profond et le plus vrai ; mais en même temps,
sans toucher aux droits de la religion , déjà j'ai défendu et je défendrai constamment ceux de la philosophie. Or le droit comme le devoir de la philosophie est , sous la réserve du plus profond respect
pour les formes religieuses , de ne rien comprendre , de ne rien admettre qu'en tant que vrai en soi
et sous la forme de l'idée. La forme de la religion
et la forme de la philosophie, disons-le nettement,
sont différentes ; mais , en même temps le contenu,
si je puis m'exprimer ainsi , de la religion et de la
philosophie est le même. C'est donc une puérilité,
là où il y a identité de contenu, d'insister hostile-
ment sur la différence de la forme. La religion est
la philosophie de l'espèce humaine ; un petit
nombre d'hommes va plus loin encore ; mais en
considérant l'identité essentielle de la religion et
de la philosophie, ce petit nombre entoure de vé-
nération la religion et ses formes ; et il ne la révère
pas , messieurs, par une sorte d'indulgence philosophique qui serait fort déplacée, il la révère sin-
cèrement, parce qu'elle est la forme de la vérité
en soi. »

Voilà des paroles qui ont plus fait pour ramener
à la foi celui qui écrit ces lignes que tous les travaux contemporains de l'école catholique. De cette
idée, qu'un mystère est accessible à l'étude des

philosophes découle la possibilité de pénétrer ainsi tous les mystères, autant qu'il a été donné par Dieu aux forces humaines. Or, l'état déplorable de beaucoup d'intelligences est de croire que les mystères de la religion sont pour la raison de véritables impossibilités. C'est là l'erreur fondamentale de la plupart des hommes incroyants.

Il y a dans ce passage une phrase qui a donné lieu déjà à bien des réclamations; c'est celle-ci : « La religion est la philosophie de l'espèce humaine; un petit nombre d'hommes va plus loin encore. » On a cru que M. Cousin avait voulu dire qu'un petit nombre d'hommes découvrait plus de vérités que celles enseignées par la religion. Cette absurdité n'est pas, croyons-nous, sortie de cette plume. Nous pensons que M. Cousin a voulu dire seulement que l'espèce humaine croyait sans trop d'examen les vérités enseignées, et qu'un petit nombre les étudiait et se les expliquait plus ou moins.

La carrière de M. Cousin a été très laborieuse; à peine descendu de sa chaire, il s'enfermait dans son cabinet, et passait ses jours et ses nuits à feuilleter les philosophes. Sans relater ici tous les écrivains qu'il a remis en lumière, nous rappellerons l'immense service qu'il a rendu à la philosophie en traduisant les œuvres complètes de Platon. L'alliance de l'érudition et d'une imagination brillante est assez rare pour que nous félicitions l'illustre professeur. Il ne s'agit pas seulement d'avoir l'intelligence de la langue grecque pour traduire le

sublime élève de Socrate , il faut avoir fait de profondes études philosophiques. Il y a dans les textes
de Platon bien des pages qui sont des énigmes ,
même pour les esprits versés dans ces matières.

Selon notre méthode, nous nous sommes arrêté
sur les sommets de la pensée , nous avons franchi
les pics moins élevés , ne décrivant que les montagnes qui dominent le reste de la création. Il est
temps de dire quelques mots des hommes de science
qui ont moins remué leur siècle , il est vai , mais
qui ont cependant occupé une place glorieuse dans
l'histoire de l'esprit humain.

Dans la philosophie . MM. Bérard et Virey avaient
combattu victorieusement les doctrines de Cabanis ;
M. Kératry , dans ses *Inductions morales et physiologistes* , avait marché vers le spiritualisme. Il y
a de belles pages dans ce livre inégal , qui est quelquefois déparé par un style vague et obscur.
M. Droz, dont les premiers écrits gardaient encore
la trace de la philosophie sensualiste , plaida la
cause de l'âme dans l'ouvrage qu'il publia en 1823
sous ce titre : *De la philosophie morale ou
des différents systèmes sur la science de la vie.*
M. de Gérando a laissé un monument qui ne pé-
rira pas dans son *Histoire comparée des systèmes de philosophie, relativement aux principes
des connaissances humaines,* qui parut en 1803 ,
et dont une seconde édition , publiée en 1822 , a
beaucoup modifié la tendance. M. de Gérando a
marché avec son siècle et a contribué à l'apprécia-

tion large et impartiale que nous faisons aujour-
d'hui des divers systèmes qui se sont partagé le
monde. M. de Laromiguière, quoique élève de Condillac, combat le condillacisme en substituant à la
sensation *l'attention*. Il y a certes encore de la ti-
midité dans ce philosophe, qui est loin d'aborder
assez franchement le spiritualisme ; mais ses leçons
étaient un progrès qui n'a pas été contesté. Leur
lecture est agréable ; le style de M. de Laromiguière a beaucoup de lucidité et de grâce ; son ouvrage révèle une âme douce et tolérante, une intelligence élevée. Parmi les hommes qui sont sortis
du sensualisme, il ne faut pas oublier M. Maine de
Biran, dont le nom peu connu du public, l'est
beaucoup des savants. Il a publié quelques opus-
cules d'un style très personnel et souvent peu abor-
dable, entre autres un mémoire sur l'influence de
l'habitude, et un article sur Leibnitz, inséré dans
la *Biographie universelle*. Citons encore parmi les
écrivains philosophiques qui ont éloigné la France
de l'école de Tracy et de Condillac, M. Massias, et
deux étrangers qui ont écrit en français, M. Bon-
stetten de Berne, et M. Ancillon de Berlin ; enfin
nous continuerons ce rapide aperçu par deux élèves
directs de M. Victor Cousin, MM. Jouffroy et Damiron.

Le premier a publié dans *le Globe* plusieurs
morceaux qui révélaient une science d'observation
très remarquable ; toutefois ils étaient çà et là dépa-
rés par quelques vues assez frivoles sur la religion

et sur son avenir. Le travail le plus complet que
M. Jouffroy ait livré au public jusqu'à ce jour est
la préface qu'il a placée en tête de sa traduction des
Esquisses de philosophie morale, *par Stewart*, publiée en 1826. L'écrivain a eu pour but de venger
les sciences morales du déplorable abandon où elles
languissaient depuis long-temps. Il a prouvé qu'elles
étaient tout aussi réelles que les sciences physiques, et que les faits sur lesquels elles s'exercent
n'étaient pas moins observables. Il a dignement
plaidé la cause de l'âme contre les physiologistes matérialistes. Cette préface a eu du retentissement dans
le monde savant, et il était impossible qu'elle n'en
eût pas. Les qualités de l'auteur sont la clarté, l'observation patiente et minutieuse; son style est pur,
et a toute l'élégance que ces matières comportent;
nous lui souhaiterions parfois plus de chaleur et
d'entraînement. M. Cousin est beaucoup plus religieux que ses élèves, aussi a-t-il bien plus de
poésie et d'enthousiasme.

M. Damiron nous a donné un *Essai sur l'histoire
de la philosophie en France au* XIXᵉ *siècle*, qui eut
du succès. Il a publié depuis son *Cours de philosophie* dont on s'est moins occupé. Son *Essai* est une
œuvre d'analyse très remarquable, écrite sous l'influence de la tolérance éclectique. M. Damiron
n'accorde pas encore à l'école catholique tout ce
qui lui est dû, mais il en parle le plus souvent en
termes dignes d'elle. Nous n'avons pu nous empêcher de sourire en le voyant défendre M. l'abbé de

Lamennais du reproche de *jésuitisme* : cela paraît si étrange aujourd'hui !

La grande discussion entre l'école catholique et l'école éclectique est celle de la raison individuelle. M. Ch. de Rémusat, que nous voyons avec peine la politique absorber entièrement, publia sur ce sujet des articles très remarquables dans *le Globe*. Nous croyons les deux écoles plus près l'une de l'autre qu'elles ne pensent. Sans répéter tout ce que nous avons dit dans notre premier volume à l'occasion de l'abbé de Lamennais, nous redirons ici que l'école catholique et, à sa tête, l'illustre auteur de l'*Essai sur l'indifference*, n'a pas voulu nier les facultés de la raison individuelle, mais seulement lui refuser le pouvoir d'arriver à la certitude philosophique, qui n'existe pas pour l'homme sur la terre, et que l'école éclectique n'a pas non plus la prétention de lui attibuer.

D'autres hommes méritent encore un souvenir pour leurs travaux dans la philosophie. Les ouvrages de M. Matter sur l'école d'Alexandrie et sur les derniers siècles jouissent de l'estime du monde savant ; MM. Reynaud et Leroux, après avoir passé par le saint-simonisme, exposent aujourd'hui leurs idées dans l'*Encyclopédie nouvelle*. Les débuts de cet ouvrage semblaient éviter d'aborder de front les questions religieuses ; le sérieux de la plupart des articles, les études consciencieuses qu'ils révélaient, excitaient vivement notre intérêt. Nous avons vu avec douleur les écrivains de l'*Encyclopédie* abandonner les grandes traditions du genre humain, et se rejeter dans les vieilleries anti-religieuses de l'autre siècle. Quel que soit le point de vue avancé où ils se placent en d'autres matières, ils sont ici fort arriérés, et se sont aliéné bien des esprits.

Nous n'avons pas parlé du livre *De la Religion*, de Benjamin Constant, dans la partie consacrée à la religion, parce que ce travail est bien plutôt l'œuvre d'un philosophe que celle d'un théologien. Le célèbre publiciste a eu surtout pour but de défendre le sentiment religieux qu'il voyait s'éteindre autour de lui. Ce livre indique de vastes lectures, et est surtout remarquable par la manière dont il traite la philosophie du xviii* siècle. Cette ironie, dans la bouche d'un protestant et d'un orateur populaire, est beaucoup plus puissante que dans celle d'un écrivain catholique.

M. Lerminier est difficile à classer; il appartient à la philosophie par son livre *Sur l'influence de la philosophie au* xviii* *siècle*, et par ses *Lettres philosophiques*; tout à la fois à la philosophie et à la législation par sa *Philosophie du droit*; à l'esthétique par ses articles sur Pindare, Hérodote, Salluste, dans la *Revue des Deux Mondes*. M. Lerminier effleure toutes choses et n'approfondit rien; il jette dans ses livres, comme du haut de sa chaire, des généralités brillantes. Son style est facile et clair; il vulgarise avec bonheur les idées des autres. M. Lerminier a de nobles instincts; il croit à l'avenir glorieux des sociétés ; il aime l'humanité et la foi dans la philosophie. Il lui échappe parfois sur les matières religieuses des phrases d'une légèreté qui étonne d'autant plus qu'elles sont prononcées avec un ton de supériorité dédaigneuse assez étrange, appliquée à certains hommes. L'audace est le caractère de M. Lerminier. Il publie très jeune un livre qu'il nomme seulement *Philosophie du droit ;* il donne deux volumes sur l'Allemagne, après l'avoir traversée au pas de course. Comme dans son *Cours de législation comparée*, M. Lerminier sait jeter dans tout cela des aperçus heureux, des mots qui caressent les passions contemporaines, et aussi, comme je l'ai dit, de nobles sympathies pour ce qu'il y a de beau et de grand dans ce siècle. Il est vrai que l'œuvre de M. Lerminier ne lui assigne pas encore un rang bien distinct parmi les hommes éminents de l'époque ; mais il a, et surtout il a eu une certaine influence sur la jeunesse parisienne.

Dans la philosophie morale nous comptons plusieurs ouvrages remarquables, mais qui n'ont peut-être pas eu assez de retentissement dans la nation pour que nous nous y arrêtions ici. Nous citerions parmi eux les livres de madame Guizot et celui de M. Aimé Martin sur l'*Éducation des mères de famille.* Cet ouvrage, qui renferme bien des idées que nous ne partageons pas, a aussi des parties pleines de vérités et écrites avec un talent remarquable.

Il faut nous arrêter et résumer nos idées sur les travaux philosophiques de la France du xixe siècle,

et d'abord reconnaître que jamais époque ne fut
mieux disposée à accueillir la philosophie ; car jamais la passion investigatrice n'avait dominé plus
despotiquement. La philosophie française de notre
temps succède à une vaste orgie intellectuelle ; le
matérialisme régnait sur les esprits, tantôt franchement et dans toute la nudité de ses doctrines et de
son titre, tantôt déguisé sous des mots plus hon-
nêtes qui recouvraient les mêmes choses.

La philosophie de notre temps a terrassé cet adversaire terrible. Le cri qu'il a jeté dernièrement
est convulsif comme celui de l'agonie dans une maladie violente. L'éclectisme et la philosophie catholique restent seuls debout sur les ruines du passé :
à eux les combats de l'avenir.

Dans le monde religieux, le rôle de la philosophie
est superbe, surtout au temps où nous sommes.
M. Cousin, en démontrant que les mystères étaient
accessibles à la raison humaine, et que la vérité
philosophique était contenue en eux, a rendu un
immense service. Saint Thomas, Bossuet et bien
d'autres l'avaient dit avant lui sans doute ; mais il
a développé leurs idées avec une grande puissance.
D'ailleurs ces paroles avaient tout un autre effet
prononcées par lui, philosophe rationaliste, sans
parti pris, allant où sa raison le guide.

On peut dire que la philosophie française du
XIXe siècle a bien mérité du genre humain. Cette
vaste tolérance, qui est allée puiser des fragments
dans tous les systèmes, a préparé cette fusion des

peuples qui s'annonce aujourd'hui par tant de signes, et dont les prophètes ont été si long-temps traités de rêveurs et d'utopistes.

La philosophie continuera sa mission glorieuse, et son alliance avec la religion sera de jour en jour plus intime. Le salut de l'humanité sortira de cet hyménée magnifique.

La religion enseigne d'une voix ferme, parce qu'elle est divine, les vérités nécessaires aux hommes; la philosophie les explique autant qu'il est donné à l'esprit humain sur la terre. Notre siècle a compris les rapports qui les unissent. Nous l'en félicitons, car ce sera sa gloire.

QUATRIÈME PARTIE.

LITTÉRATURE.

POÉSIE.

IV

André Chénier.

Dans le xviii⁰ siècle, Voltaire avait gâté ce noble art des vers, porté à une si haute perfection par Racine. A cette belle philosophie des passions, à laquelle s'était livrée le suave génie de l'auteur d'*Andromaque*, il avait voulu substituer l'aride philosophie du *raisonnement*; évidemment il était dans une voie fausse.

Relativement au vers, c'était déplorable : la mélodie veut autre chose que l'aisance dans le langage; la mélodie est savante, et non seulement veut des sons habilement combinés, mais encore des images. Toute poésie où il n'y aura que des sons ne sera jamais une poésie mélodieuse. Or ces deux choses man-

quent à Voltaire, la savante distribution des syllabes et les images. Sa musique est grêle, un peu
comme celle des *compositeurs* de son âge ; son vers,
que retient parfois l'intelligence, ne s'insinue que
bien rarement dans le cœur en consolateur mélodieux, et nous croyons que cela tient autant à l'élément musical qui lui manque qu'au peu de profondeur des sentimens. Les bonnes traditions dispa-
raissaient, les talents perdaient beaucoup de leurs
personnalités ; tout le monde voulait parler le *beau
langage*. Or, ce beau langage est la mort de l'art,
car il est le plus grand ennemi de la fantaisie ; et
par fantaisie nous entendons ce qui dans un poëte
exprime avec le plus de netteté son goût dominant,
la nature même de son génie. Ainsi nous regardons
Esther comme la fantaisie de Racine, peut-être
Nicomède comme la fantaisie de Corneille. Nous
n'aimons pas le poëte trop civilisé. La société est
bonne sans doute, mais elle ne doit jamais absorber
l'individu. Nous admirons les solitudes royales de
Versailles ; mais le jour où l'on ravirait à nos caprices, à nos contemplatives prières, la possibilité
de nous retirer dans une région sauvage, comme
notre Bretagne, par exemple, nous semblerait un
jour maudit de Dieu. Dans l'ordre de société que
nous réserve la Providence, ces goûts du poëte
pourront se modifier, mais jamais s'anéantir ; il lui
faudra toujours les solitudes du paysage, et c'est
sans doute pour cela que Dieu a créé des contrées
qui semblent repousser la main de l'homme. Je

vous bénis, ô landes de mon pays, où ne croissent que l'ajonc, la bruyère et quelques rares sapins amoureux des brises de la mer.

Voltaire était trop prodigieusement spirituel pour aimer les landes ; ses fantaisies à lui ne sont nullement poétiques ; mais ces landes étaient adorées par le rude et vieux Shakspeare, et aujourd'hui elles le sont par notre Chateaubriand qui, parmi les hommes, n'a jamais pu se défaire de ses fantaisies celtiques, et aussi par Wordsworth, cet autre génie profond des lacs, des bruyères et des montagnes.

Delille, en qui, après Voltaire, passa la puissance poétique de notre France, ne les aurait pu aimer que bien incomplétement aussi, tout amant de la nature qu'il voulait être ou qu'il fût en effet.

Le vers de Delille est élégant, mais il n'a jamais l'illumination intérieure, la profondeur de mélancolie ou le jet spontané, toutes choses sans lesquelles, à notre avis, il n'y a point de poëte ; nous ne voyons pas aussi en lui le grand artiste ; son vers n'est point assez savamment facturé pour cela ; ses habiletés nous semblent de bien moyenne portée. Quelque merveilleusement ouvragées que soient les strophes de M. Hugo, nous ne croyons pas qu'en les composant il lui soit venu en pensée de faire de l'harmonie imitative ; le grand art de M. Hugo est dans la coupe du vers, et aussi, comme chez Bossuet, dans la distribution des syllabes pleines et vides, d'où résulte cette harmonie dont l'ample vocalisation est comme retentissante dans les profondeurs.

Chénier, poëte de 89, est un homme de notre temps à cause de la vie nouvelle et éternelle qui est en lui ; et d'ailleurs ses poëmes, connus de quelques initiés seulement, au nombre desquels il faut mettre M. de Chateaubriand et Millevoye, n'ont été publiés qu'en 1819, ce qui le renferme dans le cours des années qu'embrasse notre livre.

André Chénier, dont la vie, commencée sous le beau soleil du Bosphore, se termina sous le couteau de la guillotine, était véritablement un enfant de sa terre natale. Avant tout, c'est un poëte grec ; il a toute la délicatesse d'organe de ce peuple, le plus parfaitement artiste qui ait été ou soit au monde. Il ne semble avoir d'autre religion que l'art, que le culte de la beauté dans la fantaisie, ou du moins c'est là son caractère tellement dominant, qu'il en laisse à peine entrevoir d'autre. Au milieu de notre société chrétienne il est païen ; et en cela il ne représente pas mal la société au milieu de laquelle il vivait ; alors tout voulait être Grec ou Romain. De ces peuples notre poëte avait pris le côté éternel, l'art ; les autres, le côté passager, la politique. L'un était dans la vérité, les autres dans l'erreur ; de là deux conséquences : les politiques ruinaient, le poëte fondait ; dès lors il fondait cette régénération de la poésie qui se continue sous nos yeux.

Car enfin les aveugles seuls peuvent la révoquer

en doute : il y a régénération dans cet élément vital de notre société. M. de Chateaubriand et M. de Lamartine ont renouvelé l'esprit de la poésie, et M. Hugo, tout en se pénétrant de plus en plus de cet esprit dans ses magnifiques développements, en renouvelle la forme. Nous ne croyons pas que depuis le xviie siècle on puisse compter un plus noble prosateur que Chateaubriand, un aussi grand lyrique que Lamartine, et un aussi puissant écrivain en vers que l'auteur des *Orientales* et des *Voix intérieures*. Jusqu'à l'aurore de cette régénération, il y avait eu décadence dans la langue rythmique; depuis il y a modification, c'est-à-dire réascension par une autre voie. Le génie français tend moins à procéder par imitation des modèles; de là nous oserions espérer que nous aurons peut-être une poésie qui sera plus nous, et, comme celle des Anglais, plus empreinte du goût et du parfum du pays.

André Chénier procède encore par voie d'imitation; mais dans cette imitation il y a un tel génie propre, que nous ne pouvons nous défendre de le ranger parmi les poëtes les plus frappés de caractère que nous ayons dans notre splendide gloire nationale. D'où lui vient donc son originalité? de sa puissance d'artiste, de son éloquence, d'une suavité à laquelle nous ne connaissons pas d'égale parmi les modernes, de la prodigieuse connaissance du langage, et avant tout, peut-être, des habiles modifications qu'il a apportées dans l'allure jusqu'alors un peu rigide de notre vers. Avec le vers d'André on peut aborder les sujets les plus longs sans craindre de fatigues. Nul n'a plus éminemment que lui cette *grâce plus belle encore que la beauté*, dont abondent Régnier, La Fontaine, et, ce qui pourra peut-être étonner quelques uns, notre Molière. Ce n'est qu'à l'aide de ce charme que les poëtes se font les hommes de tous les temps.

Plus on étudie André Chénier, plus on se pénètre de sa puissance sous ce rapport. Ce n'est généralement pas par le fond des idées qu'il brille. La grande rénovation chrétienne est comme non avenue pour lui ; sa pensée ne dépasse pas le monde grec. En amour, c'est une sorte de glorification de la beauté physique, ce sont des passions mobiles et fugitives qui changent d'objets tous les jours. Il n'a certes pas été au-delà de Tibulle. Il y a d'exquises grâces dans ses tableaux de la nature, çà et là de magnifiques et grandioses images, mais c'est évidemment imité d'Homère et de Théocrite ; la religion ne l'occupe jamais. Je le répète, son pouvoir si incontestable et si divin tient à l'inexplicable charme de son langage. Il ne faut pas conclure cependant que jamais il n'offre de pensées profondes. Voici quelques vers au-dessus desquels je ne connais rien dans le genre :

> Tout homme a ses douleurs ; mais aux yeux de ses frères
> Chacun d'un front serein déguise ses misères.
> Chacun ne plaint que soi, chacun dans son ennui,
> Envie un autre humain qui se plaint comme lui.

Nul des autres mortels ne mesure les peines,
Qu'ils savent tous cacher comme il cache les siennes;
Et chacun, l'œil en pleurs en son cœur douloureux,
Se dit : — Excepté moi, tout le monde est heureux.
— Ils sont tous malheureux. Leur prière importune
Crie et demande au ciel de changer leur fortune.
Ils changent; et bientôt versant de nouveaux pleurs,
Ils trouvent qu'ils n'ont fait que changer de malheurs.

V

Alfred de Vigny.

Pour suivre la filiation de la poésie en France et ne pas sortir des années que nous devons explorer, nous passerons d'André Chénier à M. Alfred de Vigny, regrettant toutefois de ne pouvoir consacrer quelques pages à Millevoye, qui nous semble un poëte doué d'une puissance bien réelle.

En 1814 ou 1815, deux jeunes gens se retrouvèrent dans un bal après un assez long intervalle ; ces deux jeunes hommes avaient été dans l'enfance nourris ensemble de poésie et de littérature. Les semences avaient fructifié, et tous deux se communiquèrent leurs besoins et leurs idées sur la régénération de cette belle chose qui avait tous leurs amours. Ces jeunes initiés à l'influence régénératrice qui devait plus tard se manifester avec tant d'éclat dans M. Victor Hugo, étaient MM. de Vigny et Emile Deschamps. En parlant du premier, M. Sainte-Beuve dit :

« Des morceaux d'André Chénier, publiés par M. de Chateaubriand dans le *Génie du Christianisme*, et par Millevoye à la suite de ses poésies, donnaient déjà beaucoup à réfléchir à cet esprit avide de l'antique qui cherchait une forme, et que le faire de Delille n'annonçait pas. *Myrto*, *la Jeune Tarentine* et *la Blanche Nérée*, faisaient éclore à leur souffle cette autre vierge enfantine, *la Lesbienne Simetha*. Une société choisie et lettrée se rassembla chez M. Deschamps. Écoutons l'auteur des dernières paroles nous la peindre au complet dans une de ses pièces les plus touchantes.

> C'était là le bon temps; c'était notre âge d'or,
> Où pour se faire aimer Pichalt vivait encore,
> Signe du paradis qui traversa le monde,
> Sans s'abattre un moment sur cette fange immonde;
> Soumet, Alfred, Victor, Parceval, vous enfin
> Qui dans ces jours heureux vous teniez par la main,
> Rappelez-vous comment au fauteuil de mon père
> Vous veniez, le matin, sur les pas de mon frère,
> Du feu de poésie échauffer ses vieux ans,
> Et sous les fleurs de mai cacher ses cheveux blancs.
> Les plus jeunes voulaient Byron et Lamartine,
> Et frémissaient d'amour à leur muse divine;
> Les autres, avant eux amis de la maison,
> Calmaient cette chaleur par leur froide raison,
> Et savaient chaque jour tirer de leur mémoire
> Sur Voltaire et Le Kain quelque nouvelle histoire.

» Pichalt, MM. Soumet, Guiraud, Jules Lefèvre, faisaient donc partie de ce premier cénacle qui a devancé l'autre de presque dix ans, et qui s'est prolongé en expirant jusque dans la *Muse française*. M. de Vigny, alors officier dans la garde, tantôt à Courbevoie, tantôt à Vincennes, mais toujours à portée de Paris et le plus souvent à la ville, essayait et caressait dans ce cercle ami ses prédilections poétiques. (*Critiques et portraits.*) »

Tout poëte dérive plus ou moins de ses devanciers ; M. Sainte-Beuve ne peut, dit-il, saisir la filiation de M. de Vigny. Pour nous, nous ne voyons pas en quoi M. de Vigny ne pourrait pas se rattacher à ses prédécesseurs. Sa forme ne nous semble pas tellement nouvelle qu'elle fasse oublier celle de Millevoye par exemple ; et les régions poétiques qu'il parcourt ne nous semblent pas d'un caractère qui soit parfaitement personnel à lui. Sous ce rapport nous trouvons encore à Millevoye une tout autre puissance ; nous croyons même M. Émile Deschamps plus novateur dans l'allure du vers, dans sa facture, dans l'admission des tours naïfs et familiers au milieu du langage poétique.

Nous saisirons cette occasion pour redresser trois injustices commises par un homme qui en commet si peu. M. Sainte-Beuve, dans ses *Portraits littéraires*, semble beaucoup trop rejeter Millevoye parmi les poëtes dignes d'une considération médiocre ; en un autre endroit il assure que M. de Lamartine, dans ses *Harmonies poétiques et religieuses*, doit faire oublier et remplacer l'auteur des *Harmonies de la nature*, l'onctueux et pittoresque Bernardin, qui, en tant que génie d'une nature toute propre et toute divine, ne peut être remplacé par personne. Il nous semble même bien loin d'être prouvé que Bernardin soit un talent d'une portée inférieure à M. de Lamartine. En troisième lieu, l'auteur des *Consolations* semblerait vouloir élever madame de Flahaut au-dessus de madame Cottin, qui, selon nous, est d'une science de passion tout autre que le peintre délicat sans doute, mais bien effleurant, d'Adèle de Sénange. Pour trouver des rivales et des supériorités à madame Cottin, il faut aller chercher les charmantes miss romancières de la Grande-Bretagne, l'auteur de *Delphine* et cette autre femme qui, par sa mâle éloquence, s'est placée de prime-saut parmi les royautés de notre époque.

Que l'on nous pardonne cette digression, qui est pour nous comme une sorte de protestation consciencieuse contre les opinions littéraires d'un homme dont nous aimons tant et la personne et les écrits.

Loin de nous aussi la pensée de vouloir rabaisser le talent de M. de Vigny comparativement à celui de notre Millevoye ; le chantre d'*Éloa*, de *Dolorida* et de *Moïse*, nous sera toujours l'un des esprits les plus parfaitement exquis dans leur élégance et leur étincelante finesse ; parfois même, comme dans Moïse, il s'élève à une éloquence mâle et profonde, quoiqu'elle n'ait pas cette abondance qui caractérise les grands poëtes. Dans Moïse, le refrain d'une expression fort belle vient magnifiquement se poser à la fin des plaintes que le prophète puissant et solitaire élève vers Dieu. Éloa nous offre un exquis portrait de femme, et nous révèle dans la compassion les divins secrets de ses plus chères faiblesses. L'esprit du mal voulant séduire Éloa, cet ange qui, dans l'ingénieuse fiction du poëte,

est formé d'une larme que Jésus répandit, alors
qu'il apprit la mort de Lazare, l'aborde en lui
disant :

Je suis celui qu'on aime et qu'on ne connaît pas.

Expression délicate de cet attrait qu'éprouve la
femme pour le mystère. Celle-là qui connaît toute
l'âme de son amant est bien près de ne plus l'aimer d'amour. Il ne faut jamais que l'homme ou la
femme possèdent tout entier l'objet aimé. C'est
parce qu'il est infini, que l'on peut aimer Dieu d'un
inépuisable amour.

Nous trouvons dans les vers qui suivent une pudeur et une vertu charmantes :

Les vierges quelquefois pour connaître sa peine,
Formaient une prière, inentendue et vaine,
L'entouraient, et prenant ces soins qui font souffrir,
Demandaient quels trésors il lui fallait offrir,
Et de quel prix serait son éternelle vie,
Si le bonheur du ciel était peu son envie,
Et pourquoi son regard ne cherchait pas enfin
Les regards d'un archange ou ceux d'un séraphin.
Eloa répondait une seule parole :
« Aucun d'eux n'a besoin de celle qui console
» On dit qu'il en est un..... » Mais, détournant leurs pas,
Les vierges s'enfuyaient et ne le nommaient pas.

Au moment de la séduction, Satan, attendri par la
pureté d'Éloa, est prêt à céder ; mais tout-à-coup il
s'arrête devant son orgueil, il rougit d'avoir pu
douter de sa puissance.

Toutes ces observations sont très fines ; mais

nous ne voyons pas que M. de Vigny ait rien innové dans le vers français. Son vers est bien facturé, mais pas plus habilement que ses devanciers, Millevoye et André Chénier. Du premier, il n'a pas l'ampleur mélodieuse ; du second, la suave et divine mollesse qui n'exclut pas par intervalle une grande énergie d'éloquence.

La poésie de l'auteur d'Éloa est d'une élégance parfaite sans doute, mais trop continue ; elle en devient monotone. C'est toujours la lyre d'ivoire et d'or, mais ce n'est pas celle qui s'échappa sanglante des mains de notre immortel André. Jamais chez lui il n'y a cette affluence de poésie qui n'est donnée qu'aux forts ; c'est trop constamment de l'esprit ; il apparaît dans ses vers les plus remplis de sentiment ; de là vient que sa poésie n'est jamais illuminée à l'intérieur, elle n'est jamais chaude en un mot. M. de Vigny nous semble bien plutôt un parfait homme du monde qu'un véritable poëte. Très spirituel, il a beaucoup plus de goût que d'inspiration ; il parle beaucoup plus qu'il ne chante, et tout exquis, tout poétique que puisse être le langage, si l'on n'y sent pas l'*insufflation* interne, nous n'y saurons jamais reconnaître un grand poëte. Il nous faut le *mens divinior*, une voix qui retentisse plus haut et plus profondément que d'ordinaire les bouches mortelles, et puis encore un caractère propre fortement prononcé.

Pressé que nous sommes par la multitude des objets qui affluent dans ce tableau, où le détail né-

cessairement doit être négligé pour saisir le grand
trait, nous prions nos lecteurs de nous pardonner
si nous ne nous arrêtons pas plus au long sur Éloa;
nous aimerions à en citer encore plusieurs pages,
où nous retrouverions toujours cette pénétration
qui est d'un poëte sans doute, mais qui pourtant
décèle moins une nature de poëte que celle d'un
homme d'un esprit infini. Au moment où il peint
la passion, comme lorsqu'il se retire dans les régions voilées et mélodieuses de la mélancolie, le
sourire de la finesse est toujours à ses lèvres, et,
disons-le aussi, l'élaboration du langage est appa-
rente; son vers est trop continuellement empreint
du caractère d'une élégance recherchée; il n'a jamais cette élégance naïve et en quelque sorte sauvage que nous trouvons si souvent chez M. Hugo.
Son harmonie est trop en tous lieux la même; cela
tient au manque de brisures habiles, d'où lui vient
une facture un peu roide; le *facetum* y est, mais
bien rarement le *molle*.

M. de Vigny dit trop modestement dans sa préface : « Le seul mérite qu'on n'ait jamais disputé à
ces compositions, c'est d'avoir devancé en France
toutes celles de ce genre, dans lesquelles presque
toujours une pensée philosophique est mise sous une
forme épique ou dramatique. Dans cette route d'in-
novations, l'auteur se met en marche bien jeune,
mais le premier. »

M. de Vigny a bien assez de mérite incontestable
pour qu'il nous permette de lui contester précisé-

ment celui-là. En remontant de quelques années, nous rappellerons que de charmantes compositions de ce genre se trouvent dans Parny, *Isnel* et *Asléga*, par exemple, et d'autres poëmes épars dans ses œuvres ; et chez Millevoye, qu'est-ce donc qu'*Emma* et *Éginard*, le beau poëme de *Belzunce*, et ce magnifique récit de Goffin ; et encore *Charlemagne à Pavie*, où nous trouvons les féeries peintes avec des grâces si nouvelles, autour du divin fabliau de Berthe la filandière ? Encore une fois, dans ces lignes, nous ne voulons point comparer les mérites si différents de M. de Vigny et de Millevoye, nous désirons seulement mettre sur une voie qui conduise à la réparation d'une injustice. Toutes nos sympathies sont à l'auteur d'*Éloa*, de *Stello*, de *Chatterton*, qui a tant d'éloquentes commisérations pour ces souffrances si dédaignées par les âmes de bas étage, qui marchent sur l'homme de la muse comme le rustre sur la fleur des campagnes ; nous voulons qu'il se persuade cela, nous y tenons singulièrement.

VI

Lorsque l'Europe ne fut plus ébranlée par le terrible retentissement des guerres de l'Empire, l'intelligence respira et la poésie reparut dans le monde. Assez long-temps elle avait été tout entière dans l'action ; elle avait suivi le conquérant, des déserts de la vieille Égypte, des montagnes sacrées de la Judée, aux climats glacés de la jeune Russie. Maintenant elle allait reprendre la parole, et s'insinuer dans les cœurs par la douce voie de la persuasion. Cependant il ne manquait pas alors d'hommes frivoles, émerveillés de quelques formes politiques plus ou moins neuves, qui croyaient que l'humanité allait s'immobiliser en elles, et que des *constitutions* suffiraient pour la faire vivre. Dans leur ignorance risible, ils allaient proclamant avec orgueil que la religion et la poésie étaient mortes ; et par cela ils ne prouvaient qu'une chose, c'est qu'ils ignoraient les premiers éléments de la science sociale. Ils se présentaient pourtant comme des hommes avancés, dédaignant les simples qui pensaient que l'homme avait encore besoin de foi et de prière.

Qu'ils étaient loin de prévoir que leur règne dût sitôt finir !

Dire que la religion et la poésie disparaîtront du monde, c'est dire que les lois éternelles qui régissent l'humanité sur la terre seront renversées ; que l'homme cessera d'être homme, c'est-à-dire que Dieu s'est trompé, et que l'on va refaire son œuvre. La religion et la poésie répondent à un besoin indestructible de notre nature, le besoin de l'infini, de l'inconnu, qui nous tourmente sans cesse, et n'est que le pressentiment de nos destinées futures. Il faut avoir une bien triste opinion de soi et de ses semblables pour croire que le droit électoral et les chemins de fer vont suffire à l'existence intellectuelle d'un peuple ; il faut que les études mathématiques, si recommandées par Napoléon, aient bien desséché le cœur humain, pour que tant de voix se soient mises à crier anathème à la poésie. Ce fut un concert barbare qui aurait fait rougir un Cosaque, car il fredonne encore quelque rude chanson aux échos sauvages de son désert de glace.

Pendant le glas lugubre de cette messe des morts, un jeune homme, élevé par une mère pieuse dans l'amour de la parole de Jésus, avait rêvé sur les riants coteaux italiens en méditant Bernardin et Chateaubriand, ces deux voix aimées de tout ce qui chérit la nature. Dieu avait déposé en lui toutes les passions saintes des élus du christianisme. Un amour pur avait poétisé encore sa jeunesse. Il lança

dans le monde une brochure qu'il appela *Méditations poétiques*.

Les vers français étaient tombés bien bas alors;
les petites merveilles de la poésie de Delille étaient
leur gloire; excepté quelques pièces de Millevoye
et cinq ou six élégies de ce Parny qui avait déshonoré
sa muse par des chants obscènes et impies, ce n'é-
taient que fades amours de boudoirs, que galants
caquetages, dont rirait la plus humble femme aujourd'hui. Les *Méditations* jetaient dans la société
leurs hymnes pleines d'harmonie large, d'esprit
religieux, d'amour chaste et élevé. L'effet fut
grand; M. de Lamartine fut adopté par tout ce qui
sentait la religion et la poésie, sauf encore, dans
la classe de ces hommes, ceux qui étaient trop exclusivement attachés aux formes consacrées de la
poésie de Louis XIV.

« Le succès soudain que les *Méditations* obtinrent, dit M. Sainte-Beuve, fut le plus éclatant du
siècle, depuis le *Génie du christianisme;* il n'y
eut qu'une voix pour s'écrier et applaudir. » Nous
croyons que la mémoire de M. Sainte-Beuve l'a mal
servi relativement au dernier membre de cette
phrase. M. de Lamartine n'a pas été unanimement
accepté d'abord; il lui a fallu combattre : tout poëte
novateur doit passer par cette épreuve. Les nombreux
organes du parti qu'on appelait alors le parti libé-
ral, accablaient le chantre d'*Elvire* de comparaisons
avec M. Casimir Delavigne, exaltant sans cesse ce
dernier aux dépens de l'auteur des *Méditations*. Ce

fut, comme presque tout dans ces temps de haine et d'aveuglement, une affaire de coteries politiques. Je me rappelle encore les fades plaisanteries des petits journaux, du *Diable boiteux* entre autres ; il m'apportait souvent des espiégleries, qui me donnaient la velléité, à moi qui étais alors fort jeune, de prendre M. de Lamartine pour un sot. J'ai connu des hommes occupant aujourd'hui un certain rang, des hommes très instruits de l'antiquité latine et grecque, et qui plaçaient au-dessus du premier recueil des *Méditations poétiques* des vers réguliers, qui n'avaient d'autre mérite que de ressembler à ceux de tout le monde.

Cette réserve faite, il faut dire à l'honneur de la société contemporaine, qu'un grand nombre d'âmes entendit la voix de Lamartine, et qu'il y eut à l'occasion de ces pages une lutte acharnée ; le poëte grandit rapidement dans ce combat.

Voilà dix-huit ans que les *Méditations poétiques* sont publiées, et aujourd'hui il n'y a plus de lutte ; elles ont conquis l'admiration générale. Elles révélaient dès lors pour ceux qui avaient l'intelligence du nouveau siècle tout ce que M. Lamartine a été depuis : naïve grandeur, rêverie vague et sainte, élans sublimes vers le monde invisible, vers Dieu, amour des hommes joint au génie de la solitude, l'univers des poésies de Lamartine apparaissait tout entier dans ce début. Ses grandes pièces *A lord Byron*, *l'Immortalité*, *Dieu*, reproduisent les pensées de Bossuet en vers magnifiques, moins beaux cependant que la prose du grand évêque. Dans l'élégie, ce premier recueil offre des inspirations délicieuses, *le Vallon, le Chrétien mourant*, et surtout *le Lac*, poésie d'une mélancolie profonde, et d'un bonheur d'expression bien rare.

Le succès éclatant de M. de Lamartine est très explicable, non seulement par la beauté de son talent, mais par la nouveauté de cette poésie, qui venait remuer dans les cœurs toutes les nobles passions que Dieu y a mises. L'amour de la nature, le sentiment du paysage et de ses sympathies pour la douleur humaine, échauffait les nouvelles poésies. Non que Lamartine s'arrête aux détails et peigne comme Wordsworth; mais il plane sur l'ensemble; il est comme inondé de l'amour du créateur. Le murmure du lac, le gémissement des arbres du vallon, les étoiles qui le regardent en silence du haut du ciel, les ombres transparentes des belles nuits d'été, les feux brûlants du Midi, le plongent dans une extase religieuse; et cette impression est si vraie, si naïve, si ardente, qu'elle entraîne le lecteur et le subjugue. Lamartine est une âme intuitive, spontanée; elle ne cherche pas sa science dans les livres, elle l'attend; et Dieu la lui envoie, parce que Dieu l'aime. Homme admirable au milieu de notre société si honteusement corrompue par la cupidité de l'or, il s'abandonne avec amour à la volonté de la Providence sur lui, et passe sans orgueil au milieu des richesses dont Dieu l'a comblé.

Les secondes *Méditations* furent sévèrement jugées par la critique. Comme il arrive presque toujours après un succès, elles furent placées bien au-dessous de leurs aînées, et cependant elles reproduisaient les mêmes beautés, le même amour de Dieu et de la nature, la même versification brillante et limpide, avec une tendance plus marquée vers le débordement poétique des *Harmonies*. Toutefois le recueil présentait moins d'unité et de travail, il ressemblait plus à une improvisation. La *Mort de Socrate*, souvenir magnifique de Platon, et le dernier chant du *Pèlerinage d'Harold* parurent sans augmenter beaucoup la gloire du poëte. Quand on parlait de lui, c'étaient toujours les *Méditations* qui attiraient les regards ; elles nuisaient aux autres œuvres de leur père, leurs rayons semblaient les obscurcir.

Il est des poëtes qui ne sont inspirés que par leurs impressions personnelles : leurs joies et leurs douleurs palpitent dans leurs chants; ils émeuvent leurs semblables comme une autobiographie, et ne sont humanitaires que parce qu'il y a toujours une sorte de parenté entre les sensations humaines.

D'autres au contraire semblent s'oublier eux-mêmes; toute leur vie sensitive est passée dans les êtres qu'ils créent; ils sont le miroir où toute la création vient se refléter. L'imagination leur révèle les mystères du cœur et de la pensée.

Si l'élément personnel disparaissait entièrement d'un poëte, il serait moins un poëte qu'une lyre qui rendrait des sons magnifiques parfois, le souffle de Dieu arrivant à elle à travers les harmonies de notre monde ; mais la poésie de cet homme de Dieu manquerait de drame et de trait, et c'est précisément ce que nous oserions reprocher à M. de Lamartine, surtout dans ses *Harmonies poétiques et religieuses*, qui sont l'ouvrage où son génie s'est épandu avec le plus de grandeur et d'abondance.

Avant d'arriver à ce jugement sur un homme pour lequel nous avons tant d'admiration de toutes sortes, parce que son caractère nous semble tout aussi digne d'honneur que son splendide et mélodieux génie, nous nous sommes demandé pourquoi les premières Méditations de M. de Lamartine étaient le volume qui nous attirait le plus. C'est à n'en pas douter parce que le poëte y a déposé plus du drame qui lui est propre. Là, l'élément humain est beaucoup moins apparent que l'élément personnel, ou plutôt ces éléments sont beaucoup mieux combinés que dans les sublimes cantiques des *Harmonies poétiques et religieuses*.

Les âmes véritablement amantes de la poésie ne cherchent point dans les poëtes uniquement l'élément humain ; elles y veulent autre chose : elles y veulent trouver l'élément, le sentiment personnel, et même beaucoup d'entre elles semblent éprouver plus d'attrait pour ce côté par lequel se révèle l'homme de la muse ; en un mot, la partie intime du poëte devient de nos jours presque aussi puissante et tout aussi durable que la partie humaine.

Pour ne parler à ce sujet que de M. de Lamartine, quelles sont les compositions dont on a le plus gardé la mémoire ? ce sont, dans les premières *Méditations*, *l'Isolement*, *le Temple*, *le Vallon*, *le Lac*; dans les secondes, *le Crucifix*. Nous ne voulons pas dire que l'on ne se souvienne pas des pièces où l'élément humain prédomine, comme *Sainte-Hélène* et quelques autres ; seulement nous désirerions établir que si l'élément humain donne au poëte la sainteté et l'éclat solide, il doit à l'élément personnel le caractère et la grâce.

Conséquemment ces deux éléments sont doués de puissances diverses, mais égales peut-être, que l'on aurait grand tort de négliger, car elles seules peuvent mériter au poëte le nom de grand.

M. de Lamartine possède incontestablement l'un et l'autre de ces dons ; mais chez lui l'élément humain prédomine, et surtout dans les *Harmonies*.

Au milieu de ce lyrisme affluent et un peu vague, que nous comparons volontiers à un beau cantique que l'humanité élève des profondeurs de son âme, en face de cette nature dont la contemplation suffit pour révéler un Dieu à tout homme de bonne volonté, ce nous est un grand bonheur de trouver une expression de la personnalité de M. de Lamartine ; nous nous arrêtons avec religion devant les tableaux qu'il nous trace de sa vie poétique à Saint-Point, au bord du *lac qui lui est sacré*, pour employer ses naïves et touchantes paroles. Ainsi doit faire le poëte ; c'est un devoir à lui de chanter le coin de terre, si obscur qu'il soit, où Dieu a voulu qu'il prît naissance et vît couler ses jours. Ces pensées noûs sont venues en lisant la belle pièce de *la Bénédiction de Dieu dans la solitude*, admirable bucolique chrétienne. En mettant le pied sur ce terroir, dont le poëte nous fait la peinture, on respire comme un air des campagnes bibliques ; cependant il nous semble que si par la pensée M. de Lamartine est presque toujours biblique ou évangélique, souvent il arrive qu'il ne l'est pas par l'expression. Son langage est généralement trop long et manque de trait, tandis que les qualités littéraires éminentes des livres saints, de la nouvelle comme de l'ancienne loi, sont la brièveté et le saisissant de l'image ; de là vient que M. de Lamartine ne nous semble pas toujours assez simple ; ses descriptions sont noyées dans des peintures trop semblables les unes aux autres, de ciel, de nuages, de montagnes, de vapeurs qui enveloppent les lointains de ses paysages ; nous aimons que parfois les choses soient vues de plus proche. Ici, comme partout, nous trouvons les défauts des qualités propres au poëte ; la grandeur des lignes et des horizons dégénère en quelque chose de vague comme la mélodie trop continuellement angélique de ses sentiments.

Pour un esprit de la nature de M. de Lamartine, la conception philosophique ne devait jamais être quelque chose de parfaitement défini, et reprocher à notre barde le vague de ses vues, n'est-ce point

un peu reprocher au ciel le vague de ses nuées?
Dieu a fait le poëte comme cela ; la vérité, une
dans son essence, devient multiple, alors qu'elle
se mêle à la beauté, dont la diversité harmonieuse
est le caractère essentiel. M. de Lamartine voit à
sa manière les merveilles de la création, dont il est
lui-même une suave merveille. Ainsi en est-il de
tout homme dont l'individualité ne se constitue que
par la manière personnelle avec laquelle il voit, il
sent le monde dont il fait partie. Encore une fois
l'homme n'est pas seulement une espèce, une race
comme les choses de la création inférieure ; il est
encore une intelligence, c'est-à-dire un monde à
lui tout seul.

Dans ce tableau pastoral où notre poëte nous dit
comment Dieu le bénit dans la solitude, et aussi,
ce qui n'est pas moins important, comment le riche
et le grand seigneur sanctifient l'existence que Dieu
leur a faite ici-bas, il y a parfois de saintes grandeurs de rêveries, qui nous semblent adorables et
bien capables de changer une âme alors qu'elle
erre aux pentes des routes mauvaises. Nous nous
sommes toujours arrêté à ces vers qui, dans leur
mélancolique douceur, nous paraissent doués d'une
irrésistible puissance :

> Ah ! loin de ces cités où les bruits de la terre
> Étouffent les échos de l'âme solitaire,
> Que faut-il, ô mon Dieu ! pour nous rendre ta foi ?
> Un jour dans le silence écoulé devant toi ;
> Regarder et sentir, et respirer, et vivre ;
> Vivre, non de ce bruit dont l'orgueil nous enivre,

Mais de ce pain du jour qui nourrit sobrement,
De travail, de prière et de contentement;
Se laisser emporter par le flux des journées
Vers cette grande mer où roulent nos années,
Comme sur l'Océan la vague au doux roulis,
Berçant du jour au soir une algue dans ses plis,
Porte et couche à la fin au sable de la rive
Ce qui n'a point de rame, et qui pourtant arrive.

Aux heures où nous travaille l'incertitude, l'un des plus grands maux de la terre, et qui peut-être les résume tous, et encore alors que nous gémissions sous le poids d'une douleur qui nous vient des hommes ou de la Providence, combien de fois sur les caps déserts de notre vieille Bretagne nous avons répété ces vers, où il y a tout ensemble tant de foi et tant de mélancolie; et puis vient un tableau qui, en nous reportant au veuvage actuel, nous jette en des tristesses qu'il n'est donné à la langue des hommes de rendre que bien imparfaitement :

Mais le sommeil, doux fruit des jours laborieux,
Avant l'heure tardive appesantit nos yeux :
Comme aux jours de Rachel la prière rustique
Rassemble devant Dieu la tribu domestique,
Et pour que son encens soit plus pur et plus doux,
C'est la voix d'un enfant qui l'élève pour tous.
Cette voix virginale et qu'attendrit encore
La présence de Dieu qu'à genoux elle implore,
Invoque sur les nuits sa bénédiction;
On murmure un des chants des harpes de Sion,
On y répond en chœur; et la voix de la mère,
Douce et tendre, et l'accent mâle et grave du père,
Et celui des vieillards que les ans ont baissé,
Et celui du pasteur que les champs ont cassé,
Bourdonnant sourdement la parole divine,
Forment avec les sons de la voix enfantine
Un contraste de trouble et de sérénité,
Comme une heure de paix dans un jour agité;

> Et l'on croirait, aux sons de cette voix qui change,
> Entendre les mortels interroger un ange.

On peut considérer cette églogue sacrée comme une suite à la belle pièce intitulée *Milly* ou *la Terre natale* : c'est une tradition de famille. Si M. de Chateaubriand, dans sa féale et pittoresque éloquence, tient à être comme l'expression dernière et pleine de charme du gentilhomme du passé, M. de Lamartine nous représente noblement celui de l'avenir. C'est la parfaite éducation d'autrefois avec tout ce qu'il y a d'ample et de généreux dans les sentiments de l'époque.

Comme grandeur de tristesse, comme éloquence de philosophie inspirée qui étonne par sa profondeur, nous ne savons rien de plus beau que ces vers adressés à l'Homère de l'Écosse :

> Je ne m'étonne pas que le bronze et l'airain
> Cèdent leur vie au temps et fondent sous sa main,
> Que les murs de granit, les colosses de pierre
> De Thèbe et de Memphis fassent de la poussière,
> Que Babylone rampe au niveau des déserts,
> Que le roc de Calpé descende au choc des mers,
> Et que les vents, pareils aux dents des boucs avides,
> Ecorcent jour à jour le tronc des pyramides :
> Des hommes et des jours ouvrages imparfaits,
> Le temps peut les ronger, c'est lui qui les a faits,
> Leur dégradation n'est pas une ruine,
> Et Dieu les aime autant en sable qu'en colline;
> Mais qu'un esprit divin, souffle immatériel
> Qui jaillit de Dieu seul comme l'éclair du ciel,
> Que le temps n'a point fait, que nul climat n'altère
> Qui ne doit rien au feu, rien à l'onde, à la terre,
> Qui, plus il a compté de soleils et de jours,
> Plus il se sent d'élan pour s'élancer toujours,
> Plus il sent, au torrent de force qui l'enivre,
> Qu'avoir vécu pour l'homme est sa raison de vivre;

Qui colore le monde en le réfléchissant ;
Dont la pensée est l'être, et qui crée en pensant ;
Qui, donnant à son œuvre un rayon de sa flamme,
Fait tout sortir de rien, et vivre de son âme,
Enfante avec un mot, comme fit Jéhova,
Se voit dans ce qu'il fait, s'applaudit, et dit : Va !
N'a ni soir, ni matin, mais chaque jour s'éveille
Aussi jeune, aussi neuf, aussi Dieu que la veille ;
Que cet esprit captif dans les liens du corps
Sente en lui tout-à-coup défaillir ses ressorts,
Et, comme le mourant qui s'éteint, mais qui pense,
Mesure à son cadran sa propre décadence,
Qu'il sente l'univers se dérober sous lui,
Levier divin qui sent manquer le point d'appui,
Aigle pris du vertige en son vol sur l'abîme,
Qui sent l'air s'affaisser sous son aile et s'abîme,
Ah ! voilà le néant que je ne comprends pas !
Voilà la mort, plus mort que la mort d'ici-bas,
Voilà la véritable et complète ruine !
Auguste et saint débris devant qui je m'incline,
Voilà ce qui fait honte ou ce qui fait frémir,
Gémissement que Job oublia de gémir !

C'est peut-être là ce que M. de Lamartine a écrit de plus beau. Toutes les qualités de son génie s'y retrouvent avec une force qui n'est donnée qu'au poëte véritablement transcendantal. La poésie de M. de Lamartine pénètre pourtant moins encore dans l'essence des choses que celle de Wordsworth, laquelle, selon l'expression du grand Lakiste lui-même, fait naître des pensées trop profondes pour les larmes.

Le poëme de *Jocelyn* a eu de brillantes destinées ; il s'est fait lire comme un roman, d'un bout de la France à l'autre, par une nation qui ne lit plus de vers. S'il faut en croire les gémissements exhalés tous les matins dans les feuilletons de nos

journaux, on ferait une lamentable histoire des infortunes du poëme dans notre patrie. Son sort est
si déplorable, qu'il n'y en a réellement pas un seul
(dans le genre sérieux) qui ait conservé une renommée littéraire. Je ne sais ce qu'on pensera de
Jocelyn dans cinquante ans, mais son succès présent n'est pas contestable. La donnée du poëme est
assez commune, et le poëte ne s'est pas gêné pour
inventer sa fable. Je ne vois pas trop ce qui force
Jocelyn à se faire prêtre ; il pouvait laisser sa part de
fortune à sa sœur, et prendre une carrière qui ne
l'obligeât pas à un sacrifice très rude à ses yeux.
On a blâmé beaucoup la scène où l'évêque, qui va
monter à l'échafaud, épouvante Jocelyn par l'énergie de sa parole, et lui impose le sacerdoce presque
malgré lui, pour recevoir du noúveau prêtre le
pardon avant dé mourir. On peut blâmer cet évêque comme chrétien ; mais accuser le poëte d'avoir
peint un homme passionné, c'est ce que je ne conçois guère. Cette scène est la plus neuve du poëme,
celle qui appartient le plus à M. de Lamartine. Il
peut répondre tout simplement à ses critiques qu'il
n'a pas voulu peindre un homme parfait. Et d'ailleurs, si j'examine l'action de l'évêque, je suis loin
de la trouver incompréhensible. Il est bien facile,
dans des jours calmes et sereins, au milieu des
scènes ordinaires de la vie, quand les passions ne
grondent pas en nous, de suivre froidement la ligne des devoirs ; mais lorsqu'au sein des tourmentes
sociales toutes les passions débordent et bouillon-

nent, il est donné à peu d'hommes de se livrer à une froide appréciation des choses. Un évêque qui avait vu les têtes sanglantes de ses frères rouler sur l'échafaud, et qui allait y monter lui-même, pouvait bien se sentir enivré de la fièvre du martyre, et son imagination échauffée devait jeter l'anathème à tout jeune lévite qui abandonnait alors le champ de bataille où l'on mourait pour la foi.

Je suis quelquefois gêné par le plan général du poëme ; je préférerais que M. de Lamartine se fût livré à toute la variété dont cette action était suceptible. J'aimerais mieux entendre le poëte que Jocelyn lui-même. Je porte peut-être un peu loin la manie *de la réalité* dans l'art ; mais ce journal du simple prêtre est peu naturel dans quelques unes de ses parties. Par exemple, je n'aime pas les lettres familières à sa mère ou à sa sœur écrites en alexandrins. Cela n'ôte rien, me dira-t-on, au mérite incontestable des détails ; non, mais cela nuit à l'effet général de l'œuvre. La scène où Jocelyn retrouve son ancienne amante dans cette femme étrangère qui agonise sur le lit d'une misérable auberge italienne, a traîné dans tous les romans. Mais qu'importe, si le poëte en a tiré de beaux effets ? Les chefs-d'œuvre de Shakspeare ne sont-ils pas quelquefois puisés en des libretti sans valeur ? Lorsqu'une situation est pathétique, un grand poëte fait bien de ne pas l'abandonner, parce qu'elle a déjà été mise en scène par des artistes sans génie.

Jocelyn gagnerait à être retouché encore ; il y a

des pages où l'harmonie du langage habituelle au poëte des *Méditations* ne se retrouve pas, des vers qui parfois tombent trop deux à deux ; la langue enfin n'est pas toujours assez respectée. *Jocelyn* a souvent l'air d'une improvisation, il en a aussi l'entraînement et le charme ; le poëte lyrique apparaît à chaque page. Si M. de Lamartine pouvait mûrir un plan, s'il connaissait l'art du drame, que ne ferait-il pas avec sa merveilleuse facilité !

Le poëme de *Jocelyn* nous a révélé des qualités nouvelles dans M. de Lamartine, et cet ouvrage étincelle de beautés qui sont familières au chantre des *Méditations*. La France a tressailli, parce qu'elle a reconnu le poëte dont la voix rêveuse l'a ramenée à la prière et à l'amour ; elle a retrouvé cette âme si pure et si noble dont elle a adopté la gloire. Tout le monde a admiré les véritables beautés du livre : la description du presbytère est charmante, les *Laboureurs* sont d'une poésie forte et profonde qui a quelque chose tout à la fois d'antique et de chrétien. L'apologue qui commence par ce vers :

L'aigle de la montagne un jour dit au soleil,

est réllement superbe d'idée et d'expression (T. II, 173). Il y a parfois aussi des mots d'une sensibilité exquise et qui semblent tombés d'une bouche de femme ; puis des traits d'une simplicité biblique qui ont une grandeur étrange :

Les femmes du hameau vinrent l'ensevelir.

Quel poëme d'ailleurs, au milieu de toute la

fange de ce temps, que cet amour pur et saint, que ces élans vers Dieu, que ce lent martyre souffert avec patience, à l'abri de la consolation céleste! Grâces soient rendues au poëte qui comprend ainsi la mission de la poésie sur la terre!

La Chute d'un ange a soulevé toute une tempête de critiques. Nous sommes de ceux qui ne jugent pas vite sous le rapport de l'art une œuvre de cette importance; elle est trop jeune pour que nous nous expliquions sur elle. Sans doute nous avons été choqué de nombreux défauts de détail; mais une grandeur admirable nous est apparue parfois, et nous avons pensé aux antiques poëmes de l'Inde que l'Occident comprend peu. Cependant nous avouerons que souvent M. de Lamartine en cherchant le colossal ne rencontre que *l'informe*.

Quant aux opinions religieuses qui ressortent de ce poëme, elles ne sont pas les nôtres; mais nous y avons trouvé un vague moins condamnable sans doute dans un poëme que dans un traité de philosophie. Il ne faudrait pas imputer à M. de Lamartine toutes les erreurs qu'il a attribuées aux hommes problématiques de son monde antédiluvien. Il s'est transporté dans ce monde et l'a peint avec son imagination; mais que ces idées soient sa religion à lui, c'est ce que je ne croirai pas sans autre preuve. On a encore répété souvent à l'occasion de ce dernier poëme le mot de panthéisme. Le panthéisme est une vieille erreur qui ne soutient pas dix minutes d'examen sérieux. Avant de porter une telle accusation contre M. de Lamartine, j'attendrai.

Il nous reste à dire quelques mots du *Voyage en Orient*.

« Les notes que j'ai consenti à donner ici aux lecteurs n'ont aucun de ces mérites, je les livre à regret; elles ne sont bonnes à rien qu'à mes souvenirs; elles n'étaient destinées qu'à moi seul; il n'y a là ni science, ni histoire, ni géographie, ni mœurs; le public était bien loin de ma pensée quand je les écrivais : et comment les écrivais-je? quelquefois à midi, pendant le repos du milieu du jour, à l'ombre d'un palmier, ou sous les ruines d'un monument du désert; plus souvent le soir, sous notre tente battue du vent ou de la pluie, à la lueur d'une torche de résine; un jour, dans la cellule d'un couvent maronite du Liban, un autre jour au roulis d'une barque arabe ou sur le pont d'un brick, au milieu des cris des matelots, des hennissements des chevaux, des interruptions, des distractions de tout genre d'un voyage sur terre ou sur mer; quelquefois huit jours sans écrire; d'autres fois, perdant les pages éparses d'un album déchiré par les chakals ou trempé de l'écume de la mer. »

Telles sont les lignes que je trouve dans l'avertissement qui précéde le Voyage de M. de Lamartine. Aucune règle critique n'est applicable au livre que l'auteur annonce avec tant de modestie, et nous nous garderons bien de lui en appliquer. Nous nous bornerons à remercier notre poëte des douces et grandes émotions qu'il a excitées en nous. Nous le dirons en toute franchise, nul livre ne nous a mis devant les yeux avec autant de vivacité les contrées orientales que nous n'avons pas le bonheur de connaître. Il me semble maintenant que j'ai parcouru la Judée, les environs de Jérusalem, la chaîne du Liban, Damas dont la description est une merveille de réalité, les ruines de Balbeck qui sont restées gigantesques devant mon imagination. J'ai rêvé dans une barque entre les rives parfumées du Bosphore, je me suis pénétré de la sainte poésie des nuits d'été sur les mers de l'Orient. Encore une fois, merci au poëte qui nous a fait partager ses douleurs et ses joies, merci de nous avoir donné ses impressions vraies et en désordre, telles qu'il les a reçues !

Je considère un peu le *Voyage en Orient* comme un recueil de poésie ; M. de Lamartine a fait bien mieux qu'il ne croit ; à chaque instant, je m'arrête dans cette lecture, l'âme saisie par une grande pensée, par un souvenir, par un regret. Je ne sais en vérité si le poëte des *Méditations* a jamais répandu en moi plus de sainte rêverie et d'idées profondes. Je suis loin de dire que toutes les vues politiques de M. de Lamartine soient immédiatement réalisables, mais souvent je suis frappé en lisant ce livre de leur nouveauté et de leur justesse. L'intuition du poëte pénètre parfois plus avant dans les choses positives que le calcul du diplomate.

« Malheureux les hommes qui en tout genre de-
vancent leur temps ! leur temps les écrase. C'est
notre sort à nous, hommes impartiaux, politiques
rationnels de la France. La France est encore à un
siècle et demi de nos idées, elle veut en tout des
hommes et des idées de secte et de parti : que lui
importe du patriotisme et de la raison ? c'est de la
haine, de la rancune, de la persécution alternative
qu'il faut à son ignorance ! Elle en aura jusqu'à ce
que, blessée avec les armes mortelles dont elle
veut absolument se servir, elle tombe ou les rejette
loin d'elle pour se tourner vers le seul espoir de
toute amélioration politique, Dieu, sa loi, et la
raison, sa loi innée. »

La vérité de ces aperçus frappe tous les regards.
Nous avons nous-même exprimé plusieurs fois ces
idées dans le premier volume de ce livre ; mais
nous croyons que ce sont de ces vérités que l'on
ne peut mettre trop souvent sous les yeux du lecteur.

Quoique je sois obligé de citer très peu dans ce
volume, je ne puis résister au désir de placer ici
une page de l'entrevue du poëte avec l'excellente
lady Stanhope.

« ..... — Mais enfin, reprit-elle, trouvez-vous
donc le monde social, politique et religieux bien
ordonné ? Et ne sentez-vous pas ce que tout le
monde sent, le besoin, la nécessité d'un révéla-
teur, d'un rédempteur, du Messie que nous attendons et que nous voyons déjà dans nos désirs ? —

Oh! pour cela, lui dis-je, c'est une autre question. Nul plus que moi ne souffre et ne gémit du gémissement universel de la nature, des hommes et des sociétés; nul ne confesse plus haut les énormes abus sociaux. politiques et religieux; nul ne désire et n'espère davantage un réparateur à ces maux intolérables de l'humanité; nul n'est plus convaincu que ce réparateur ne peut être que divin! Si vous appelez cela attendre un messie, je l'attends comme vous, et plus que vous je soupire après sa prochaine apparition; comme vous et plus que vous je vois dans les croyances ébranlées de l'homme, dans le tumulte de ses idées, dans le vide de son cœur, dans la dépravation de son état social, dans les tremblements répétés de ses institutions politiques, tous les symptômes d'un bouleversement, et par conséquent d'un renouvellement prochain et imminent. Je crois que Dieu se montre toujours au moment précis où tout ce qui est humain est insuffisant, où l'homme confesse qu'il ne peut rien pour lui-même. Le monde en est là. Je crois donc à un messie voisin de notre époque; mais dans ce messie, je ne vois point le Christ, qui n'a rien de plus à nous donner en sagesse ou en vertu et en vérité, je vois celui que le Christ a annoncé devoir venir après. Cet esprit saint toujours agissant, toujours assistant l'homme, toujours lui révélant selon les temps et les besoins, ce qu'il doit faire et savoir. Que cet esprit divin s'incarne dans un homme ou dans une doctrine, dans un fait ou dans une idée, peu importe, c'est toujours lui; homme ou doctrine, fait ou idée, je crois en lui, j'espère en lui et je l'attends, et plus que vous, milady, je l'invoque!..... » (*Tome* Ier, 258-259.)

Ceci est beau, et réveille dans l'âme des souvenirs des paroles de Jésus.

N'oublions pas qu'il a dit au chapitre xvi de saint Jean :

« Et je vous dis la vérité ; il vous est bon que je m'en aille ; car si je ne m'en vais point, le consolateur ne viendra point à vous : mais si je m'en vais je vous l'enverrai.

. . . .

» J'ai encore beaucoup de choses à dire, mais vous ne pouvez pas les porter à présent.

» Quand l'esprit de vérité sera venu, il vous enseignera toute vérité ; car il ne parlera pas de lui-même, mais il dira tout ce qu'il aura entendu, et il vous annoncera les choses à venir.

» Il me glorifiera, parce qu'il recevra de ce qui est à moi et il vous l'annoncera..... »

O Seigneur, l'humanité après dix-huit siècles approcherait-elle du jour où elle pourra porter ces choses, trop lourdes encore pour elle lorsque les yeux des hommes vous contemplaient sur la terre? Nous sera-t-il donné d'assister à cette régénération nouvelle tant prédite par toutes les bouches éloquentes de ce siècle, ou descendrons-nous au tombeau avec cette espérance (1)?

(1) Un de mes amis auquel je lisais cette page craignit qu'elle ne fût

Ici sans doute est le lieu de chercher quelle place M. de Lamartine occupe dans notre époque en tant que puissance agissante. Par puissance agissante nous n'entendons pas uniquement celle que possède l'homme d'action ; nous désignons aussi celle qui est donnée à l'homme de méditation. Si la puissance de l'un se voit aux surfaces, l'autre se sent aux profondeurs et a une tout autre durée.

On a long-temps oublié en France que le poëte devait être un homme social ; ses œuvres avaient de la puissance il est vrai ; mais lui, en tant que poëte, n'avait pas encore pris rang parmi les hommes.

On peut compter qu'à dater de M. de Chateaubriand cette révolution s'est opérée ; le poëte n'a plus été regardé comme un homme qui ne devait point être mêlé aux affaires, au positif, qui n'est, pour ainsi parler, que le grossier du monde humain.

Peut-être a-t-on senti, sans trop se l'expliquer, que le poëte par son intuition surhumaine était un homme nécessaire dans la politique, où doit s'exprimer la société vers laquelle nous tendons. Une société ne peut être parfaite qu'en tant que tous les éléments sociaux y soientre présentés ; or il est une vérité qui de nos jours s'établit de plus en plus incontestée dans tous les esprits de quelque va-

---

pas conforme à l'orthodoxie catholique. Sans doute, les paroles citées de Jésus-Christ annonçaient spécialement la *Pentecôte*, mais il ne saurait être défendu d'en continuer l'application à la société future ; de Maistre et quelques autres écrivains catholiques ont annoncé une nouvelle effusion de l'Esprit.

leur, c'est que la poésie, en tant que verbe de l'imagination de l'homme, en tant qu'elle rend le sentiment du beau, doit former une des bases de toute constitution sociale un peu complète. Cherchez bien ce qui manque à l'Amérique, et vous découvrirez aisément que c'est la poésie. Et encore ce peuple est-il vraiment inaccessible à cette fleur de la terre? N'est-ce pas par entraînement poétique qu'il a rendu tant d'hommages à Lafayette? Nous ne pouvons voir dans son Washington un prosaïque héros; toutes les qualités à l'aide desquelles il a dominé les Américains, et qui lui ont mérité la gloire, c'est-à-dire la légitime admiration des hommes sont des qualités poétiques. Et Napoléon a-t-il un seul instant cessé d'être poëte dans tout le cours de son foudroyant passage? Depuis son berceau dans les montagnes de la Corse jusqu'à son sépulcre dans les rochers de Sainte-Hélène, y a-t-il une action de lui, une aventure qui ne soit un poëme plus ou moins important dans les destinées du monde?

Une opinion cherche à se répandre et à se consolider de notre temps; nous la tenons pour éminemment fausse, et partant destructive de tout ce qu'il y a de beau et de bon chez les hommes.

Le panthéisme humanitaire s'en va disant que les personnalités d'hommes comme celles des peuples s'effaceront de plus en plus. En jetant les regards aux alentours, nous ne pouvons rien apercevoir qui puisse confirmer cet odieux présage. C'est pousser beaucoup trop loin les conséquences de l'unité pacifique vers laquelle tendent les diverses nations de la terre, unité qui n'empêchera pas la variété, surtout dans le domaine de la pensée et de l'imagination.

Presque tous les esprits puissants qui dominent ces années ont un caractère propre fortement prononcé; même il nous semble qu'ils lui doivent et qu'ils lui devront leur plus réelle et leur plus durable puissance. Ainsi madame Staël est belle par le *sentimentalisme* rêveur qui se mêle à sa prodigieuse sagacité d'esprit. On aime Chateaubriand, non point tant à cause des vérités qu'il a défendues que pour la manière nouvelle avec laquelle il a exprimé ces vérités. Or il n'y a rien de plus personnel que l'expression. La vérité est à Dieu, l'expression de la vérité est à l'homme.

M. Victor Hugo saisit surtout par son langage; dans George Sand, nous admirons avant tout la mâle crudité, l'éloquence simple et splendide; ainsi encore de Lamennais, dont la phrase philosophique a tant d'emportement et de pénétration.

Nous ne voulons pas dire que les vérités abordées par le poëte ne sont pas pour beaucoup dans la puissance de ses écrits; mais notre pensée est qu'ici comme partout il doit y avoir harmonie entre l'absolu et le relatif, entre l'élément humain et l'élément personnel; en un mot, que dans toute œuvre des hommes, il faut que Dieu et l'homme s'expriment tout à la fois.

Revenant à M. de Lamartine, il nous sera un exemple plus frappant encore de la place que, de nos jours, le poëte, en tant que poëte, prend parmi les hommes ; car c'est à ce seul titre qu'il a été élu député pour la première fois, et à la tribune, où il n'a jamais été que poëte, puisqu'il s'est toujours adressé au sentiment, il a conquis une popularité qui lui a valu l'honneur d'une nomination dans trois colléges électoraux.

On nous répondra peut-être que c'était beaucoup moins à titre de poëte, qu'à titre d'homme capable de manier les affaires, qu'on le nommait pour la première fois ; mais alors en voyant que ses discours ressemblent si peu à ceux des hommes d'affaires ou de parti qui composent la chambre, pourquoi trois colléges électoraux l'ont-ils adopté ? Pourquoi a-t-il pris une si haute position au milieu de cette chambre qui semble si opposée à la beauté religieuse et un peu vague de son génie ? Parmi tout ce fracas d'assez bas étage, il faut bien le dire, le cygne est parvenu à se faire écouter, ce dont doutaient tous les hommes qui croyaient apprécier les choses. Nous dirons à M. de Lamartine : Vous êtes bien là, demeurez-y pour défendre les éternels intérêts de la noblesse du cœur de l'homme. Là est la véritable liberté ; car la liberté ne vient point des institutions publiques, mais de l'âme. Pour affranchir les hommes rendez-les meilleurs, car ce n'est qu'à l'aide de la bonté du cœur et de l'élévation de l'intelligence, que l'on peut créer une société où l'on respecte les droits mutuels.

Evidemment dans la poésie M. de Lamartine a pour mission de développer l'élément divin de l'âme humaine; dans la politique, sa mission nous semble analogue; il tend à l'élever au-dessus des partis, pour ne plus considérer que l'homme lui-même, l'être humain, et pour les rapprocher de Dieu.

Pour nous résumer sur la position sociale de M. de Lamartine, nous dirons que, dans la poésie, sa tâche a été de rendre à l'amour le cœur de l'homme desséché par l'individualisme; dans la politique, de développer également par l'amour l'élément humanitaire; il est dans la Chambre pour défendre les intérêts de l'âme en tant que puissance aimante et éclairée des rayons de l'idéale beauté; il représente Dieu. Si M. Victor Hugo arrive à la tribune, nous croyons pouvoir assurer qu'il représentera plus précisément l'homme; il tiendra beaucoup moins à unir, mais il fera entendre le cri de douleur que pousse l'individu pressuré par la société. C'est que l'un a un génie essentiellement humanitaire, l'autre essentiellement individuel. Nous ne croyons pas que l'on puisse jamais supposer à M. Hugo la foi du panthéiste; l'un est entraîné vers l'Orient, l'autre vers l'Occident; l'un veut Balbech, l'autre Notre-Dame de Paris.

Dans les premières *Méditations*, évidemment l'âme du poëte est troublée aux profondeurs; elle se rassied un peu dans les secondes, et semble prendre sa place de repos dans les *Harmonies* ; et pourtant, dans les premières *Méditations*, le poëte professe ou semble professer une foi beaucoup plus positive que dans les *Harmonies*. D'où vient donc ce calme qui règne dans la plus capitale des expressions lyriques de l'auteur? C'est, nous semble-t-il, que dans les *Méditations*, M. de Lamartine cherchait sa foi, qu'il a trouvée dans les *Harmonies*. Car nous avons tous un objet auquel se rattache plus spécialement notre foi sur la terre. Pour M. de Lamartine, c'est cette raison qui, à proprement parler, constitue la vie de l'humanité ; c'est encore ce qu'il y a de plus synthétique après Dieu dans notre monde. M. de Lamartine n'est point panthéiste, ainsi que l'on voudrait bien le persuader; sa foi est en quelque sorte un rationalisme catholique ; toute morale, toute vérité, selon lui a son fondement, sa réalité dans la conscience de l'homme collectif, courbé dans Adam et relevé dans Jésus Christ. Il croit que l'humanité exprime plus ou moins Dieu, la vérité, la beauté absolue, selon qu'elle imite plus ou moins le divin auteur de la loi chrétienne.

VII

Victor Hugo.

Toute grande poésie, toute poésie destinée à l'admiration de l'avenir, doit être inspirée par la vérité immuable, puisée dans la contemplation et l'étude de l'âme humaine. Toute poésie au contraire qui dans les temps de troubles civils s'associe à une faction a le sort des partis : elle passe, et l'avenir ne la comprend pas.

M. Victor Hugo n'avait que vingt ans lorsqu'il commença à écrire les odes politiques qui ont fondé sa réputation parmi nous. Ces odes sont des poésies de parti; elles n'ont plus de charmes que pour les royalistes d'autrefois qui ont conservé les passions de 1815. Ce sont des vers généralement écrits avec pureté, et qui peuvent faire entrevoir les travaux futurs du chantre des *Orientales*, quoiqu'ils soient bien loin de cette énergie poétique. Quant aux idées, je ne saurais admirer beaucoup cette répétition de tout ce qui s'imprimait chaque jour dans les journaux royalistes. Lorsque les années ont passé sur ces impressions fugitives, la mémoire fait effort pour les ressaisir, et la philosophie de l'histoire les repousse avec dédain. Au contraire, lorsqu'elles paraissent

à temps, le succès est bruyant et rapide ; le parti
que le poëte sert l'adopte et le vante ; il devient
un grand homme pendant quelques années. Mais,
à moins d'une organisation très forte, comme celle
de M. Victor Hugo, sa pensée y perd toute liberté
et toute vigueur ; elle reste emprisonnée dans le
cercle étroit de la faction qui le caresse. Voyez si
Béranger s'est jamais aperçu de ce qu'il y avait de
grand et de poétique dans les malheurs de cette
vieille race de rois errante sur les chemins de l'exil ;
a-t-il vu dans la merveilleuse mission de l'Église
catholique autre chose que des hommes noirs
abrutissant l'humanité ? Eh bien ! relisez aussi ce
qu'a écrit M. Victor Hugo sur Napoléon au temps
de sa passion royaliste, et dites si vous trouvez là
une sérieuse appréciation historique de la plus
imposante figure des temps modernes. Point de
gloire durable pour tout homme dont la poésie ne
sera pas inspirée par cette vérité philosophique que
les années n'emportent pas dans leur course. Le
poëte comme le philosophe, est le prêtre de Dieu ;
les bruits de la terre doivent monter jusqu'à lui,
mais sans obscurcir son entendement.

Les *Orientales* marquent un grand progrès dans
le talent de M. Victor Hugo. Quelques critiques,
entraînés par des passions de partis, s'obstinent
encore à regarder ses premières odes politiques
comme ses plus belles œuvres en vers ; nous ne
concevons pas cet aveuglement. M. Victor Hugo
n'a réellement trouvé son langage que dans ce vo-

lume publié vers la fin de la restauration. Nulle part nous ne l'avions vu avoir cette puissance qui l'a rendu un des premiers poëtes lyriques de notre nation. Sans doute ce livre lui a coûté de rudes labeurs ; chaque strophe a été travaillée avec soin, et nous le croyons, cette étude du style a été la préoccupation dominante du poëte. En effet, si l'on examine les *Orientales* sous le rapport de leur influence sociale, ou de leur effet sur l'âme humaine, c'est un recueil assez insignifiant, bien au-dessous de quelques odes du même auteur et des publications qui les ont suivies. Il n'y a rien là qui console un cœur brisé, qui élève vers Dieu des yeux que la vue de la terre fatigue ; rien qui rappelle les admirables cantiques du Psalmiste ; c'est tout simplement une fantaisie qui s'est présentée au poëte, comme il le raconte dans sa préface, un soir qu'il était allé voir coucher le soleil. L'enfance de M. Victor Hugo avait entrevu la poétique Espagne ; son imagination s'est reportée vers ce souvenir ; et Grenade, Cordoue, Séville, avec leurs mœurs si colorées, leur tristesse si pleine de charme, se sont dressées devant ses regards. Il a songé à la domination des Maures, et une fois le turban de Mahomet ressuscité à ses yeux, il a été entraîné à peindre les mœurs des pachas et des sultans de cette époque, que nous avions déjà vus animer la poésie admirable de lord Byron. De là mille fantaisies ou gracieuses ou terribles, mélange de force et d'esprit, qui produisent des effets surprenants. Souvent j'ai vu que les *Orientales*, lues à haute voix dans un cercle, excitaient une admiration qui se manifestait par je ne sais quel rire d'étonnement, comme lorsque le poëte fait, dans *Lazzara*, l'énumération de ce que le vieux Omer, pacha de Négrepont, eût donné pour posséder la jeune fille. Il eût donné, dit-il :

> Et ses lourds pistolets, ses tromblons évasés,
> Et leurs pommeaux d'argent par sa main rude usés,
> Et ses sonores espingoles,
> Et son courbe damas, et, don plus riche encor,
> La grande peau de tigre où pend son carquois d'or,
> Hérissé de flèches mogoles.
> Il eût donné sa housse et son large étrier,
> Donné tous ses trésors avec le trésorier.

A ce vers, le rire dont j'ai déjà parlé plus haut ne manque jamais d'arriver, et il se reproduit vingt fois à la lecture du volume.

Il y a des pièces, comme *Navarin* par exemple, qui ne sont à proprement parler que des études sur la strophe française, faites le plus souvent avec un bonheur extraordinaire, quelquefois aussi avec une recherche trop visible ; nous condamnerions le rhythme singulier de la pièce des *Djinns* ; elle semble une gageure du poëte ; qui s'amuse à augmenter les vers d'une syllabe à chaque strophe ; puis, lorsqu'il est arrivé au vers de dix syllabes, il va retrouver celui de deux, en repassant par tous les mètres, et diminuant, pour redescendre, une syllabe à chaque strophe. Ceci est une puérilité qui m'a rappelé ces vieux poëtes qui mesuraient leurs vers de manière à présenter la forme d'une croix ou d'une urne.

Lorsque nous apprîmes que M. Victor Hugo préparait un recueil intitulé les *Orientales*, nous rêvâmes le véritable Orient, la Judée, le désert où dorment Balbeck et Palmyre, la Perse, l'Inde et les immenses mystères de la poésie de ces contrées ; aussi fûmes-nous un peu déçu quand nous ne trouvâmes dans le livre que l'Espagne et une partie de la Turquie d'Europe. A la réflexion, nous félicitons M. Victor Hugo de sa réserve ; nous faisons peu de cas de l'Inde et de la Perse peintes de la Place-Royale. Nous n'avons jamais pu goûter les *Descriptions orientales* de Thomas Moore, qui soutenait à lord Byron qu'un poëte n'avait pas besoin de voir une contrée pour la peindre. Thomas Moore prouvait par cette assertion que ses idées sur la poésie étaient peu élevées. Il y a dans l'aspect des lieux toute une révélation des mœurs, des passions, des idés d'un peuple. Il faut avoir vécu sous le ciel italien, pour comprendre toutes les nuances de la poésie de Dante et de Pétrarque, à plus forte raison pour écrire soi-même. Dieu merci, nous nous éloignons chaque jour du factice, et l'art tend de plus en plus à la réalité. Si nous y arrivons, ce ne sera pas sans peine ; nos plus belles époques littéraires ont été déparées par le conventionnel ; nous avions une sorte d'horreur de la simplicité de la nature. Voyez ce que Racine lui-même a fait de la rudesse naïve des admirables tragiques grecs !

L'Orient de M. Victor Hugo se compose de l'Espagne, de la Grèce et de quelques contrées de la Turquie. Quand je cherche le mérite de pensée que présente ce recueil, j'admire peu ; l'amour y est peint d'une manière superficielle : ce sont toujours des hommes qui désirent la possession des femmes gracieuses, c'est l'adoration de la forme physique, voilà tout à peu près. La passion de la guerre y a parfois assez d'énergie ; mais ce qui domine avant tout dans cette poésie orientale, c'est l'esprit très occidental de la France ; M. Victor Hugo n'en a jamais plus déployé. Voyez comme il s'est ingénié, par exemple, dans *la Douleur du pacha*, pour arriver à ce vers d'un effet charmant : « Son tigre de Nubie est mort. » Je ne nie pas le succès ; mais c'est un peu de l'esprit de salon. Je tiens à cette remarque, parce qu'elle n'a pas été assez faite. Ce genre d'esprit m'apparaît presque partout. Je choisis une petite pièce intitulée : *Cri de guerre du Mufti :*

> La guerre, les guerriers ! Mahomet ! Mahomet !
> Les chiens mordent les pieds du lion qui dormait ;
> Ils relèvent leur tête infâme.
> Écrasez, ô croyants du prophète divin,
> Les chancelants soldats qui s'enivrent de vin,
> Ces hommes qui n'ont qu'une femme !
> Meurent la race franque et ses rois détestés !
> Spahis, Timariote, allez, courez, jetez
> A travers les sombres mêlées
> Vos sabres, vos turbans, le bruit de votre cor,
> Vos tranchants étriers, larges triangles d'or,
> Vos cavales échevelées !

Qu'Othman, fils d'Ortogral, vive en chacun de vous,
Que l'un ait son regard et l'autre son courroux.
Allez, allez, ô capitaines !
Et nous te reprendrons, ville aux dômes d'azur,
Molle Setiniach, qu'en leur langage impur
Les Barbares nomment Athènes.

Je ne sais si je m'abuse, mais dans cette pièce, une des plus rudes du volume, l'ingénieux esprit de la capitale de la France se révèle par plusieurs traits.

Je le répète, les *Orientales* ne sont rien pour les hommes qui cherchent dans la poésie des consolations, une peinture des passions de l'âme, de ses souffrances et de ses espoirs : les *Orientales* sont belles sous le rapport des images. Ce volume a dû contribuer beaucoup à faire accuser M. Hugo d'être exclusivement le poëte du monde extérieur. Nous discuterons bientôt cette critique, que nous n'adoptons pas absolument, mais qui nous semble très applicable au livre que nous examinons dans ces pages. Quant à la forme, au style, sa beauté a été très contestée d'abord, puis on est venu à l'admirer presque sans restriction. Le vers des *Orientales* se prête merveilleusement à tous les caprices du poëte : solennel et terrible dans *le Feu du ciel*, il reflète les sombres images des prophètes ; il se ploie aux plus gracieuses fantaisies dans *le Vœu*, dans *Lazzara*, dans *les Adieux de l'hôtesse arabe* ; il est plein de mélancolie dans *les Fantômes*. Jamais poëte n'a fait preuve de plus de flexibilité, d'un plus grand art de la versification française ; mal-

heureusement cette puérilité que j'ai remarquée
plus haut à propos des Djinns se reproduit ailleurs
encore ; je ne saurais, par exemple, approuver
dans la bataille de Navarin, ces interminables
strophes retentissantes des cent dénominations na-
vales, qui figureraient mieux aux archives du ministère de la marine ; je ne saurais trouver la poésie dans cet effort.

Les *Orientales* pourraient donner lieu à des
études curieuses sur le rhythme ; mais ce n'est pas
l'objet de ce livre, qui vise surtout à l'étude de la
pensée et à son influence sur les destinées humaines.

Les *Feuilles d'automne*, publiées en novembre 1831, présentent le talent de M. Victor Hugo
sous un tout autre aspect. « Ce n'est pas là de la poésie de tumulte et de bruit, dit-il ; ce sont des vers
sereins et paisibles, des vers comme tout le monde
en fait ou en rêve, des vers de la famille, du foyer
domestique, de la vie privée, des vers de l'intérieur de l'âme. » L'influence des *Consolations* de
M. Sainte-Beuve est visible ici ; nous aimons à la
constater comme une preuve de la puissance des
âmes douces et méditatives sur les plus forts caractères. Les *Feuilles d'automne* rentrent donc dans
le genre appelé poésie intime, mais elles conser-
vent cependant l'empreinte connue de l'esprit de
M. Victor Hugo. Elles sont religieuses, mais
moins chrétiennes que les *Consolations* ; en les lisant, on ne pense jamais ou bien rarement aux
saints livres ; leur religion est plus vague, plus an-

tique peut-être ; le génie habituel à l'auteur des *Orientales* l'entraîne encore sur la montagne, en face d'horizons immenses, sur les côtes sauvages et pleines de bruits mystérieux de notre vieille et sainte Bretagne. Il ne s'enferme pas, comme M. Sainte-Beuve, dans une chambre aux rideaux sombres ou dans les horizons bornés des rues de Paris ; il lui faut de l'air, des tempêtes, l'immensité. Il y a dans ce volume une tendresse vraie pour la famille, pour les amis ; mais c'est un peu effleuré peut-être, cela ne sonde pas assez les profondeurs de l'âme.

M. Hugo est le poëte le plus énergiquement caractérisé de l'époque, parce qu'il est homme de plus puissante fantaisie que les autres. Avec cette faculté l'on ne s'ennuie jamais, car c'est l'inattendu, c'est-à-dire le nouveau ; nous désirerions plus de fantaisie à M. de Lamartine. A l'aide de la fantaisie, l'idée éternelle sur laquelle il travaille, autour de laquelle il tourne sans cesse, se serait révélée de mille façons imprévues, comme la nature dans un beau paysage. Rien n'est plus rempli de caprices qu'une contrée qui attire les poëtes et les peintres. Ces sortes d'hommes veulent des accidents ; or, dans le paysage, l'accident est la fantaisie. La fantaisie n'est point purement un jeu ; elle peut, elle doit le plus souvent servir d'enveloppe à une vérité profonde, à un sentiment fort ou exquis. Donc ne dédaignez pas la fantaisie, vous tous qui voulez comme nous que la poésie puise sa force dans la vie réelle, dans l'idéal, car c'est à l'aide de la fantaisie du poëte que la réalité éternelle se grave le mieux dans l'homme. Il savait cela, celui qui régénéra le monde; aussi que de frappantes et douces images abondent dans ses enseignements! les plus pures de ses paraboles semblent de charmantes fantaisies de poëtes. Quoi de plus aimable en poésie que ces oiseaux du ciel qui tous ont un abri où se réfugier à la fin du jour, tandis que le fils de Dieu n'a pas un lieu où reposer sa tête? et encore ce lys plus brillant que n'était Salomon dans toute sa gloire, et dont la destinée royale et fugitive nous enseigne si bien le prix que fait de nous notre père qui est dans les cieux?

M. Hugo, parce qu'il est si éminemment un homme de fantaisie, n'est point un homme d'inanité relativement à la pensée et au sentiment. Dans l'admirable maniement auquel il soumet notre langue, il y a même un sentiment profond de la grâce et de l'harmonie, toutes choses qui sont des modifications du sentiment du beau. Là dedans même il peut y avoir d'éclatantes manifestations du génie de l'homme, quoique cela soit sans doute très incomplet, si ces purs caprices de chocs de syllabes ne sont soutenus par des choses plus solides et plus conformes au besoin qu'a l'âme de cette nourriture éternelle, qui lui est si divinement et si suavement distribuée par la poésie.

Et ceci est précisément le cas de M. Hugo; ses plus charmantes fantaisies expriment un sentiment exquis, ou profond, ou nous attirent vers cette belle langue des vers dont le goût à lui seul est le sentiment du beau, et qui a en elle-même une telle force de glorification qu'elle idéalise, ou du moins appelle dans les régions supérieures tout ce qu'elle admet dans la composition de ses notes musicales.

Nous avons dit qu'avec la fantaisie l'on pouvait être cependant grand par le sentiment, ou par l'idée. Ainsi, alors que l'on considère le choix des images, le mètre et l'allure du vers, y a-t-il rien de plus capricieux que ces strophes tout à la fois *Bossuétiques* et *Cornéliennes* par la force de la pensée et la hauteur du sentiment? Napoléon devant son enfant unique s'écrie :

L'avenir, l'avenir, l'avenir est à moi.

Et le poëte lui répond avec sa voix sacerdotale:

Non, l'avenir n'est à personne.
Sire, l'avenir est à Dieu;
A chaque fois que l'heure sonne,
Tout ici bas nous dit adieu.
L'avenir, l'avenir, mystère !
Toutes les choses de la terre,
Gloire, fortune militaire,
Couronne éclatante des rois,
Victoire aux ailes embrasées,
Ambitions réalisées,
Ne sont jamais sur nous posées
Que comme l'oiseau sur les toits.
. . . .
Oh ! demain, c'est la grande chose,
De quoi demain sera-t-il fait ?
L'homme aujourd'hui sème la cause,
Demain Dieu fait mûrir l'effet.
Demain, c'est l'éclair dans la voile,

> C'est le nuage sur l'étoile,
> C'est un traître qui se dévoile,
> C'est le bélier qui bat les tours,
> C'est l'astre qui change de zone,
> C'est Paris qui suit Babylone.
> Demain, c'est le sapin du trône,
> Aujourd'hui c'en est le velours.
> Demain, c'est le cheval qui s'abat blanc d'écume.
> Demain, ô conquérant, c'est Moscou qui s'allume,
> La nuit, comme un flambeau;
> C'est votre vieille garde au loin jonchant la plaine,
> Demain, c'est Waterloo ! demain, c'est Sainte-Hélène,
> Demain c'est le tombeau.
>
> Vous pouvez entrer dans les villes
> Au galop de votre coursier,
> Dénouer les guerres civiles
> Avec le tranchant de l'acier ;
> Vous pouvez, ô mon capitaine,
> Barrer la Tamise hautaine,
> Rendre la victoire incertaine
> Amoureuse de vos clairons,
> Briser toutes portes fermées,
> Dépasser toute renommée,
> Donner pour astre à des armées
> L'étoile de vos éperons.
>
> Dieu garde la durée et vous laisse l'espace ;
> Vous pouvez sur la terre avoir toute sa place,
> Être aussi grand qu'un front peut l'être sous le ciel.
> Sire, vous pouvez prendre, à votre fantaisie,
> L'Europe à Charlemagne, à Mahomet l'Asie.....
> Mais tu ne prendras pas demain à l'Éternel !

C'est ici le lieu de faire remarquer encore que nul, autant que M. Hugo, n'a adm⁵ dans l'ode l'élément dramatique, lequel, par opposition au cantique ou à l'hymne, qui est l'élément humanitaire ou angélique abondant chez M. de Lamartine, nous nommerons l'élément humain ou personnel.

Nous connaissons peu de poëtes qui aient plus

d'aspects divers que M. Victor Hugo ; suivons-le dans ces compositions de poésie pure, car c'est sous ce rapport que nous l'envisagerons ici, ailleurs il sera considéré comme romancier et comme critique.

Dans les *Odes* et *Ballades*, le poëte nous apparaît dans sa période de foi religieuse et politique. Dans les *Orientales* il nous donne toute son énergie artistique ; il a trouvé le monde qui lui est propre, en un mot sa fantaisie, et désormais cette muse ne le quitte pas plus qu'après *Andromaque* la muse tendre et mélodieuse ne quitta Racine.

Puis vient dans les *Feuilles d'automne* l'expression du poëte, en tant qu'homme du toit domestique.

Le côté politique nous est exposé dans les *Chants du crépuscule*. Jamais la voix de M. Victor Hugo ne fut plus grave que dans quelques pièces de ce livre.

Enfin, dans sa dernière œuvre, *les Voix intérieures*, il se révèle surtout comme paysagiste. Il entre dans une autre voie, il est bucolique, toujours avec les admirables qualités qui font de lui un poëte éminent quel que soit le sujet qu'il touche.

Nous avons parlé plus haut des *Odes* et *Ballades* où nous trouvons des germes de son génie réel : ainsi, pour nous borner à un exemple, la pièce intitulée *Mon berceau* nous semble digne de figurer dans les *Orientales*. Les *Feuilles d'automne* nous sont présagées par *le Voyage*, les *Chants du crépuscule*, par l'ode *à la Colonne;* nous y entrevoyons aussi les *Voix intérieures*, quoique moins parfaitement. Mais dans les ouvrages postérieurs aux *Odes* et *Ballades*, il s'opère une telle transformation de style que nous avons peine à reconnaître le même homme. Ici il est encore dans les langes; plus tard, c'est l'homme nageant dans sa libre puissance.

Dans les *Orientales* M. Hugo a donné à l'élément capricieux, à la fantaisie, une puissance qu'avant lui on ne rencontre nulle part dans les monuments de notre langue, et en vérité cet élément n'y est point assez développé. Comme dans toutes choses, nous voulons trop nous ressembler les uns les autres. C'est évidemment ce qu'annonce la préface des *Orientales*, qui est une Orientale elle-même. Le poëte est tellement sous l'empire de cette idée qu'elle l'aveugle.

» Les autres peuples, écrit-il, disent Homère, » Dante, Shakspeare, nous disons Boileau. »

Ceci est ingénieux, mais heureusement c'est faux. La France ne jure pas par Boileau. Elle possède des puissances trop incontestables dans le monde de l'art; Molière et Corneille seraient les noms qu'elle opposerait aux trois grands noms que le poëte vient de citer.

Les *Orientales*, considérées dans leurs relations avec les passions de l'époque où elles sont nées, ont encore cela de remarquable, que parmi toutes

les redites et les plaintes mélancoliques qui sont
un des caractères communs aux poésies écloses de
nos jours, elles ne jettent aucune tristesse dans
l'âme. Les volumes poétiques de M. Hugo ont toujours par quelque endroit semblé peu répondre aux
besoins de l'époque ; ainsi les *Feuilles d'automne*,
ce pieux tableau de famille, arrivèrent en 1832,
alors que la vie de chacun tendait à sortir du foyer
pour se faire politique et sociale. Ainsi les *Chants
du crépuscule* parurent en 1835, temps où toutes
les passions politiques tombaient de fatigue et de
dégoût ; alors que chacun était bien tenté de dire :
Peu m'importe pourvu que paix nous soit donnée.
Et voilà-t-il pas qu'il nous jette les *Voix intérieures*
avec ses adorations pour le paysage, précisément
alors qu'il n'est question partout que des développements à imprimer à l'industrie, barbare d'un
nouveau genre, qui chasse les rossignols et empeste
les ruisseaux. Nous savons gré à M. Hugo d'avoir,
dans sa pièce *A une jeune biche*, si bien parlé à
l'idiotisme fashionable et au stupide et brutal
mercantilisme.

Toutes ces questions affligeantes ne l'occupaient
guère alors qu'il était dans l'heureuse composition
des *Orientales*; nous oserions assurer que ce fut là
l'heure fortunée de sa vie. Il y avait à résoudre le
problème du vers français et à jeter dans le génie
de notre nation le goût et le sentiment de la fantaisie ; et puis encore il semblait que sa langue de
poëte lui était donnée par le ciel ; c'était une nou-

veauté pour lui comme pour nous. Et ce qu'il nous révélait, à travers combien de veilles et de labeurs ne l'avait-il pas poursuivi ! Dieu seul et M. Victor Hugo le savent.

Dans ce volume, que M. Hugo appelle *sa Mosquée*, en parlant de la place qu'il doit occuper dans la composition générale de ses œuvres, que le poëte soit grandiose, spirituel, bizarre ou sauvage, toujours, ou du moins presque toujours, il faut admirer la fantaisie, qui est, nous le répétons, chez M. Hugo la faculté dominante.

Ceci ne se reproduit-il pas dans le grandiose de ces stances, où l'harmonie du langage n'étonne pas moins que le pittoresque inattendu des images ?

> Comme un énorme écueil sur les vagues dressé,
> Comme un amas de tours vaste et bouleversé,
>   Voici Babel déserte et sombre ;
> Du néant des mortels prodigieux témoin,
> Aux rayons de la lune elle couvrait au loin
>   Quatre montagnes de son ombre.
> L'édifice écroulé plongeait aux lieux profonds,
> Les ouragans captifs sous ses larges plafonds
>   Jetaient une étrange harmonie ;
> Le genre humain jadis bourdonnait à l'entour
> Et sur le monde entier Babel devait un jour
>   Asseoir sa spirale infinie.
> Ses escaliers devaient monter jusqu'au Zénith,
> Chacun des plus grands monts à ses flancs de granit
>   N'avait pu fournir qu'une date,
> Et des sommets nouveaux d'autres sommets chargés
> Sans cesse surgissaient aux yeux découragés
>   Sur sa tête pyramidale.
> . . . .

Et avant, nous avons trouvé ces autres strophes si bien faites pour enlever l'imagination et où le poëte

n'est point au-dessous du grand peintre Martin, à
cause des étonnements dans lesquels il jette le lecteur initié au charme secret de sa poésie.

> Un sphinx de granit rose, un dieu de marbre vert,
> Les gardaient sans qu'il fût vent de flamme au désert
>   Qui leur fît baisser la paupière ;
> Des vaisseaux au flanc large encraient dans un grand port,
>   Une ville géante assise sur le bord
>   Baignait dans l'eau ses pieds de pierre ;
> On entendait mugir le simoun meurtrier,
> Et sur les cailloux blancs les écailles crier
>   Sous le ventre des crocodiles.
> Les obélisques gris s'élançaient d'un seul jet
> Et comme une peau de tigre au couchant s'allongeait,
>   Le ciel jaune tacheté d'îles.

Voulant faire comprendre la puissance de notre
poëte dans la fantaisie spirituelle, et pleine d'une
grâce qui n'est qu'à lui, grâce d'une énergie trop
saisissante pour n'éveiller que le sourire, mais qui,
ainsi que nous l'avons dit plus haut, fait éclater
un rire tout inconcevable et ignoré avant que
M. Hugo l'eût appelé à nos lèvres ; nous reporte-
rons le lecteur à la plus remarquable des *Orientales*, à notre avis, celle qui a pour titre *Grenade*,
et dont l'architecture nous semble aussi savante,
aussi capricieuse que celle de l'*Alhambra*. Elle fut
composée, ainsi que les meilleures pièces du volume, en 1828.

Nous citerons encore la romance mauresque :

> Don Rodrigue est à la chasse,
> Sans épée et sans cuirasse.

où l'on trouve cette strophe dans laquelle le choc

éclatant des mots produit une harmonie d'une beauté si bizarre :

> J'attends sous le sicomore;
> J'ai cherché d'Albe à Zamore
> Ce Niadara le bâtard,
> Le fils de la rénégate,
> Qui commande une frégate
> Du roi maure Aliatar.

Le volume se termine par ces stances, où pour cette fois l'imagination se contient sur les limites du rire éclatant et du sourire rêveur; nous ne savons rien au monde de plus gracieux :

> Quand l'automne, abrégeant les jours qu'elle dévore,
> Éteint leurs soirs de flamme et glace leur aurore;
> Quand novembre de brume inonde le ciel bleu,
> Quand le bois tourbillonne et qu'il neige des feuilles;
> O ma muse, en mon âme alors tu te recueilles,
> Comme un enfant transi qui s'approche du feu.
>
> Devant le sombre hiver de Paris qui bourdonne,
> Ton soleil d'Orient s'éclipse et t'abandonne,
> Ton beau rêve d'Asie avorte, et tu ne vois
> Sous les yeux que la rue au bruit accoutumée,
> Brouillard à la fenêtre et longs flots de fumée
> Qui baignent en fuyant l'angle noirci des toits.
>
> Alors s'en vont en foule et sultans et sultanes,
> Pyramides, palmiers, galères capitanes,
> Et le tigre vorace et le chameau frugal,
> Djinns au vol furieux, danses des bayadères,
> L'Arabe qui se penche au cou des dromadaires,
> Et la fauve girafe au galop inégal.
> . . . .

Revenons aux *Feuilles d'automne*. Nous avons constaté plus haut l'influence qu'ont eue sur ce livre

les *Consolations*. L'œuvre de poésie familière que
nous donne ici M. Victor Hugo est le pendant de ce
tableau si délicat qui fut une bonne fortune pour le
poëte et pour nous tous, fatigués que nous étions des
émotions politiques et du vide qu'elles laissent après
elles dans les âmes élevées. Le poëte s'est retiré
dans l'art pur d'abord, et puis l'âge advenant avec
ses austérités et ses plus grands besoins de solide
amour, il a fait retraite plus loin du bruit encore,
dans un lieu plus saint, devant le foyer où l'on prie
avec l'épouse et les enfants. Là son génie ne l'a point
abandonné ; c'est toujours la puissante fantaisie,
mais cette fois, elle n'excite plus le rire ; elle se
joue avec les larmes et les éternelles afflictions ;
elle se pose sur les blonds cheveux du tout petit
enfant ; elle pleure sur les chastes et belles mains
de l'épouse ; et parmi cela viennent des retours vers
les jeunes années, et des entretiens avec les âmes où
le langage est plein de mâles mélancolies. Mais
toujours le poëte retourne aux enfants comme aux
anges consolateurs, après les doutes noirs dont il
est assailli ; il se repose au milieu d'eux, il appelle
autour de lui leur joyeux fracas, il leur livre tout,
chambre, bibliothèque, escaliers, et il sent son
âme se retremper dans la foi, qui est l'amour.

La préface des *Feuilles d'automne* est curieuse
et belle à étudier ; c'est plus sérieux que celle des
Orientales, mais la fantaisie y éclate toujours. L'auteur y parle d'un recueil de poésie politique qu'il
tient en réserve ; il attend, dit-il, pour le publier un

moment plus littéraire. Toujours le contraste : pour
la publication d'un volume ayant trait à la politique, il veut un moment littéraire. Ailleurs il ajoute :
« Si l'auteur publie dans ce mois de novembre 1831
» les *Feuilles d'automne*, c'est que le contraste en-
» tre la tranquillité de ces vers et l'agitation fé-
» brile des esprits lui a paru curieux à voir au grand
» jour. Il ressent, en abandonnant ce livre inutile
» au flot populaire qui entraîne tant d'autres choses
» meilleures, un peu de ce mélancolique plaisir
» qu'on éprouve à jeter une fleur dans un torrent,
» et à voir ce qu'elle devient. » Ceci sans doute est
de la fantaisie ; mais ce mouvement capricieux du
poëte n'est pas plus inutile au monde que le livre
dont il enrichit le trésor de nos âmes. N'est-il pas
digne d'un homme qui sent sa puissance de vouloir
corriger ce qu'il y a de trop exclusif dans les passions du moment ? N'y a-t-il pas là une grande vue
sociale ? M. Hugo, comme les forts, aime à voir ce
qu'il peut faire par lui-même. Nous concevons ce
bonheur, et il nous relève un peu du dégoût que
nous inspirent tous ces coureurs de succès d'argent
dont notre époque abonde. Du moins l'homme de
fantaisie ne sera jamais un faiseur. Le poëte appelle
son livre *inutile* ; qu'on lise dans la préface l'exquise
page où il énumère ce que contient son volume, et
que l'on dise si une pareille composition peut être
inutile. En tenant ce langage M. Hugo n'est pas
sincère ; il se connaît trop bien pour croire qu'aucune partie de ses œuvres, et peut-être les *Feuilles*

d'automne moins que toute autre, puisse être inutile aux hommes qu'il distrait et console. La sérénité, qui fait le fond du génie de M. Hugo, est une
belle apparition au milieu de ce siècle d'imaginations et de cœurs bouleversés. Ici nous parlons du
poëte, car le romancier porte un tout autre caractère.

Nous avons entendu d'étranges opinions répan-
dues sur M. Hugo. L'on a dit que c'était surtout un
homme d'imagination ; c'était très bien jusque là ;
mais on a ajouté avec injustice et maladresse, qu'il
manquait totalement de fond et de pensée. On est
même allé jusqu'à prononcer le mot *puéril* sur sa
pittoresque et saisissante poésie. En vérité, nous
comprenons que dans ses merveilleuses *Orientales*, M. Hugo ait avant tout été entraîné par le
pittoresque et la fantaisie, nous ne le nions pas, et
le poëte n'a pas voulu autre chose ; mais que dans
les *Feuilles d'automne* on ne découvre pas des sentiments et des pensées qui touchent aux profondeurs ; que l'on ne suive pas dans les *Chants du
crépuscule* et dans les *Voix intérieures* le développement de cette puissante faculté de rêverie et de
méditation ; nous trouvons qu'il y a là beaucoup de
légèreté, et le critique très distingué auquel nous
nous adressons surtout, nous semble avoir peu compris la nature du talent de notre poëte. Veut-on
que, comme M. de Lamartine, M. Hugo ait une impulsion qui domine toutes ses œuvres ? D'abord cette
impulsion nous la trouvons dans la *fantaisie*. Si

M. de Lamartine s'occupe de l'âme, M. Hugo s'occupe de l'imagination dans ses plus étranges caprices. Il veut développer cette faculté trop négligée chez nous autres Français, qui durant de longues années avons méconnu Shakspeare, chez lequel nous croyions très difficile aussi de découvrir ce qu'on appelle une *pensée dominante*. Shakspeare, le poëte le plus fantasque qui ait jamais été, étudiait l'homme ; M. Hugo étudie dans l'homme l'imagination, comme M. de Lamartine étudie l'âme. Mais M. de Lamartine n'est jamais étrange avec bonheur ; on trouve en lui le sublime de l'éloquence et de la vision, mais presque jamais l'inattendu du trait ; sa grâce est plutôt du ciel que de la terre. M. Hugo n'a point une pensée ; comme Shakspeare et tous les hommes en qui la fantaisie domine, il en a mille : c'est un *génie divers*. Ces natures de génies n'ont aucune monotonie ; ils seront beaucoup plus gracieux qu'angéliques, beaucoup plus forts qu'élevés ; leur parole la plus flottante aura toujours quelque chose de ciselé et de solide ; ils iront aux profondeurs plutôt que vers les régions du pur idéal ; mais du moins ils n'ennuieront jamais. Ne demandons à chacun que ce que nous avons droit de lui demander.

Est-elle donc dénuée de sentiment, pour n'en citer qu'une, la pièce qui commence par ces mots : *Lorsque l'enfant paraît?* Dans cette parfaite composition, la grâce du poëte est toute nouvelle. Les *Orientales* nous ont offert la fantaisie dans les choses imaginées ; ici, c'est la fantaisie dans les réalités d'amour, et il y a dans tout cela un tel art, une telle science du cœur de l'homme, que ce langage si bien peint nous semble tout naturel. Nous avons senti, nous avons pensé cela ; seulement nous ne l'aurions pu dire comme M. Hugo ; et nous sommes heureux que le poëte l'ait dit à sa manière, que nous trouvons délicieuse.

Quelquefois M. Hugo semble un écho de Bossuet par la magnificence et la force du langage :

> Quoi ! hauteur de nos tours, splendeur de nos palais,
> Napoléon, César, Mahomet, Périclès,
>   Rien qui ne tombe et ne s'efface,
> Mystérieux abîmes où l'esprit se confond.
> A quelques pieds sous terre un silence profond,
>   Et tant de bruit à sa surface.

Veut-on de la tristesse pensive, toujours exprimée à la manière de M. Hugo, qu'on lise et relise la pièce *A un voyageur.*

> Vous êtes fatigué tant vous avez vu d'hommes,
> Enfin vous revenez, las de ce que nous sommes,
>   Aux cendres de mon feu.
> Voyageur, voyageur, quelle est notre folie !
> Qui sait combien de morts à chaque heure on oublie
>   Des plus chers, des plus beaux ?
> Qui peut savoir combien toute douleur s'émousse,
> Et combien sur la terre un jour d'herbe qui pousse
>   Efface de tombeaux ?

Refusera-t-on aux lignes que nous allons transcrire ces mélancolies viriles qui ne sont données

qu'aux âmes profondes et qui ont sondé les terribles et sombres cavités de l'existence ?

> Rêver, c'est le bonheur, attendre c'est la vie.
> Courses, pays lointains, voyages, folle envie !
> C'est assez d'accomplir le voyage éternel.
> Tout chemine ici bas vers un but de mystère.
> Où va l'esprit dans l'homme ? Où va l'homme sur terre ?
> Seigneur, Seigneur, où va la terre dans le ciel ?
>
> Que faire et que penser ? Nier, douter, ou croire ?
> Carrefour ténébreux ! triple route, nuit noire !
> Le plus sage s'assied sous l'arbre du chemin,
> Disant tout bas : J'irai, Seigneur, où tu m'envoies.
> Il espère, et de loin, dans les trois sombres voies,
> Il écoute, pensif, marcher le genre humain.

Nous voudrions citer plus, parce que ce n'est
qu'ainsi que l'on prouve la grandeur du poëte. Le
critique peut inventer des considérations, mais il
n'invente pas ce langage. Maintenant qui osera dire
que M. Victor Hugo est un homme puéril et sans
pensée qui vaille ? Que la fantaisie domine en lui,
nous ne le nions pas ; mais que cette fantaisie ne
représente rien de solide, cela nous semble à tout
le moins d'une injustice révoltante.

Nous en avons dit assez pour faire comprendre
le caractère des nombreuses beautés que l'on trouve
dans les vers de M. Hugo, et quoiqu'il y ait d'é-
minentes parties dans les *Chants du crépuscule*,
comme c'est en eux que les défauts de la manière
du poëte sont les plus apparents, nous nous arrêterons ici pour blâmer ; tâche pénible, mais, elle
aussi, est un devoir saint pour le critique.

M. Hugo trouve admirablement *le trait* ; mais le

trait est tellement un besoin pour lui, il est tellement dans la manière de son talent, que, quand il
ne le trouve pas, il le cherche ; et alors ce qui était
admirable, devient détestable ; il ne faut pas plus
faire *du trait* en poésie qu'il ne faut faire de l'esprit
en conversation, ou l'on devient l'homme au sonnet
du *Misanthrope*.

M. Hugo veut parfois trop matérialiser sa pensée ;
ainsi il dira que l'on oppose,

« Une charte de plâtre aux abus de granit. »

Nous avons encore remarqué dans ce volume
(chose étrange de la part d'un esprit novateur
comme M. Hugo) une tendance à personnifier les
passions. Pour Dieu, laissons à cette poésie demi-
païenne, que l'on nomme classique, l'emploi de la
vieille allégorie, et substituons-lui le symbolisme
chrétien. Au lieu de matérialiser ce qui est de
l'âme, donnons l'âme et le verbe à ce qui est de la
matière ; faisons comme le divin maître, qui, selon
la douce expression de M. de Chateaubriand, s'en
allait faisant parler l'herbe des champs et le lys des
vallées. L'allégorie est une sorte d'idolâtrie, et
c'est peut-être pour cela que nous ne nous rappe-
lons pas en avoir vu l'emploi dans les saintes Écri-
tures.

M. Hugo semble croire aussi qu'il est de nécessité que la strophe finisse toujours par quelques
pensées enchâssées, que l'on nous passe cette expression, dans des mots taillés à facette ; de là

vient que sa strophe trop aiguisée ressemble souvent à une épigramme, dans le sens que les Grecs attachaient à ce mot.

Cet abus du trait et de la métaphore mène M. Hugo à des bizarreries tout-à-fait maudissables : ainsi la belle pièce *A Alphonse* en est gâtée à toute minute : ici c'est

> La sagesse impie, envenimée,
> Du cerveau de Voltaire éclose toute armée,
> Que dans les temps passés mal lus et mal compris
> Viole effrontément tout sage pour lui faire
> Un monstre qui serait la terreur de son père.

C'était bien la peine de recourir à l'allégorie pour enfanter cette énormité !

Ailleurs on lit :

> Car on voit chaque jour s'allonger dans la forge
> La chaîne que les rois, craignant la liberté,
> Font pour cette géante endormie à côté.

Encore l'allégorie !

> Gardez-vous, jeunes gens,
> Des systèmes dorés aux plumages changeants,
> Qui dans les carrefours s'en vont faire la roue.

Toujours l'allégorie !

Autre part ce sont des définitions qui ne ressemblent pas mal à des logogriphes ou à des charades.

> Le régiment marcheur, polype aux mille pieds.....
> Et le budget, ce grand poisson,
> A qui de toute part l'on jette l'hameçon,
> Et qui, laissant à flots l'or couler de ses plaies,
> Traîne un ventre splendide écaillé de monnaies.

Mais voici bien une autre folie! Dans une pièce dont le commencement est charmant, comme très souvent sait l'être M. Hugo, le poëte apostrophe ainsi la Vérité :

> De ce monde sombre
> Où passent dans l'ombre
> Des songes sans nombre
> Plafond et pavé!
> Mont d'où tout ruisselle,
> Gouffre où tout s'en va,
> Sublime étincelle,
> Qui fait Jehova.
> Rayon qu'on blasphème,
> OEil calme et suprême
> Qu'au front de Dieu même
> L'homme un jour creva.

En vérité c'est inconcevable.

Nous ne multiplierons pas plus ces pénibles citations, dont, hélas! on pourrait prendre un si grand nombre dans les *Chants du crépuscule*. Pour en finir, nous demanderons à M. Hugo pourquoi il s'est obstiné à mettre dans ce grave volume deux vilaines *petites chansons sur un vieil air?* L'air peut être vieux, mais à coup sûr la chanson n'est pas nouvelle ; cela fait un peu le même effet que, dans les *Voix intérieures*, ce damnable *vent de la mer* qui *souffle* dans sa trompe. En conscience, les tritons ne sont plus de mise; nous aimons beaucoup mieux les *mirabiles elationes maris*.

Quelque défectueuse que soit la langue de ce volume des *Chants du crépuscule*, nous le recevons toujours avec reconnaissance, car il a de nobles et tendres paroles. Jamais même M. Hugo ne s'éleva plus haut et ne se montra plus fort et plus habile que dans *la Cloche;* jamais aussi son vers n'eut une harmonie plus vigoureuse. Il est aussi fleuri que celui d'André Chénier, mais avec un tout autre caractère de nerf et de profondeur. M. Sainte-Beuve trouve que M. Hugo n'a rien de l'organisation grecque; réellement il y a chez lui à tout instant de ces *heurts* surprenants, que l'on ne trouve point dans l'harmonique pureté des compositions hellènes. Ailleurs notre critique sagace et poétique ajoute avec sa finesse pittoresque ordinaire : « C'est plutôt un Goth revenu d'Espagne qui s'est fait Romain, très raffiné même en grammaire, savant en style du Bas-Empire et à toute l'ornementation byzantine. » Au total, cette œuvre, toute de mauvais goût, d'étrangetés regrettables qu'elle soit sur bien des points, n'en est pas moins une œuvre puissante d'un de ces hommes à sourcil visionnaire dont on suit avec un calme respectueux la marche et la parole, comme s'exprime ce doux et vrai ami du poëte que nous regrettons de ne plus voir à ses côtés ; car ce doit être une chose bien regrettable de ne plus être consolé par l'auteur des *Consolations*, de n'être plus éclairé par le critique dont la délicatesse s'insinue parfois à de mystérieuses profondeurs.

Maintenant quittons les ombres dont s'est dans ce volume enveloppé l'auteur des *Orientales*, qui se prend de mélancolies si sombres et si grandes à rêver les futures destinées des rois, tout en écoutant la nuit les lourds canons passer sur le pavé des villes.

Constatons bien ici que l'un des grands défauts de M. Hugo est l'abus de la métaphore, de l'image, à l'aide de laquelle il veut trop matérialiser la pensée. Le pinceau n'est point encore assez pour lui, il lui faut le ciseau du sculpteur, souvent même alors qu'il s'agit de rendre ce qui ne peut être qu'impalpable.

M. de Lamartine est, au nom de la Providence, une protestation de l'âme contre ce que peut en soi avoir d'abrutissant et d'aride l'élément mathématique qu'il a poursuivi de ses colères dans ses pages sur les destinées de la poésie ; aussi notre poëte est-il l'opposé de ce qu'on appelle le *savoir exact*. L'âme a en elle trop de l'infini pour s'arrêter à quelques limites ; elle est trop synthétique pour ne pas se complaire dans le vague des contemplations.

Par M. Hugo, l'imagination proteste contre l'élément industriel, en tant que destructif ou négatif de la beauté poétique de la forme, dans laquelle l'industrialisme ne voudrait plus voir qu'une chose utile ; aussi notre poëte est-il l'opposé du régulier, du convenu, du bourgeois, cette espèce d'hommes la plus opposée à la nouveauté en quoi que ce soit, et conséquemment la plus étroite.

Donc, à M. de Lamartine le monde de l'âme, à M. Hugo le monde de l'imagination, à M. Sainte-Beuve le monde du cœur. Dans toute cette jeune et belle génération, nous n'avons point encore vu surgir celui qui doit prendre possession du monde pathétique ; ceux qui de nos jours l'ont approché dans le drame ne nous semblent pas avoir le don des larmes.

Nous demanderons à M. Hugo des œuvres plus solidement composées dans leur ensemble ; car, ainsi que le disent les esprits austères, il a peut-être jusqu'à ce jour trop peu sondé les profondeurs de l'âme, il a été trop purement un homme d'impression, un écho merveilleux. Voilà que pour lui la vérité va éclore ; qu'il soit désormais, sans rien perdre de sa prodigieuse fantaisie, un homme de pensée et dominateur de cette faculté dont on lui reproche avec quelque raison d'être trop l'esclave. C'est un enfant gâté dont il faut qu'il se rende maître, au point de ne plus céder qu'à ses belles exigences.

Que cette puissance dont il a fait preuve dans la parole se reporte maintenant vers les retraites où l'âme entre dans la vision de l'idée, là où s'élaborent les œuvres dont la surface et le fond forment toute une harmonie. Nous lui dirons ce que lui-même il dit à sa divine amante,

Aie un asile en toi.

ou encore ce que se disait cet homme plus que poëte qui gardait les troupeaux sur *la montagne de Dieu* : Qu'il aille, et qu'il voie cette grande vision dont il ne s'est peut-être pas assez approché.

Quant au génie de l'artiste, on ne peut en re-

fuser à un poëte qui possède une puissance propre aussi saisissante que M. Hugo, et qui de plus
a introduit dans la langue des vers cette harmonie
mâle et large que Bossuet, supérieur à tout le
monde par l'alliance de son style superbe et de sa
haute pensée, a introduite dans notre prose.

VIII

J'ai parlé ailleurs de l'influence politique des chansons de Béranger ; il me reste à le considérer comme poëte. Malgré l'enthousiasme de quelques uns de ses flatteurs, je ne le mettrai jamais au rang de Lamartine et de Victor Hugo. Béranger n'est pas une mer ; c'est un fleuve qui coule entre des rives régulières, mais dont les eaux sont belles, quoique capricieuses et souillées de limon çà et là. Béranger est le premier chansonnier du monde ; il occupe une place élevée parmi les faiseurs d'odes modernes. C'est le poëte populaire par excellence ; il aurait pu se passer de la presse ; ses refrains se seraient répandus de bouche en bouche.

Sous le rapport de la forme, Béranger est un maître souvent bien habile ; sa concision surtout est remarquable ; il excelle à resserrer sa pensée dans la mesure étroite du couplet ; ses refrains ont presque toujours une grâce charmante ; seulement quelquefois il devient obscur et presque impénétrable. Béranger offrira à la postérité les difficultés d'interprétation que nous rencontrons dans les poésies de Perse.

Béranger ignorait le latin et le grec, et cependant dans une grande partie de son œuvre il est enfant de la Grèce; il en a l'élégance et l'inspiration. Il ne pensait pas exprimer une vérité de critique lorsqu'il écrivait dans son *Voyage imaginaire* :

> En vain faut-il qu'on me traduise Homère :
> Oui , je fus Grec; Pythagore a raison.

Je citerais dix chansons que lui ont dictées les muses grecques. L'esprit de Béranger a dans ses bons jours une délicatesse infinie; quelquefois aussi, surtout dans les commencements de sa carrière, il est commun, et même un peu trivial. Il s'est souvent abandonné à des écarts impardonnables : oubliant la dignité du poëte et sa mission sainte, il n'a vu que les torts de quelques hommes aveugles, et a jeté son sarcasme sur les choses religieuses; c'est toujours un crime littéraire ; nous serons tout aussi sévère relativement à l'orgie sensuelle de quelques unes de ses pièces : c'est souiller la poésie.

Dans ses bonnes peintures de l'amour, le plaisir est presque toujours sa muse, mais il est mêlé de tristesse ; il a des vers délicieux sur la fuite de la jeunesse, sur le souvenir, sur la mélancolie qui suit l'âge mûr ; tout cela est dit avec une ravissante bonhomie, avec une naïveté spirituelle que l'on ne saurait trop louer. La gaieté de Béranger n'est jamais très franche, il y a des larmes sous son rire. Il n'a pas l'ébriété joyeuse de Désaugiers; sa nature était trop élevée pour ne pas souffrir des langueurs de l'âme humaine, au milieu même des jouissances bruyantes; c'est ce qui fait que Béranger est aimé des hommes les plus sérieux, malgré tout le vagabondage de ses caprices.

Il s'est élevé en politique bien au-dessus des préjugés étroits des partis, à l'époque où il écrivait; *la Sainte Alliance des peuples* en est une preuve; ailleurs il les a épousés et s'est fait leur poëte. On l'entourait, on le caressait, il vivait dans l'intimité de quelques meneurs libéraux d'alors; et à tout considérer, ce qui nous paraît mesquin aujourd'hui avait dans ce temps son importance et son audace; le poëte y compromit souvent sa liberté.

Je reproche avec d'autant plus de sévérité à Béranger ses écarts en religion, qu'il avait le sentiment de l'infini. Dans plusieurs chansons, il trouve en parlant de Dieu des accents pénétrés d'une adoration consciencieuse; toutefois, et ceci est un immense malheur pour le poëte, il semble que le Christ n'ait pas parlé à ses oreilles. Béranger, sous ce rapport, est en arrière de dix-huit siècles; quand il chante Dieu, il n'est qu'un poëte de l'antiquité; il n'a jamais mouillé ses lèvres aux grandes sources évangéliques; parfois seulement une idée de charité apparaît dans son œuvre.

Depuis quelques années les souffrances du pauvre semblent le préoccuper singulièrement. Plusieurs chansons attestent cette tendance si générale depuis les prédications saint-simoniennes, qui, malgré les erreurs singulières des nouveaux apôtres, n'ont été qu'un réveil de la charité chrétienne. Béranger vit aujourd'hui, m'a-t-on dit, dans une solitude sur la Loire : la solitude est la mère des belles et saintes pensées. Puisse le poëte pénétrer de plus en plus dans le secret des cieux, et expier par des chants religieux et sublimes les égarements de jeunesse que j'ai reprochés à sa muse ! Béranger a consolé sa patrie terrestre dans ses épreuves, il a séché des larmes en des yeux qui avaient vu couler bien du sang ; puisse sa voix vibrante nous élever de plus en plus vers la patrie céleste ! Il ennoblirait ainsi le soir de sa vie, digne d'éloges sous le rapport de l'indépendance, de la bonté du cœur et du dédain des richesses, dont la passion déshonore tant d'hommes aujourd'hui.

Un autre poëte a partagé avec Béranger la gloire de consoler la France dans ses douleurs. Les *Messéniennes* de Casimir Delavigne ont joui longtemps d'une grande popularité. Elles étaient déclamées dans toutes les réunions patriotiques entre les refrains de l'auteur du *Vieux Drapeau*. Elles ont eu le sort des chants qui peignent des passions fugitives. L'amour de la patrie n'est ardent que lorsqu'elle est menacée ; dans les jours calmes il sommeille. Les *Messéniennes* ont remué profondément les masses quand les étrangers foulaient le sol français et proclamaient la mort du grand empire. Depuis que d'autres idées ont succédé aux idées de guerre, depuis que la France s'est relevée avec force de son abaissement et qu'elle marche vers des destinées inconnues, ces poésies tombent dans l'oubli, tandis que celles qui reproduisent les passions immuables du cœur de l'homme sont toujours jeunes. Les *Messéniennes* étaient remarquables par une versification facile et brillante, par un ton de tristesse vraie, par un enthousiasme réel pour la fortune de la France; mais les études qui se sont faites depuis sur le rhythme poétique, ont décoloré les poésies de M. Casimir Delavigne, qui paraissent aujourd'hui appartenir à une autre époque.

Nous venons de parler des hommes qui ont été salués des masses comme de grands poëtes dont tout le monde sait les nom; il y a encore en France d'autres talents qui doivent tenir leur place dans ce livre. Des écrivains doués de qualités éminentes n'arrivent pas à la popularité, parce qu'ils viennent trop tôt ou trop tard, ou parce que les rayons de leur astre sont effacés par des rayons plus éclatants, ou encore parce qu'ils manquent d'entourage qui les mette en lumière. Je crois qu'à aucune époque le vers français n'a été employé par un si grand nombre d'hommes. La critique répète chaque matin que la France ne lit plus de vers, et elle est obligée d'annoncer chaque matin un nouveau recueil. Je vais oublier dans cette revue une foule de noms recommandables; qu'on se souvienne que je n'ai pas l'orgueilleuse et ridicule prétention d'assigner un rang à chacun. Un livre n'est pas tant pour moi ce qu'il est réellement en lui-même, que ce qu'il est par l'influence qu'il a exercée sur l'époque. Il n'y a que les injustices tout-à-fait éclatantes qui se réparent. Malheur au talent oublié! Le génie seul a le privilége de faire rougir les nations de leur dédain.

Entre les poëtes méconnus et ceux que les contemporains couronnent, il y a de belles places. Il est des poëtes plus chéris des âmes qui sympathisent avec eux que les noms salués par la foule; ceci s'adresse principalement chez nous aujourd'hui à M. Sainte-Beuve.

Des voix imposantes s'étaient élevées contre les poésies de Joseph Delorme. M. Sainte-Beuve avait su que le chantre des *Méditations*, entre autres, s'était prononcé assez sévèrement. Voici ce que me raconta à ce sujet l'auteur de *Volupté*, dans une rêveuse promenade, que nous fîmes par une belle soirée de printemps sous les ombres royales des Tuileries. Il était fort chagrin des critiques amères qui avaient accueilli le pauvre Joseph Delorme; mais l'opinion de M. de Lamartine le tourmentait par-dessus tout. Il allait alors (en 1829) très souvent chez M. Victor Hugo; une amitié qu'ils croyaient profonde semblait devoir les unir pour long-temps. Chacun avait coutume d'écrire quelques fragments sur les marges d'une vieille Bible, feuilletée souvent par le poëte des *Orientales;*

M. Sainte-Beuve y copia une des pièces adressées à madame Victor Hugo ; c'était, je crois, la première. A quelque temps de là, M. de Lamartine la lut, et la trouvant remarquable, demanda le nom de l'auteur ; il ne pouvait croire que ce fût le même qui avait écrit les poésies de Joseph Delorme, tant il trouvait de distance de l'un à l'autre. Ce jugement, rapporté à M. Sainte-Beuve, l'encouragea, et dans moins d'une année le volume des *Consolations* fut écrit et publié.

Ce livre, encore ignoré de la foule, n'a pas l'éclat qui éblouit d'abord les regards ; ses beautés sont mystérieuses et saintes, assez neuves aussi, ce nous semble, et nous ne connaissons rien en français qui donne l'idée de cette poésie. Ce n'est pas le lyrisme débordant des *Harmonies* et des *Méditations*, ni le vers nerveux et sombre de Victor Hugo ; c'est un accent mélancolique et tendre, timide peut-être, mais délicieusement rêveur, et religieux comme un mystique du moyen âge. Les sentiments que les *Consolations* expriment sont l'amitié sainte, assez puissante pour remplacer la famille, les sympathies d'artistes, les souvenirs de l'enfance, le regret profond de n'avoir pas aimé une femme, et d'avoir perdu ses facultés d'aimer en des voluptés mensongères ; et au-dessus de tout l'idée de Dieu, l'amour infini, qui seul peut remplir l'existence et en consoler. Ce dernier sentiment est exprimé avec un rare bonheur, avec une douceur pénétrante qui s'empare de l'âme en s'y insinuant.

Les *Consolations* ont paru en 1830 ; les questions de style s'agitaient alors avec vivacité. Les beaux passages de M. Sainte-Beuve sont écrits suivant la véritable harmonie française, l'harmonie du vers racinien. La nouveauté est dans l'image et dans la pensée, dans ces réminiscences du foyer, de la vie de toutes les heures. Cette poésie a un grand charme, mais il faut prendre garde d'en abuser ; elle gagnerait à être rendue plus dramatique. Il y a dans l'intérieur des familles des scènes terribles qui se cachent sous l'impénétrable enveloppe de la vie du monde. Un petit volume comme les *Consolations* est plein d'impressions suaves et pures ; mais la vie d'un écrivain ne saurait être toute consacrée à de tels sujets. L'art doit reproduire les scènes ordinaires de la vie, il doit reproduire la vie entière, mais il tirera toujours sa principale puissance de l'expression des grandes luttes de l'âme et de ses profondes douleurs.

Nous n'avons fait qu'effleurer la question du style poétique, ou plutôt de la mesure du vers et de ses coupures. On a dernièrement, par des efforts pénibles, cherché à établir qu'il y avait une autre harmonie que celle du vers de Racine et de Corneille quand il est beau. On a coupé le vers tantôt ici, tantôt là ; on a entassé des génitifs au commencement des seconds vers. Le public est resté sourd, et les poëtes eux-mêmes reconnaissent aujourd'hui l'inanité de leurs tentatives. Personne en France ne sait mieux que M. Victor Hugo que tous ses beaux vers sont mesurés comme ceux de l'ancienne école. Ce qui est à lui, sauf quelquefois une glorieuse parenté avec Corneille, c'est la rudesse de sa parole, la plénitude de sa voix. Eh bien! les beaux vers des *Consolations* sont aussi cadencés comme les vers des maîtres. Quelques rarés exceptions apparaissent çà et là; nous sommes loin de les blâmer toutes. A de longs intervalles, la mesure suspendue d'une manière insolite peut produire de grands effets, mais il faut en être sobre. Voyez ce qu'est devenue la musique du vers de M. Sainte-Beuve dans les *Pensées d'août*, publiées l'année dernière. Je ne conçois pas comment un critique d'un esprit si délicat a pu tomber en de telles erreurs. Les intentions les plus louables, celles de ses petits poëmes par exemple, disparaissent sous cette versification étrange. L'amitié que je porte à M. Sainte-Beuve ne m'a pas arrêté; l'avenir de son talent m'est trop cher pour que je me taise. D'ailleurs il est de ces hommes qui peuvent tout entendre. Dans ce siècle qui dévore tant d'œuvres, il a produit un volume que les âmes poétiques n'oublieront jamais.

M. Émile Deschamps publia vers 1828 ses *Études françaises et étrangères*, qui eurent un brillant succès. Les romances espagnoles furent particulièrement remarquées et méritaient de l'être. L'auteur s'y est montré habile; son vers a du nerf et de la grâce, plusieurs de ses tableaux sont pleins de poésie: celui de Rodrigue après la bataille nous a surtout frappé. Si l'esprit pouvait remplacer la naïveté instinctive, M. Émile Deschamps pourrait prétendre à une véritable gloire poétique.

Son frère Antony est un talent d'une tout autre nature. La figure de ce poëte me frappa singulièrement la première fois que je le rencontrai ; c'était à une réunion chez M. Alfred de Vigny. Il a quelques rapports avec l'abbé de Lamennais, moins le sarcasme qui apparaît souvent dans les traits de ce dernier. La physionomie de M. Antony Deschamps est sombre comme un personnage de Dante, son poëte. Je l'aime, parce qu'elle est en harmonie avec l'âme que nous ont révélée ses poésies. Il n'y a donc aucune comédie dans les inspirations de l'auteur des *Dernières paroles*. Dans sa traduction de quelques parties du Dante, M. Antony Deschamps nous avait déjà révélé un talent mâle et sombre ; mais dans son dernier livre je lui ai trouvé une personnalité incontestable. Le public s'est montré un peu barbare, il serait plus juste de dire la critique, car elle s'est à peine occupée de ce beau livre.

Les *Dernières paroles* se composent de deux œuvres bien distinctes. Les *Études sur l'Italie*, que les lecteurs de la *Revue des Deux Mondes* ont pu apprécier, offrent des beautés d'un ordre élevé, des vers larges et forts, un sentiment profond de la nature italienne, que le long commerce du poëte avec Dante avait dès long-temps déposé en lui. Mais la partie intime de ce livre, celle qui se compose réellement *des paroles* du poëte, a un caractère de tristesse si vraie, que je me suis senti ému comme aux confidences d'une bouche aimée. Cette poésie a parfois la terrible douleur des prophètes. Ailleurs elle prend un ton si étrange qu'elle approche du délire ; on sent dans cette âme une de ces angoisses inguérissables, parce qu'elles ne viennent pas d'un fait visible, mais d'une certaine combinaison d'idées et de sentiments qui est comme le fond de la pensée du poëte. Que M. Antony Deschamps sache bien que si la foule ne connaît pas son livre, il est des hommes sérieux qui l'aiment et l'admirent. Je souhaite vivement que le poëte élevant chaque jour ses regards vers la lumière des cieux, puise en elle un apaisement dont son âme fatiguée a besoin. Oh ! si le poëte des *Dernières paroles* pouvait enfin boire aux sources vivifiantes d'une foi sans nuage et d'une espérance sans bornes, nous entendrions des chants que l'avenir répéterait, si, par une continuation de barbarie, les contemporains restaient sourds.

Les *Contes d'Espagne et d'Italie*, de M. Alfred de Musset, eurent du retentissement lorsqu'ils parurent, au moment de la grande orgie romantique. L'auteur était très jeune ; il s'était amusé à semer dans son œuvre quelques pièces d'une bizarrerie qui laissait loin derrière elle les bizarreries déjà osées. La ballade *A la Lune*, par exemple, fut citée par les petits journaux comme acte de folie littéraire ; c'était indiquer le recueil au public, qui s'en occupa.

Les contes de M. de Musset offrent une versification pleine de chaleur et de liberté, des tableaux coloriés ardemment, une passion sensuelle très énergique, voilà tout je crois ; mais comme œuvre d'art, c'était remarquable. Un des plus beaux passages de M. de Musset, sous le rapport de la forme, est le début du poëme de *Rolla*, publié par la *Revue des Deux Mondes*. Depuis quelques années, ce poëte, qui semble arrivé à un ordre d'idées meilleur, ne nous donne que des vers d'une forme indécise, bien loin de ses premiers essais.

Un nom poétique est sorti des barricades de 1830. Les vers de M. Barbier hurlent comme l'émeute sanglante ; ils ont tout le délire des grandes commotions populaires, l'accent sauvage des hommes dans le paroxisme de la colère et de la vengeance. Les *Iambes* sont bien autrement révolutionnaires que la *Némésis*. Quoi que fasse M. Barthélemy, son vers a toujours quelque chose d'académique ; ses descriptions sont très au-dessous de la prose de M. Thiers. MM. Méry et Barthélemy avaient eu des succès populaires sous la restauration. Après leurs gracieux et mordants poëmes politiques dont la *Villéliade* est le chef-d'œuvre, ils eurent l'idée d'aborder la poésie haute et refléchie. Le *Napoléon en Egypte* est une œuvre d'une poésie froide et monotone, sans grandeur et sans génie : Napoléon porte malheur à ses poëtes. On pourrait en attester l'ouvrage de M. Edgard Quinet, dont le talent n'est pas contestable. Nous l'avons suivi dans sa carrière avec un vif intérêt, parce qu'il ne ressemble en rien aux coureurs de succès de notre époque. M. Quinet aime l'art comme les artistes des vieux siècles. Nous le voyons d'abord traduire le savant et poétique Herder; puis il nous donne sur la Grèce un volume plein de nobles choses; enfin au milieu de notre débordement de romans et de vaudevilles, il écrit un poëme qui n'appartient pas à la poésie occidentale. *Ahasverus* a eu tout le succès qu'il pouvait obtenir : les hommes littéraires ont lu avec fatigue, mais en admirant la grandeur des tableaux et du langage ; le public est resté indifférent. Il n'y a pas de succès possible en France sans drame. Les nations occidentales le transportent jusque dans le poëme lyrique ; moins contemplatives que l'Orient, elles demandent l'action à toute œuvre d'art.

M. Quinet ne croyant pas la prose assez durable et assez forte pour faire vivre un poëme, voulut écrire en vers son *Napoléon;* mais redoutant les nombreuses chutes de l'alexandrin français, - il imagina d'imiter le romancero espagnol. Son poëme devint donc une suite de *romances* à rhythmes variés; l'essai ne fut pas heureux. Les vers de M. Quinet sentent trop le travail ; ils ne sortent pas tout faits de son cerveau comme ceux des véritables poëtes en vers. L'auteur du *Napoléon* n'a pu triompher de l'insouciance du public, malgré la popularité du nom de son héros. Mais ce n'est pas cela qui doit l'affliger, car le poëme de Barthélemy et

Méry, qui eut un succès de vogue, vaut encore moins peut-être sous le rapport littéraire.

M. Quinet ne se rebuta point; il se réfugia de nouveau dans l'art antique, selon sa coutume, sans s'occuper de ce qu'en penserait la foule; il étudia le vieil Eschyle, et frappé de la colossale grandeur de Prométhée et des rapports de cette fable avec les traditions chrétiennes, il produisit son poëme de *Prométhée*, qui révèle de hautes pensées, mais dont la versification, malgré de rares beautés sans doute, indique encore la supériorité de la prose de M. Quinet sur ses vers. Tout le monde lui a conseillé de revenir à son premier langage; nous le désirons vivement. Il nous semble que ses penchants et ses études l'entraînent vers la philosophie de l'histoire, poétisée à la manière de Herder et de Ballanche; il y a là encore de nobles palmes à cueillir.

M. Barbier nous a donné un brillant voyage en Italie qu'il a intitulé le *Pianto*. Le vers de l'auteur des *Iambes* s'est amolli sous ce ciel voluptueux. Le *Pianto* offre quelque analogie avec la première partie des *Dernières paroles*. M. Antony Deschamps a plus de solennité sombre; M. Barbier plus de douce mélancolie. Ils se préoccupent beaucoup tous deux des questions de poésie et d'art. La musique tient une grande place dans les impressions de M. Antony Deschamps; M. Barbier semble plus entraîné vers la peinture. Lord Byron avait mis cette poésie à la mode en Europe dans son étincelant poëme de *Childe Harold*, qui est surtout un voyage poétique. M. Barbier a transporté sa poésie en Angleterre dans son dernier poëme intitulé *Lazare*; mais il nous a semblé moins heureux cette fois, quoique ce travail ne soit pas sans beauté. Ce magnifique sujet des souffrances du pauvre, au milieu de l'opulence du premier peuple industriel de l'Europe, est à peine indiqué. La pitié ne déborde pas assez; la charité chrétienne peut seule écrire le poëme du long martyre de l'indigence. Certes nous sommes loin d'accuser M. Barbier de ne pas sentir ces douleurs, mais elles ne saignent point assez dans son poëme. C'est la question la plus vivante et la plus terrible de cette époque; on est exigeant pour tout poëte qui l'aborde. D'ailleurs il nous semble que sous le rapport de l'art, M. Barbier est ici bien inférieur à lui-même.

Le nom de l'auteur du *Pianto* me rappelle celui d'un autre poëte qui lui est, je crois, attaché par les liens de l'amitié. M. Brizeux est devenu célèbre dès la publication de son petit volume intitulé *Marie*, tant il y a de puissance dans la poésie qui est le reflet des choses et non celui d'un autre poëte. *Marie* n'est pas un roman en vers comme son titre pourrait le faire supposer; c'est une suite de pièces détachées peignant les mœurs de la Bretagne; tableaux d'une délicatesse exquise, d'une versification pleine de charmes. Nous y regrettons la rudesse primitive qui caractérise encore certaines contrées de notre vieille province; nous regrettons aussi qu'il se soit glissé dans ce volume plusieurs morceaux qui en détruisent l'unité.

Cette grande et rêveuse Bretagne, qui est notre mère et que nous aimons comme un fils, voit s'élever à l'ombre des noms fameux de Chateaubriand et de Lamenais, des noms de poëtes qui l'honorent. J'en parle en tremblant, car je les aime; M. Brizeux et M. Ed. Turquety sont peut-être ceux dont le talent est le plus populaire aujourd'hui.

M. Turquety a publié trois volumes, *Esquisses poétiques*, *Amour et foi*, *Poésie catholique*. Ce jeune poëte a été adopté par les catholiques parce que sa foi dans l'Église est entière; il n'en est pas aux croyances vagues du christianisme à la mode aujourd'hui, c'est un catholique sans restriction aucune. Néanmoins M. Turquety nous semble descendre directement de Lamartine. Son vers est travaillé avec habileté, sa poésie est souvent brillante, mais elle manque de passion; je reprocherai aussi à M. Turquety de ne pas reproduire la nature de sa Bretagne. Je sais qu'il vit à Rennes, ville d'une civilisation assez parisienne, entourée de campagnes sans caractère et sans grandeur. Les morceaux de M. Turquety qui me semblent le plus à lui sont quelques pièces charmantes, pleines de douces fantaisies, qui se trouvent dans les *Esquisses*.

M. Évariste Boulay Paty, dont l'Académie française a couronné en 1837 l'*Ode sur l'arc de triomphe de l'Étoile*, a publié, sous le titre d'*Élie Mariaker*, un volume bien diversement jugé. Le vers

de M. Boulay Paty procède de celui de Victor Hugo.
Élie Mariaker a été écrit dans la plus grande fer-
veur de l'école romantique ; on peut remarquer des
étrangetés comparables *au point sur l'i* de M. Alfred
de Musset. Nous avons, en causant de notre ami
Boulay Paty avec nos plus célèbres critiques, pu
apprécier le tort causé à son livre si remarquable
par ses imprudences de jeune homme. Les yeux
d'une femme comparés à deux petits corbeaux ont
couru les salons de Paris, et beaucoup ont repoussé
le livre à cause de ces pauvres vers. D'autres, moins
légers ou plus patients, ont lu et ont trouvé les
beautés réelles du recueil : un sentiment profond,
des caprices délicieux, le charme mystérieux de la
vieille Bretagne, des passions délirantes à travers
lesquelles se fait jour parfois le sentiment religieux,
bien obscurci il est vrai. La forme est souvent belle
et souvent déparée par des vers sans césure, par
des mètres heurtés ou brisés, qui étaient de mode
alors. M. Évariste Boulay Paty écrit, quand il veut,
des vers pleins de nombre et d'énergie. Nous attendons avec impatience un nouveau volume auquel
il travaille depuis long-temps. Les défauts d'*Élie
Mariaker* peuvent être attribués à la *fièvre* romantique de la fin de la restauration.

Un autre enfant de la Bretagne dont l'amitié
nous est bien douce, M. Achille Duclésieux, a publié deux recueils de poésie qui revèlent de belles
facultés, le second surtout qui a pour titre *Exil et
Patrie*. Ce livre est empreint d'une originalité in-

contestable ; c'est une tristesse sombre qui part des profondeurs de l'âme, au milieu de toutes les joies visibles de la vie, et qui n'a de consolation que dans le ciel. Les vers de ce poëte ont parfois une force nerveuse singulière, de la grandeur inspirée souvent peut-être par le vaste Océan, qu'il découvre des fenêtres de sa demeure solitaire ; sa strophe a du nombre et de l'harmonie ; il paraît improviser, tant il a parfois de laisser-aller et d'entraînement ; parfois aussi il en résulte de l'obscurité et des longueurs. Nous aimerions que le poëte sentît plus profondément le bonheur dont Dieu l'a comblé, qu'il ne s'égarât pas sans cesse dans ce désespoir qui lui fait envisager la mort comme la plus douce espérance. L'impression que laisse *Exil et Patrie* a quelque chose de fatal qui n'est pas de l'essence du christianisme, dont la dernière parole est toujours une consolation.

A quelques lieues de l'habitation d'Achille Duclésieux, on rencontre sur le penchant d'un coteau couvert d'ombrages, au bord d'une rivière qui se jette dans la grande mer, un peu plus loin, un antique manoir, habité par M. Hippolyte Morvonnais. La vie de celui-ci est tellement liée à la nôtre que nous éprouvons une certaine pudeur à parler de ses poésies ; il semble que nous parlons de nous-même. Dans sa première jeunesse, il publia des élégies qui rappelaient la manière de Millevoye qu'il adorait alors ; ce livre n'eut de retentissement que parmi les lecteurs de la vieille

Armorique. Le recueil que M. Hippolyte Morvonnais vient de publier sous le titre de *la Thébaïde des Grèves* révèle, selon nous, un talent plein de force et d'originalité. L'auteur vit depuis long-temps dans un commerce intime avec les lakistes anglais ; ses études jointes à sa vie méditative et éprouvée, au sein d'une belle et sauvage solitude, donnent à ses œuvres un caractère d'individualité bien à lui. Pour la forme, il relève de M. Victor Hugo ; mais il a trop d'abondance pour que, même sous ce rapport, on puisse jamais le ranger dans la famille des imitateurs. Quant au fond, c'est une pénétration singulière des mystères du foyer et de toute vie cachée, une communion incessante de l'âme du poëte et de la nature, dont il sent toutes les merveilles, toutes les nuances, tous les bruits avec une délicatesse qui m'a rappelé parfois les organes si subtils des hommes sauvages décrits par l'Américain Cooper ; avec cette différence que le poëte philosophe est ému de toutes ces voix selon sa nature d'artiste d'une civilisation avancée. Mais le caractère dominant de la poésie de l'auteur de *la Thébaïde*, c'est le caractère évangélique ; là est surtout son avenir. Il ne s'agit pas ici de cette religiosité vague qui s'insinue aujourd'hui dans toute poésie, mais de la charité chrétienne, de cette pitié douce et pénétrante non seulement pour les maux du pauvre, mais pour toute âme souffrante en ce monde. Ce sont de hautes et graves leçons morales données sous une forme naïve, placées quelquefois dans la bouche d'un pauvre enfant qui garde ses brebis au milieu des bruyères de la Bretagne.

Au reste, nous savons que ce volume n'est que l'aurore de publications qui donneront probablement à M. Morvonnais une très belle place parmi les poëtes contemporains.

Un autre de mes amis qui a publié de brillants articles de critique dans plusieurs de nos recueils, et dont l'appui ne m'a pas plus manqué dans ce travail que dans l'*Histoire des lettres avant le christianisme*, M. F. Dubreuil de Marzau, prépare en ce moment un volume de poésies dont plusieurs fragments, pleins de talent et de charme, m'ont été communiqués ; mais je ne dois parler que des faits accomplis. M. Pitre Chevalier, auteur des *Jeunes filles*, et qui se distingue aujourd'hui dans la prose, appartient encore à la Bretagne.

Les autres contrées de la France possèdent aussi leurs poëtes ; Nîmes a M. Reboul, dont le nom est justement célèbre ; c'est un des plus heureux imitateurs de Lamartine.

Marseille vient de nous donner les poésies de M. Autrau, qui se recommande aussi par des qualités brillantes. Pourquoi faut-il que j'omette ici les noms de tant d'hommes remarquables qui cultivent la poésie dans toutes les parties de notre France? Qu'ils me le pardonnent, car personne ne serait plus porté que moi à révéler les talents inconnus, mais l'histoire ne peut juger que les faits arrivés à une publicité générale.

Mesdames Delphine Gay, Amable Tastu, Élisa Mercœur, Desbordes Valmore, Mélanie Waldor, Soumet, Anaïs Ségalas, et d'autres encore ont publié des recueils qui renferment des pièces spirituelles, gracieuses, tristes, pleines de douce rêverie et de charmants caprices; mais aucune femme n'a possédé l'art du vers au point d'alarmer l'orgueil de notre sexe.

Nous nous apercevons que nous avons omis dans ce chapitre de prononcer le nom de l'auteur de la *Comédie de la Mort*, M. Théophile Gautier, ce jeune écrivain dont l'esprit est si mordant et si paradoxal. Il nous est bien une preuve de l'empire de la forme, car nous le lisons avec plaisir, quoique ses idées nous soient très antipathiques. Pourquoi M. Gauthier ne s'est-il pas fait peintre ou statuaire? lui qui préfère un torse bien dessiné à la pensée la plus noble. Son projet de faire du langage un art *plastique* a pu exciter le sourire des lecteurs de feuilletons; mais lorsque ce bizarre système se transporte dans un livre, on en aperçoit vite le néant. Si M. Gautier veut occuper une place élevée dans la littérature, il faut qu'il renonce à cette plaisanterie. Le monde de la forme est bientôt épuisé, et l'artiste qui repousse l'infini ne peut que tomber dans une monotonie fatigante. Les Grecs, dont M. Théophile Gautier parle tant, étaient des idéalistes assez élevés, nous semble-t-il. Espérons que le jeune écrivain n'emploiera plus son rare talent de style à des enfantillages tels que *mademoi-*

selle de Maupin et *Fortunio*. La première pièce de la *Comédie de la Mort* est une preuve de ce que peut faire M. Théophile Gautier lorsqu'il aborde des sujets graves et pathétiques.

THÉATRE.

IX

Lemercier.—Casimir Delavigne.—Alexandre Dumas. — Victor Hugo.—Scribe. — De Vigny, etc.

La littérature dramatique de la France était sans contredit sa plus grande gloire poétique jusqu'à notre siècle. Le nom de Molière est salué avec acclamation par le monde entier, comme celui du premier poëte comique qui ait paru sur la terre. La sublimité de Corneille n'est pas contestée ; Racine, si long-temps le plus populaire des poëtes tragiques français, était moins compris des étrangers, habitués à la muse un peu convulsive de leurs écrivains ; Voltaire, malgré des défauts énormes, a des qualités brillantes, et ces quatre noms, surtout les trois premiers, suffiraient pour placer le théâtre français à un rang très élevé dans l'opinion de l'univers. Tous les écrivains qui ont suivi les errements de ces grands hommes ont vu leur célébrité pâlir devant cette auréole immortelle. Jusqu'à l'apparition des premiers drames de MM. Alexandre Dumas et Victor Hugo, la tragédie française a imité sans bonheur la forme du siècle de Louis XIV :

c'étaient les poëtes du grand siècle, moins le génie. On a tout dit sur cette pauvre littérature dramatique de l'empire, sur les malheureuses imitations que Ducis nous a données de l'œuvre colossale de Shakspeare, sur les tragédies de Chénier. Il faut reconnaître cependant qu'il y avait dans ces deux hommes des facultés remarquables ; chez le premier principalement un sentiment profond de la douleur ; mais il a été effrayé du géant avec lequel il luttait ; son époque d'ailleurs ne savait pas le comprendre. M. Lemercier a eu dans *Agamemnon* et ailleurs des inspirations vraiment tragiques. La facilité spirituelle de M. Casimir Delavigne lui a fait un public qui ne l'abandonne pas ; mais le véritable drame de l'époque est celui de l'école appelée long-temps romantique, dont MM. Dumas et Victor Hugo sont demeurés les chefs reconnus.

Ce drame n'est en rien une création. Il fut sans nul doute une nouveauté pour la France ; mais au fond ce n'était qu'une imitation de l'Angleterre, de l'Allemagne et de l'Espagne. Pour les esprits familiers avec Shakspeare, Calderon, Lope de Vega, Goëthe et Schiller, le drame moderne français n'est pas plus nouveau que les tragédies de MM. Delavigne, Soumet, Guiraud, Ancelot et compagnie. Il faut avouer qu'il n'y a guère de forme dramatique nouvelle possible depuis la forme shakspearienne. Eloignons donc toute idée d'innovation relativement à l'Europe ; l'innovation ne pouvait concerner que la France.

M. Alexandre Dumas possède à un haut degré l'art de saisir l'âme du spectateur, d'exciter sa curiosité ; il précipite son action, et étonne par des mots audacieux ou d'un effet terrible ; il est passionné, brûlant, mais parfois aussi exagéré jusqu'à l'étrange. Son drame est bien mieux au théâtre qu'à la lecture ; son style a de la lucidité et de l'éclat, mais il révèle la rapidité du travail de l'auteur. D'ailleurs ses pièces manquent de développements, elles ressemblent à des improvisations. *Antony*, quelles que soient ses déclamations *ampoulées*, est l'œuvre capitale de son auteur. Madame Dorval et Bocage y produisaient un effet étonnant sur les auditeurs non étrangers aux passions ardentes. Le dénouement est un des plus tragiques qui soient au théâtre. *Christine* renferme des beautés incontestables ; *la Tour de Nesle* a une scène magnifique, celle de la prison ; *Thérésa* offre plusieurs passages d'un pathétique saisissant ; mais nous ne comprenons pas qu'un homme aussi heureusement doué puisse s'égarer jusqu'à *Kean* et *Don Juan de Marana*.

Caligula, annoncé avec tant de fracas, est une pièce très médiocre. Comme peinture historique, c'est faible, comparé aux historiens du temps. Cette Rome des empereurs était bien un autre cloaque de sang et de débauches. Comprenez-vous qu'un poëte dramatique, pour peindre un de ces géants de luxure et d'orgueil, nous le montre arrachant une jeune fille à son amant ? C'étaient des crimes qui ne comptaient pas dans la vie de pareils hommes ; au reste, ce sont des sujets qu'il ne faut pas étaler sur le théâtre.

M. Victor Hugo, qui fait peut-être moins d'effet à la scène, possède des qualités plus littéraires. Son vers dramatique, par exemple, a une originalité, une personnalité admirables. Souvent déparé par des bizarreries, le drame de M. Hugo offre des passages dignes de Corneille. Presque tout le rôle du vieillard, dans *Hernani*, est tracé avec une force et une grandeur héroïques. La prose dramatique de M. Hugo n'est pas moins remarquable par la fermeté et la largeur. Nous retrouvons ici toutes les qualités que nous avons déjà louées dans les autres œuvres de cet écrivain. Cependant M. Victor Hugo n'est pas un grand poëte dramatique, dès qu'on le compare aux géants de la scène. Non seulement il est loin de Shakspeare, mais de Schiller et de Goëthe. Que lui manque-t-il donc?

Presque toujours la charpente de ses drames est frêle. On remarque de belles scènes çà et là ; certaines colonnes sont magnifiques, mais l'ensemble de l'édifice n'est pas solide. *Lucrèce Borgia* est peut-être sous ce rapport la première de ses pièces ; c'est celle qui présente les plus amples proportions. *Le Roi s'amuse*, malgré le magnifique discours de Saint-Valier et la passion terrible de Triboulet, est une œuvre dégingandée. Il semble que ce monument croulerait au moindre souffle. La force créatrice qui harmonise manque ici totalement. *Marion de Lorme*, *Marie Tudor* et *Angélo* ne renferment également que des fragments remarquables. Placez auprès de ces créations *Macbeth*, *Roméo*, *Othello*, *Henri III*, elles s'effacent comme les étoiles pâlissent à l'approche du jour. Non seulement l'action des pièces de M. Hugo n'est pas forte, mais l'âme humaine n'y est pas analysée; le poëte semble s'endormir au bruit harmonieux et sauvage de sa parole, à l'éclat des décorations dont il couvre la scène. Les développements psychologiques sont cependant de toute nécessité dans le drame des nations avancées. Est-ce que nous le sommes moins que les Anglais du temps d'Elisabeth? On le croirait, puisque nous applaudissons *Angélo*.

Une autre erreur de M. Hugo, c'est l'opinion qu'il professe sur la vérité historique : un homme célèbre n'est autre chose pour lui qu'un thème sur lequel il module ses fantaisies poétiques. Il est impossible que la critique admette cette idée. Le poëte n'est nullement obligé d'enchaîner ses fantaisies ; le drame domestique lui offre les mille variétés de la vie humaine; mais lorsqu'il aborde l'histoire, il faut qu'il la respecte. Le drame doit présenter à une nation le résumé de ses fastes, et non les travestir au gré du caprice de l'écrivain. C'est non seulement une injustice envers le personnage travesti, mais c'est manquer à tout un peuple auquel on enseigne sciemment l'erreur.

Toutes ces critiques n'empêchent pas M. Hugo

d'écrire de magnifiques vers de drame, et d'avoir
souvent dans la pensée une énergie toute corné-
lienne ; nous ne lui cachons ni notre admiration ni
notre blâme ; il nous semble qu'il est très important pour lui qu'il arrive à une étude sérieuse et
profonde et de l'homme et des grands maîtres. La
France, habituée à la forme sévère de sa tragédie,
a applaudi les novateurs qui l'initiaient à la poésie
de l'Angleterre et de l'Allemagne ; mais les jours de
la surprise sont passés ; Shakspeare a été désormais
feuilleté et médité par un grand nombre de lecteurs
français, la nation va devenir exigeante ; que les
poëtes dramatiques se le persuadent bien.

Le succès le plus généralement reconnu par le
public de notre époque est celui d'un écrivain qui
n'occupe pas une place bien élevée dans l'esprit des
hommes littéraires ; une très belle fortune et les
titres académiques ont remplacé pour lui les cou-
ronnes d'épines qui ceignent le front des génies austères. Depuis plus de vingt ans, tous les théâtres
de France ont retenti de ses accents ; jamais esprit
n'a été plus universellement reconnu et loué que
celui de M. Eugène Scribe : grand opéra, opéra-
comique, comédie, vaudeville, sa fécondité merveilleuse s'est exercée dans tous ces genres. Il faut
bien le dire, je ne sache pas qu'il y ait jamais eu
en France un succès pareil appliqué à un si grand
nombre de pièces. Les qualités qui distinguent cet
écrivain sont une moquerie fine et gracieuse, un
grand art dans l'enchaînement des scènes et des ef-

fets de théâtre ; une connaissance parfaite du monde qu'il a voulu peindre, assez de sensibilité pour tirer des larmes des yeux des femmes, mais jamais de ces mouvements profonds qui remuent les âmes graves ; la forme est, comme le fond, coquette, fine, calme et limpide. C'est un de ces hommes qui rient au nez des critiques, parce que le public les chérit et les gâte. Un autre écrivain que nous avons déjà cité, moins fécond, mais plus littéraire que M. Scribe, M. Casimir Delavigne, semble représenter l'éclectisme poétique ; il cherche à mêler les deux genres, à allier la sagesse un peu timide de Racine aux hardiesses scéniques de Shakspeare. Il ne réussit à produire qu'une œuvre assez froide, quoique incontestablement spirituelle et soignée. Il manque d'entraînement et de passion. M. de Vigny doit être cité ici, quoiqu'il n'ait produit que deux pièces de théâtre : son *Chatterton* a fourni à madame Dorval un admirable rôle. Une foule d'hommes, dont beaucoup sont doués de talent, alimentent les théâtres de Paris et des départements ; c'est une consommation vraiment effrayante ; il nous serait impossible de parler ici de cette armée de poëtes dramatiques. Pour résumer notre pensée sur le théâtre français contemporain, nous dirons qu'il nous semble une des plus faibles parties de notre littérature. La poésie lyrique et le roman se sont élevés de nos jours au-dessus de ce qu'ils avaient produit aux époques précédentes ; notre théâtre au contraire reste très inférieur à l'école sévère de Corneille et de Racine et est fort éloigné des grands modèles étrangers qu'il a choisis.

Non, certes, il est impossible de comparer *Hernani* et *Lucrèce Borgia*, *Antony* et *Christine*, au *Cid*, aux *Horaces*, à *Rodogune*, à *Britannicus* et à *Athalie*; *la Camaraderie* et *le Mariage de raison* au *Misanthrope* et au *Tartufe*. Il nous est permis d'écrire que le théâtre français est en décadence aujourd'hui.

Nous n'avons encore abordé que la question d'art; la question de morale doit nous occuper un instant.

Sans doute le crime a de tout temps été étalé sur la scène; les admirables tragiques grecs peignent comme les modernes les passions terribles qui conduisent au meurtre; ils ensanglantent le drame, et promènent l'imagination du spectateur de l'adultère à l'inceste; mais chez eux, et chez Sophocle peut-être plus encore que chez les autres, il y a sur l'ensemble une teinte religieuse et grave qui fait qu'on les écoute parler du crime avec cette crainte respectueuse qui devait saisir l'âme à l'aspect de la chaire de Bossuet. Les poëtes de Louis XIV ont été souvent inspirés ainsi. La Phèdre de Racine, par exemple, n'est-elle pas tourmentée par le remords comme une femme chrétienne? L'école moderne, au contraire, montre le crime dans tout ce qu'il a de hideux; elle l'offre aux spectateurs nu et impassible. C'est une orgie tellement bruyante, que l'âme ne peut se faire entendre un instant. La plus tendre femme de M. Alexandre

Dumas, Adèle d'Hervey, ne pense qu'à sa réputation : « Mais je suis perdue, moi, » dit-elle. Le poëte ne sait pas s'élever plus haut. Quant à M. Victor Hugo, le mot fatal qui est l'épigraphe de *Notre Dame de Paris* est aussi celui de son théâtre. Il semble avoir oublié ses premières inspirations chrétiennes et s'être fait païen ; encore est-il comme moraliste bien au-dessous des grands poëtes dramatiques du paganisme.

Cette immoralité du théâtre moderne est une des causes de sa décadence. Quelques salles de Paris sont toujours garnies de spectateurs, parce qu'il vient là des curieux de toutes les parties de la terre ; mais si l'on parcourt les principales villes de France, on demeure bientôt convaincu que le théâtre n'est plus dans les habitudes des populations. Les mères, même les moins austères, ne peuvent mener leurs filles voir *Antony* et *Marion Delorme*. Les femmes s'éloignant du théâtre, le désert se fait, car rien n'est plus triste qu'une grande réunion d'hommes. Les poëtes dramatiques de nos jours manquent non seulement à leur mission de moralistes, mais ils sont de véritables suicides.

On a beaucoup parlé dans tous les temps de la moralité du théâtre. Le petit nombre d'écrivains qui l'ont défendu ont toujours raisonné sur ce qu'il devrait être. Ceux qui ont basé leurs discussions sur ce qu'il est, ont été unanimes pour le condamner ; Bossuet et Jean-Jacques Rousseau sont parfaitement d'accord sur ce point. Les pièces de notre grand Molière, si admirables sous le rapport de l'art, attiraient sous le rapport moral la juste colère du premier. Le théâtre est presque toujours le triomphe du crime ou de la fraude sur l'ordre légitime ; l'intérêt du spectateur s'attache sans cesse au jeune homme adroit qui berne les pères et les maris. Les pièces, comme *Antony*, où l'adultère conduit à l'assassinat et à l'échafaud, malgré la nudité des détails, ne sont pas, selon nous, les plus immorales ; l'adultère est là ce qu'il était dans la loi mosaïque, un crime social qui entraîne la mort. Il y a matière à réflexions ; mais dans les comédies légères, l'adultère est fardé, il porte des gazes et des fleurs, la femme se donne en souriant, et le mari ne se fâche pas, parce que ce serait contre l'usage et de très mauvais ton. Ceci nous semble le comble de la démoralisation ; une nation ne peut aller plus loin.

Nous dirons donc en toute conscience que le théâtre tel qu'il existe est une institution immorale et dangereuse, et que nous croyons sa régénération complète hérissée de difficultés insurmontables. Dans l'état des choses ce qu'il faut lui demander, c'est qu'il fasse le moins de mal possible.

ROMANS.

X

Le vers français ne s'adresse qu'à une sorte d'aristocratie intellectuelle ; excepté la chanson, aucune poésie rhythmée ne pénètre dans les classes pauvres, c'est-à-dire dans l'immense majorité de la nation. Cette poésie n'a d'influence sur les masses qu'indirectement : les idées élevées qu'elle répand dans les esprits avancés de la société lui sont communiquées par ceux-ci au moyen de la prose.

Le roman, au contraire, se trouve depuis l'échoppe du savetier jusque sur le divan du cabinet royal ; le roman est la plus populaire de toutes les formes littéraires de cette époque. Il s'en publie presque un par jour ; il est des lecteurs qui en consomment autant que de journaux. Lorsque je songe à cet enseignement continuel des romanciers, je me courbe, en vérité, devant cette puissance énorme, je la redoute, et désire ardemment qu'elle daigne se pénétrer de la haute mission qui lui a été donnée sur la terre. Je m'arrêterai d'autant plus sur ce genre de littérature qu'il me semble que son avenir est immense. Plus la société approche de la démocratie, plus le roman acquiert d'importance, par une raison toute simple, c'est que le roman est le poëme de la vie privée, de l'homme isolé de toutes les distinctions sociales ; c'est donc un très grand malheur pour une nation que les romans qui ne sont pas inspirés par une idée moralisante. Et ici je dois placer quelques réflexions préliminaires.

On a soutenu avec acharnement que l'art était lui-même son but ; qu'il ne devait pas s'occuper de la vérité religieuse ; que, pourvu qu'il réussît à plaire, on n'avait rien à lui demander de plus. Les hommes qui ont défendu ces théories les abandonnent aujourd'hui, reconnaissant qu'ils avaient cédé à un entraînement de jeunesse ; nous les avons combattus nous-même plusieurs fois, et ne reviendrons pas sur cette discussion désormais inutile. Une seule objection se présente encore parfois dans les revues et les journaux : « Vous voulez faire de l'art un sermon, la morale est somnifère dans un roman. »

Nous n'aimons pas plus que ces critiques le roman sermon ; nous ne voulons pas que le poëte ou le romancier se précipite à son but moral sans se détourner souvent pour suivre les mille caprices

de l'imagination ; nous ne voulons pas plus proscrire l'art de la morale que la morale de l'art ; nous
savons autant que qui que ce soit qu'avec les intentions les plus morales on peut être un romancier détestable. Nous avons plus l'enthousiasme du
beau que ceux qui voulaient l'isoler du vrai. Que
l'artiste se laisse donc aller à ses caprices ; si sa
pensée est élevée, si son âme est noble, si elle s'est
nourrie habituellement de la parole évangélique,
son œuvre portera toujours dans le cœur les impressions profondément bienfaisantes du récit sacré.
Nous ne répéterons pas à l'occasion du roman tout
ce que nous avons dit sur la poésie évangélique,
car c'est très applicable aux deux genres ; mais
qu'il nous soit permis d'insister sur les obligations
plus grandes encore de la poésie en prose, car elle
s'adresse à tout ce qui sait lire. N'est-ce pas en vérité un pitoyable spectacle que cette nuée de jeunes
gens qui, à peine sortis de leurs études, sans idées
arrêtées, sans doctrine qui les guide et les éclaire,
se mettent à fabriquer des romans parce que leur
tête est brûlante, ou parce qu'un libraire leur
donne douze cents francs de cette production déplorable ? Cette manie d'écrire sans avoir rien à
dire aux hommes, est un des fléaux de cette époque. Chacun peut apprendre assez facilement l'art
d'enchaîner des phrases élégantes, et se croire écrivain parce qu'il n'offense pas la grammaire ; que
ne peut-on acquérir aussi facilement la conviction

que l'art entendu ainsi est le plus misérable des métiers !

Que si l'on considère les déplorables égarements de plusieurs écrivains de cette époque, il faudra employer des mots bien autrement énergiques pour peindre leur influence malheureuse sur les idées et les mœurs. Je ne connais pas de plus criminelle entreprise que celle de démoraliser un peuple, de le plonger dans les plaisirs sensuels qui énervent et tuent l'âme, d'éteindre en lui le sentiment du beau et du vrai pour l'enchaîner à la sordide passion de l'or, qui détruit tout ce qui reste encore de foi et de dévouement. Certes ceux dont les œuvres prêchent ces doctrines détestables n'ont pas la conscience de leurs actes, car les coupables que la justice châtie seraient innocents auprès d'eux. Chez beaucoup ce n'est que légèreté, corruption, myopisme. Presque personne, peut-être personne, ne s'est dit froidement : Je vais écrire pour faire le mal ; mais la légèreté et l'aveuglement causent plus de maux que la méchanceté elle-même.

Dans le coup d'œil que nous allons jeter sur les romans du xixᵉ siècle, bien des noms seront omis ; qui peut compter les vagues de l'Océan ? Nous demanderons encore ici pardon aux amours-propres des oubliés. Encore une fois, nous ne jugeons pas tant la valeur réelle de chaque livre, que l'effet produit sur le public.

Au commencement du siècle, Chateaubriand, qui, ne l'oublions pas, a précédé les poëmes de lord Byron, quoique nous ayons encore le bonheur d'entendre sa voix aujourd'hui, ébranla toutes les imaginations par les épisodes d'*Atala* et de *René*, révélation d'une nouvelle poésie, de passions plus profondes, d'une rêverie vague, mais immense, inconnue aux littératures antiques, fille du christianisme, sombre comme l'âme des grands hommes aux époques des rénovations sociales. *Les Martyrs*, qui parurent quelques années après, eurent moins d'effet, parce qu'ils se rapprochaient plus des formes connues, parce qu'ils soulevaient moins de ces passions qui fermentent dans tous les cœurs, et que toutes les voix saluent dès qu'elles en reconnaissent la manifestation. *Les Martyrs* sont moins réels qu'*Atala*, et surtout que *René*. C'est tantôt une imitation savante de la poésie homérique, tantôt une autre imitation des livres saints. C'est une diction d'une élégance antique, peut-être trop académique pour nous aujourd'hui. L'épisode de *Velléda* est ce qui me frappe le plus, parce qu'il est original. M. de Chateaubriand s'est inspiré du ciel âpre de sa vieille Bretagne; il a reproduit, avec une magie de talent que personne ne s'avisera de contester aujourd'hui, les côtes sauvages de l'Armorique, ses rocs noirs battus de vagues écumantes, ses granits caverneux si pleins de mystères aux pâles rayons de la lune. L'épisode de *Velléda* était une étrangeté pour la France d'alors. Rien dans les lettres françaises n'avait préparé cette poésie; c'est dans le Nord, dans Shakspeare surtout qu'il faudrait lui trouver des modèles. L'épisode de *Velléda* a appris à notre nation que ses provinces pouvaient offrir à l'artiste des tableaux aussi grandioses que l'Italie, la Grèce ou les déserts du Nouveau Monde. Ce morceau est, avec *Atala* et *René*, ce qui résistera le plus au temps de toute l'œuvre de l'auteur du *Génie du Christianisme*.

M. de Chateaubriand se rattache aux romanciers de l'époque que nous étudions dans ce livre par la publication des *Natchez*, oubliés pendant vingt ans dans une obscure maison de Londres, asile de l'illustre écrivain durant son exil.

Les Natchez n'ont pas eu tout l'éclat que jette ordinairement le grand nom de leur auteur. Ils semblent une ébauche de génie, mais une ébauche. La composition est sans unité de forme ; la première partie a la marche du poëme antique, la seconde celle du roman moderne. Ceci indique que l'auteur a changé de manière de sentir l'art, lorsqu'il est parvenu à la moitié de sa course ; nous regrettons beaucoup que cette œuvre ne soit pas tout entière écrite comme le second volume. Cette solennité de la muse ne convient plus à nos goûts ; elle a quelque chose de peu naturel, d'anti-naïf, si je puis m'exprimer ainsi. Nous la trouvons magnifique encore dans les poëtes grecs ; là elle est naturelle, elle est à sa place ; mais dans notre pays, dont les habitudes sont si peu solennelles, c'est froid et maniéré. Malgré le style de l'auteur de *René*, je ne puis lire sans peine les passages des *Natchez*

écrits de ce ton, et je les regarde comme la principale cause de la froideur qui a accueilli l'ouvrage
du grand écrivain.

Les Natchez renferment des beautés d'un ordre
très élevé; bien des romans ont obtenu des succès
populaires et restent loin de celui-ci sous le rapport
de l'art; c'est qu'ils étaient en harmonie avec le
goût actuel, c'est qu'ils remuaient les passions qui
fermentent aujourd'hui dans la société française.
Que de belles peintures de la vie sauvage, quelle
variété et quelle animation dans tous les caractères! René, l'homme des pays civilisés, le cœur dé-
vasté par une passion exceptionnelle, et dévoré en
même temps par l'ennui des civilisations qui meurent, énigme continuelle au milieu de ces hommes
et de ces femmes vivant encore de toute la fraî-
cheur de la vie du désert; René, marqué d'un
sceau fatal, jetant le malheur dans tous les cœurs
qui l'aiment, et imposant l'amour par une irrésistible puissance; Outougamiz, sauvage simple et
sublime, portant dans son amitié pour René toute
l'ardeur fougueuse de sa brûlante nature, et sur-
passant par son dévouement les prodiges chantés
par les poëtes antiques; Adario, le Brutus des forêts du Nouveau Monde; Chactas, aussi sage que
Nestor et bien plus touchant que lui; Ondouré,
colosse de fourberie et de cruauté, type qui se reproduit si souvent chez les noirs esclaves; Céluta,
toute amour, véritable âme de femme entraînée
dans l'abîme de la destinée de René; enfin Mila,

création suave et pleine de charmants caprices, bien supérieure selon nous à Esmeralda, dont elle a peut-être donné l'idée à M. Victor Hugo.

Le siècle de Louis XIV, raconté par Chactas, est une peinture élégante et très ingénieuse, trop ingénieuse peut-être ; mais ce récit renferme des pensées sublimes puisées dans une connaissance profonde de l'homme et de la société. « Peut-être, mon jeune ami, seras-tu étonné qu'après avoir été traité de la sorte, je conserve encore pour ton pays de l'attachement. Outre les raisons que je t'en donnerai bientôt, l'expérience de la vie m'a appris que les tyrans et les victimes sont presque également à plaindre, que le crime est plus souvent commis par ignorance que par méchanceté. » De temps en temps la narration est interrompue ainsi par des phrases qui font rêver. Le défaut de cet épisode, selon nous, est, comme je viens de le dire, de sentir trop l'effort, et aussi de rappeler les *Lettres persanes*, tant de fois imitées. M. de Chateaubriand a souvent un bonheur d'images que peu d'écrivains ont possédé à ce degré. Il conduit René, Outougamiz et Mila dans une grotte funèbre remplie d'ossements humains :

« Parle encore, dit Mila ; c'est si triste et pourtant si doux ce que tu dis ! »

René, ramenant ses regards dans l'intérieur de la caverne et les fixant sur un squelette, dit tout-à-coup : « Mila, pourrais-tu m'apprendre son nom ?

» Son nom ? répéta l'Indienne épouvantée, je ne le sais pas : ces morts se ressemblent tous. »

Dès que *les Natchez* prennent la forme du roman moderne, l'intérêt devient brûlant. Les scènes de la Nouvelle-Orléans sont très belles. La lettre de René à Céluta contient le germe de toute la poésie de Byron qui a tant impressionné notre siècle.

« L'éternité ! Peut-être, dans ma puissance d'aimer, ai-je compris ce mot incompréhensible. Le ciel a su et sait encore, au moment même où ma main agitée trace cette lettre, ce que je pouvais être : les hommes ne m'ont pas connu.

» J'écris assis sous l'arbre du désert, au bord d'un fleuve sans nom, dans la vallée où s'élèvent les mêmes forêts qui la couvraient lorsque les temps commencèrent. Je suppose, Céluta, que le cœur de René s'ouvre maintenant devant toi : vois-tu le monde extraordinaire qu'il renferme ? Il sort de ce cœur des flammes qui manquent d'aliment, qui dévoreraient la création sans être rassasiées, qui te dévoreraient toi-même. Prends garde, femme de vertu ! recule devant cet abîme, laisse-le dans mon sein !.... »

J'ai entendu blâmer l'horreur du dénouement des *Natchez*. Je ne suis pas de ceux qui aiment à ensanglanter le drame ou le poëme ; on nous a tellement prodigué ces émotions effrayantes qu'il y a de quoi en vérité les prendre en aversion, et d'ailleurs elles sont trop à la disposition de toutes les médiocrités ; mais il faut se souvenir que M. de

Chateaubriand avait à peindre des hommes à passions effrénées, des hommes que le christianisme n'avait pas civilisés et adoucis. Ce qui paraît exagéré ici n'était que vrai dans ces contrées. Lorsqu'on veut juger *les Natchez*, il ne faut pas oublier que c'est de ce manuscrit que l'auteur du *Génie du Christianisme* avait détaché deux épisodes qui vivront autant que la langue française : *René* et *Atala*.

Le Dernier des Abencérages a aussi été publié sous la restauration. C'est un petit poëme plein d'élégance et de grâce, un peu trop soigné pour nos habitudes littéraires d'aujourd'hui.

Quoique le style de madame de Staël soit inférieur à celui de Chateaubriand, par la hauteur de sa pensée et par la passion qui bouillonne en elle, elle s'est assise auprès du grand poëte de la Bretagne. Je ne parle pas ici de l'écrivain politique, qui a tant de droits à l'admiration, mais seulement du romancier éloquent auquel nous devons *Corinne* et *Delphine*. Ces romans, le premier surtout, ont eu un long retentissement en France. Sans adopter l'étrangeté des idées qui s'agitent souvent dans le livre de *Delphine*, on ne peut méconnaître la puissance de ce talent, qui, sans jamais atteindre à la sensibilité exquise de certaines pages de Rousseau, a quelque chose de sa force et aussi de son humeur paradoxale. *Corinne* renferme des peintures de l'Italie au-dessus de ce que Byron lui-même nous a donné dans *Child-Harold* ; rarement la vérité et la poésie se sont unies à ce point. *Corinne* est un brillant symbole des souffrances de l'homme d'imagination et de génie au milieu de la société ; l'élévation de sa pensée, la profondeur de ses sentiments, l'isolent dans des régions qui effraient l'amour des mortels ; ils l'admirent, mais avec cette sorte d'effroi que l'on éprouvait pour la divinité avant les miracles de tendresse du christianisme. Comme presque tous les grands génies, *Corinne* meurt incomprise, délaissée pour des êtres vulgaires ; elle meurt l'œil fixé sur le ciel, qui est la véritable patrie des esprits supérieurs.

Telles sont les deux grandes figures qui ont commencé en France la révolution littéraire, à laquelle on a donné le nom peu compréhensible de *romantique*. Quand on insulte la gloire littéraire de l'empire, on oublie sans doute leurs œuvres admirables. Il est vrai que les deux poëtes vivaient dans l'exil. Le brillant despotisme de Napoléon était tellement exclusif qu'il redoutait, semble-t-il, toute puissance intellectuelle.

Dans le coup d'œil que nous allons jeter sur les romans français nous ne nous astreindrons à aucun ordre chronologique. L'enchaînement de nos idées en sera plus logique et produira un enseignement plus profitable. Nous croyons que le livre qui domine l'époque actuelle est *Notre-Dame de Paris*. Le succès de cet ouvrage a été extraordinaire ; mais c'est une œuvre à part et qui ne rentre guère dans le genre du roman, si le roman a pour but principal de peindre ce qui se passe dans les profondeurs du cœur de l'homme. La seule création de caractère est celle de Quasimodo, dont cependant le type est peut-être le Polyphème antique. Sauf l'exagération ordinaire du pinceau de M. Hugo, il y a ici une puissance incontestable. Cette noblesse cachée sous une forme hideuse semble être l'idée qui préoccupe le plus vivement cet écrivain; on la retrouve souvent dans ses travaux. Pour lui la laideur est comme une condition de la vertu; il s'est mis à adorer le laid, sans doute par cette passion de l'étrangeté qui est un de ses caractères saillants. Claude Frollo est bien loin du moine de Lewis qu'il a le malheur de rappeler. On a dit avec raison que ces passions brutales, que cette fureur des sens exaltée par une longue vie austère, étaient plutôt du ressort de la médecine que de celui de l'art. Voilà donc tout ce que M. Hugo a su tirer de la peinture du clergé au moyen âge! Dans un tableau du siècle de Louis XI, l'Église devait, selon nous, occuper bien une autre place, surtout lorsque ce tableau s'appelle *Notre-Dame de Paris*. Que sont devenus la science, la charité, le pouvoir énorme des prêtres catholiques? Ils se réduisent à une ardeur désordonnée et assez vulgaire pour une petite danseuse des rues de Paris. Nous ne nous plaçons pas ici au point de vue catholique, mais seulement au point de vue historique. Aussi n'aurions-nous reproché que dans certaines limites à M. Victor Hugo sa peinture d'un prêtre entraîné par une passion déplorable, si nous avions trouvé dans le livre des compensations; mais introduire le clergé dans un tableau d'histoire et ne le présenter que sous cette forme obscène, on aura beau invoquer la liberté de l'artiste, et dire qu'il n'a voulu peindre qu'un homme; nous ne saurions admettre cette excuse.

Esméralda est une gracieuse apparition, mais ce n'est encore qu'une forme; le poëte n'a pas étudié l'âme de cette enfant.

Nous ne savons quel étrange plaisir M. Victor Hugo a pu prendre à traîner la poésie dans la boue comme il l'a fait dans son personnage de Gringoire. Elle n'est déjà pas si en honneur parmi nos populations ignorantes que domine l'égoïsme de l'argent. Pourquoi les poëtes eux-mêmes l'insultent-ils? M. Hugo n'a pas été plus heureux avec les poëtes qu'avec les prêtres. Je me rappelle cependant qu'en des jours plus barbares une reine de France baisa les lèvres qui disaient de *si belles choses*. L'épisode de la Sachette est plein de passion, mais de passion exagérée; cette femme fait penser à une bête fauve en fureur. Au reste l'effet a été grand sur les masses, peut-être à cause de cette exagération même. Tout ce qui dépasse le but, tout ce qui frappe fort, comme disait Voltaire, agite la foule, peu apte à saisir les contours délicats d'un dessin qui n'outre pas la nature. Il y a une parenté évidente entre Quasimodo et la Sachette, et certaines figures des peintres de l'école française moderne.

Ce n'est pas par ces couleurs forcées que les œuvres d'art s'immortalisent ; l'étude de la nature dans ses réalités intellectuelle et matérielle, sa reproduction idéalisée par cette vision de la beauté que tout poëte a en lui, voilà ce qui éternise l'œuvre de l'homme.

Le public s'est donc trompé dans son admiration pour *Notre-Dame de Paris?* Non sans doute. Si nous condamnons ce livre comme peinture incomplète et du cœur de l'homme et d'une époque, nous l'admirons profondément sous d'autres rapports. D'abord comme travail sur la langue française : on ne saurait trop louer M. Victor Hugo de son amour pour notre vieux langage. Le xviiie siècle était éminemment analyseur, et l'analyse conduit à la philosophie, mais éloigne de la poésie ; ceci est incontestable. La langue s'était appauvrie en se clarifiant ; la phrase française était devenue d'une limpidité unique, mais aux dépens du charme, de l'énergie, du pittoresque en un mot. Déjà un orateur, de beaucoup le plus grand que la France ait produit, Mirabeau, avait rendu au langage quelque chose de la sauvage rudesse et de l'harmonie forte dont ne peut se passer une langue poétique. La tribune, surtout celle des années orageuses de la révolution, suivit cet exemple ; Chateaubriand, avec son imagination si ardemment colorée, trouva un langage en harmonie avec les générations nouvelles, trempées dans les feux des foudres politiques, et réclamant une poésie qui répondît au bouillonnement des passions, dont la société était remuée jusque dans ses fondements. M. Victor Hugo a marché glorieusement dans cette voie; personne n'a plus contribué que lui à rendre à notre langue la force, le nombre, le brisé, l'éclat, la couleur qui lui manquaient. Nous l'en remercions ici de tout notre cœur. Avec quel bonheur l'artiste ressuscite à nos yeux tout le Paris du xve siècle! Quelle puissance magique il déploie dans toutes ces peintures qu'il semble avoir vues! Personne n'a compris comme lui ce qu'il y a de sombre, d'effrayant et de grotesque dans ces poëmes de pierre que l'on nomme cathédrales; personne ne les a peintes sous ces rapports avec cette réalité et ce charme. Pourquoi n'a-t-il pas senti avec la même puissance la partie céleste des vieilles basiliques? Faut-il répéter après tant d'autres que c'est qu'il ne s'y est pas agenouillé avec foi? M. Hugo n'a pas donné le droit de suspecter sa foi religieuse; je n'ai rien vu dans ses œuvres qui combatte positivement l'esprit chrétien de quelques unes de ses premières poésies; mais il est vrai qu'il ne semble pas avoir trouvé sous les arceaux de *Notre-Dame de Paris* l'espérance divine qui console de la terre, et apaise l'orage qui gronde dans notre sein. Il a surtout peint la partie terrible du culte catholique. M. Michelet, dans son *Histoire de France*, nous semble avoir compris mieux que le poëte l'extase religieuse produite par l'aspect de l'art gothique.

Avant d'arriver à *Notre-Dame de Paris*, M. Vic-

tor Hugo avait publié trois romans. *Han d'Islande*
et *Bug Jargal* ne nous semblent pas devoir occuper la critique, quoiqu'ils offrent quelques beautés
de détails. Il y a long-temps que ces caprices mon-
strueux seraient oubliés si les nouvelles œuvres de
l'auteur n'avaient entouré son nom d'une juste célébrité. *Le dernier jour d'un condamné* est le premier livre en prose de M. Victor Hugo qui ait remué les imaginations et les cœurs. Sans doute cette
étude n'est pas assez psychologique; mais il est
impossible de nier les profondes émotions qui naissent de ce récit terrible et saisissant; il serre tellement le cœur, que je n'ai connu personne qui
ait osé le relire. Il reste dans la mémoire comme le
souvenir d'une exécution à laquelle vous avez as-
sisté. Jamais la terreur tragique n'a été poussée
plus loin. Quoi qu'on en ait dit, ce petit volume
combat puissamment la peine de mort, par l'horreur qu'il inspire pour le supplice, et M. Victor
Hugo s'est associé glorieusement à la grande idée
des hommes dont la voix réclame avec un zèle si
éclairé l'abolition de cette peine barbare qui enfante plus de crimes qu'elle n'en punit. Il a poursuivi un but analogue dans *Claude Gueux*, nouvelle d'un effet très dramatique dont le souvenir
ne s'efface pas.

Notre-Dame de Paris n'est pas une imitation de
Walter Scott; la manière des deux poëtes est très
différente; cependant *Notre-Dame* aurait-elle vu le
jour sans les écrits de l'illustre Écossais? c'est une

question très douteuse. Nous n'entrerons pas ici dans l'examen des œuvres de l'auteur de *Waverley*; nous réservons cette tâche pour un autre travail que nous méditons depuis long-temps, l'*Histoire des lettres depuis Shakspeare jusqu'à nos jours*. Nous présenterons là l'histoire des diverses littératures comparées; ici nous ne voulons qu'étudier la France; mais Walter Scott a eu une influence si puissante sur nous qu'il est impossible de ne pas la reconnaître.

Walter Scott est peu estimé des convulsionnaires poétiques de cette époque; il est trop vaste et trop philosophe pour eux. Son récit calme, et si animé cependant, rappelle la majestueuse fécondité des poëtes antiques. La variété de ses caractères atteste son pouvoir créateur; ses délicieux portraits de femmes révèlent un tact exquis; enfin ses peintures du moyen âge joignent la force poëtique à la science laborieuse de l'antiquaire. Ses imitateurs français ont été bien malheureux; ils ont cru qu'en écrivant des noms historiques et en entassant des cottes de mailles sur des lances, et des casques sur des dagues, ils produiraient le roman écossais. Il ne manque à la plupart de ces œuvres françaises qu'une seule chose, la poésie.

M. de Vigny a déployé dans *Cinq-Mars* bien de l'esprit et de l'élégance; il a reproduit les mémoires du temps avec cette finesse gracieuse qui est le cachet de son talent; il arrive même souvent à une mélancolie profonde qui n'est donnée qu'au véri-

table poëte. Son *Stello*, dont nous attendons si long-
temps la seconde partie, est écrit avec un charme
bien rare. L'idée d'ailleurs est très actuelle : c'est
la souffrance des hommes de poésie au milieu d'une
société matérielle. Il peint tous les régimes également barbares, la royauté, la monarchie constitu-
tionnelle et la république tuant les poëtes sans
pitié, Gilbert, Chatterton, André Chénier. Sous
le rapport de la vérité historique, il y aurait bien
des objections à faire sur Gilbert, et plus encore
sur Chatterton, qui a été plus barbare pour lui que
la société elle-même ; mais la cause que M. de Vigny
défend est si noble qu'il s'est passionné pour elle,
et que son but a été bien plus philosophique qu'historique. Personne ne contestera la vérité absolue
de l'idée de l'auteur de *Stello*, c'est que dans le
monde la plus grande somme de souffrance tombe
sur les êtres les plus délicats et les plus inhabiles
à la vie matérielle. On cite ceux qui meurent à
la peine ; combien, hélas ! sont plus à plaindre encore ceux qui traînent une longue vie, isolés et
méconnus, surtout quand l'espérance religieuse
rayonne faiblement à leurs regards ! Les hommes
positifs disent de ces victimes : Pourquoi ne font-
ils pas autre chose ? qui les empêcherait d'écrire
des vers dans leurs loisirs ? Braves gens ! n'en vien-
drez-vous pas bientôt à vous révolter contre les ro-
siers parce qu'ils ne produisent pas de pommes ?

Le talent de M. de Vigny a gagné en énergie
dans *Servitude et grandeur militaires*. Il est du

petit nombre des écrivains dont le public déplore la lenteur. C'est une gloire d'appartenir à cette imperceptible minorité dans une époque de fabrication littéraire tout industrielle.

Quoique M. de Salvandy n'ait pas continué la carrière du romancier, son éclatant récit d'*Alonzo* vit dans toutes les mémoires. Chacun a remarqué ses chaleureuses peintures de l'Espagne. Les *Scènes militaires* n'ont retrouvé cette animation que sous la plume de M. Ph. de Ségur.

M. de Salvandy est du petit nombre des romanciers qui se recommandent par des qualités vraiment littéraires. On ne saurait en refuser non plus à M. de Balzac, quoique dans la partie *pseudonyme* de son existence d'écrivain, il ait la physionomie des poëtes sans poésie. Les cabinets de lecture n'ont jamais assez d'exemplaires de ses livres ; la curiosité du public est insatiable à son égard. Nous connaissons des hommes littéraires qui l'aiment ; mais un plus grand nombre ne peut le supporter. Un de nos premiers critiques me disait un jour à propos d'*Eugénie Grandet* : « Quel chef-d'œuvre pour Balzac ! Il n'y a guère que la moitié des mots à retrancher. » Quelle que soit l'exagération de cette plaisanterie, il est certain que M. de Balzac est non seulement prodigue de paroles, mais que souvent il se complaît à faire choix des plus inusitées, des plus étranges ; qu'il les entasse avec une telle abondance que la pensée en est étouffée. Il y a des pages qui ont l'air d'une gageure, et elles viennent

ordinairement après plusieurs pages purement
écrites ; il semble que l'écrivain se fasse un devoir
d'appliquer ainsi son singulier cachet sur chaque
œuvre.

M. de Balzac est un observateur profond et mi-
nutieux, quelquefois d'une hardiesse d'investigation étonnante ; dévoilant, par exemple, les secrets
les plus cachés de l'organisation des femmes avec
une nudité qui a effrayé plus d'une lectrice. L'auteur du *Père Goriot* révèle avec un égal bonheur
les cupidités honteuses des financiers de cette
époque, depuis la sordide avarice du père Grandet
jusqu'au machiavélisme de l'usurier Gobseck, jusqu'aux brillants opprobres de la haute banque. On
ne peut nier la variété du pinceau de M. de Balzac.
Dans le *Lys dans la vallée*, il a écrit avec l'exquise
tendresse d'un cœur de femme et s'est montré le
redoutable rival des romanciers de cette école. Sans
système, son esprit est un miroir qui reflète la société
entière, depuis les immenses rêveries spiritualistes
de *Séraphita*, qui reproduisent tous les mystères de
l'illuminisme, jusqu'au grossier sensualisme de
Rabelais qui revit dans les *Contes drôlatiques*. Son
œuvre est une des plus curieuses peintures de l'é-
poque actuelle. Il est malheureux qu'elle soit déparée par les nombreux défauts de style dont j'ai
parlé ; nous regrettons aussi qu'elle ne soit pas dominée par une idée morale plus haute. Le seul
but de M. de Balzac paraît être de peindre ; si un
résultat moral naît de son œuvre, il n'en est pas

fâché ; mais si c'est le contraire, cette considération ne l'arrête pas. Ce n'est point comprendre la véritable mission de l'artiste.

Mais nous pourrions adresser ce reproche à presque tous les romanciers de notre temps, à M. Eugène Sue, par exemple, dont le nom est populaire depuis long-temps déjà. Il possède plusieurs des plus brillantes qualités du poëte, l'éclat, l'élégance, la fantaisie ; il aime l'inattendu et séduit ses lecteurs par ce genre de mérite. Ses portraits sont d'une grande finesse ; son esprit a une tendance prononcée vers le paradoxe. Il s'était épris de l'idée que la vertu est toujours malheureuse sur la terre et le crime toujours triomphant, et il l'a poursuivie dans plusieurs romans, dans *Atar Gull* et dans *la Salamandre*. Il soutenait avec raison que les souffrances du juste dans ce monde étaient la preuve d'une vie à venir ; mais il y avait danger et erreur tout à la fois à enseigner aux hommes que la vertu ne pouvait mener au bonheur humain ; la théorie contraire est vraie, et a été enseignée par tous les grands hommes de l'antiquité et du monde moderne. Il est malheureusement vrai aussi que le crime conduit souvent à la richesse et à la puissance ; mais les riches et les puissants sont-ils toujours heureux ? La réponse négative sortirait de bien des bouches qui sourient gracieusement chaque jour au sein de l'opulence. Il ne faut donc pas considérer M. Eugène Sue comme un profond moraliste, mais comme un écrivain très spirituel et souvent très poétique, plein de charmants caprices et de *désinvolture*. C'est le plus artiste des romanciers maritimes français. Les marins assurent que M. Corbière est plus vrai; mais il n'a pas le charme de son devancier. Au reste, comme peintre de la mer, personne, selon nous, n'a approché de l'Américain Cooper, qui, considéré sous ce point de vue, est un des plus grands poëtes que nous connaissions dans cet âge. Nous en parlerons dans un autre livre. Le roman de *la Salamandre* de M. Eugène Sue est plein de verve, mais il a le malheur de rappeler un récit trop réel qui a effrayé la France il y a long-temps déjà, et a fourni à la peinture une de ses plus terribles pages, *le radeau de la Méduse*. Toute la poésie de M. Eugène Sue pâlit devant ce souvenir palpitant. Les deux premiers volumes de *la Vigie de Koatven* sont très spirituels et très gracieux; nous sommes fâché d'y rencontrer quelques sensualités trop hardies. Des pages de M. Eugène Sue ont été publiées dans *la Presse* et ont conquis d'universels suffrages : c'est le *Journal d'un inconnu*. La description d'une maison abandonnée a été louée avec effusion par les hommes littéraires comme par les gens du monde. Quand nos écrivains de talent n'offensent pas la morale, on leur en sait un gré infini; surtout lorsque les aimables mauvais sujets de la littérature veulent bien se faire chastes ; c'est un chœur universel d'applaudissements et de félicitations étonnés. Je suis surpris que l'Académie française n'ait pas donné un prix Monthyon à M. de

Balzac pour son *Eugénie Grandet* ou son *Médecin de campagne*. Heureux hommes, vénérés comme des saints, parce qu'ils ne font pas le mal ! Que serait-ce donc s'ils faisaient le bien ?

Il faut compter au nombre de ces favoris du public, M. Frédéric Soulié, dont le nom est entouré d'éclat depuis quelques années. Il est doué de belles facultés ; son style est moins personnel, moins élégant que celui de Balzac, quand celui de Balzac est bon ; mais il n'en a pas les défauts. La manière de M. Frédéric Soulié est large et ferme, d'une clarté toute française. Son premier livre, les *Deux cadavres*, est un tableau énergique et d'un coloris remarquable. Malgré la crudité de quelques détails, c'est une œuvre de morale politique en ce qu'elle fait détester l'esprit de parti et les horribles folies qu'il enfante. M. Soulié est resté depuis bien loin de ce modèle, dans le genre historique. Le *Vicomte de Béziers* et le *Comte de Toulouse* nous ont semblé des études de peu de valeur. Nous ne nous arrêterons pas sur plusieurs productions de M. Soulié, qui sont des livres amusants, mais sans portée ; l'œuvre de cet auteur qui a le plus impressionné le public, les *Mémoires du diable*, révèle un talent dramatique très nerveux, une facilité extraordinaire à conduire des intrigues inextricables. Les *Mémoires du diable* sont-ils réellement le produit d'une indignation profonde contre la société cupide au sein de laquelle nous vivons, ou ne sont-ils que l'œuvre d'un peintre qui reproduit ces hideuses images parce qu'il les voit? Les antécédents littéraires de l'auteur nous feraient pencher vers la dernière hypothèse, malgré les mots retentissants de sa préface. Quoi qu'il en soit, la glace que M. Frédéric Soulié a présentée à la société du xixe siècle a reflété un masque si dégoûtant qu'elle aurait intérêt à la briser. Nulle part on n'avait peint de plus affreuses couleurs cet avilissant amour de l'or qui prostitue les âmes aujourd'hui. Non seulement les faibles et les sots, mais les plus fiers et les plus habiles, courbent la tête devant cet ignoble dieu. Selon M. Frédéric Soulié, ou plutôt selon Satan, il n'y a plus d'homme ni de femme qui résiste à cette formidable tentation de l'or. Religion, vertu, tout se tait devant lui; l'homme n'a plus d'organe que pour sentir les jouissances physiques et immédiates que sa possession présente. Ce n'est pas vrai pour tout le monde; mais, ô mon Dieu, pour quelle effroyable majorité ce livre est-il un portrait ressemblant! C'est non seulement dans les grands centres de la civilisation, comme Paris et Londres, que l'on peut étudier cette corruption repoussante; mais les hameaux en sont infectés. Nous applaudirions de tout notre cœur M. Soulié, s'il avait joint à la vérité de ces récits les leçons terribles et hautes qu'ils enfantent naturellement. Voilà cependant ce que les écrivains sans religion et les hommes d'argent ont fait de la société française! Les *Mémoires du diable* ne sont autre chose que le développement de cette carica-

ture aux mille feuilles qui encombre nos magasins
d'un bout de la France à l'autre, et qui a eu pour
père Frédéric Lemaître. Qui s'étonnerait de cet
état du monde? Pourquoi des hommes auxquels on
a appris que les doctrines des plus grands génies
de l'humanité sur Dieu et sur l'âme étaient des
rêveries bonnes pour des enfants, s'occuperaient-ils
d'autres affaires? Pour des êtres sans foi, l'escro-
querie doit être le plus magnifique des arts, la
source de l'abondance et du bonheur brutal qu'ils
peuvent comprendre. La hideuse corruption de
l'or s'est accrue à mesure que la religion s'éteignait
en France; elle ne cédera qu'à la réhabilitation de
l'idée de Dieu dans la société.

Depuis le commencement, la poésie a été le cri
de douleur de l'humanité déchue, la plainte qui
sort de la poitrine de l'homme accablé sous le faix
de la vie, et tourmenté par le pressentiment de
l'infini. La poésie n'est rayonnante d'une joie pure
que lorsqu'elle échappe à la terre pour cacher sa
tête fatiguée dans le ciel. Alors elle régénère l'humanité, elle la replace dans l'état d'où l'a fait descendre la désobéissance. Elle est, selon la parole
d'une femme illustre, une possession momentanée
de tout ce que notre âme souhaite.

Lorsque l'idée religieuse luit au fond de l'âme
du poëte, quels que soient les orages de sa vie, son
œuvre, quoique tourmentée et brûlante, porte dans
le cœur un calme solennel qui sent Dieu. Au contraire, lorsque le doute est l'état habituel de l'âme

du poëte, sa parole est fébrile et désespérée, ses tortures toujours lugubres et sans consolation portent à la défaillance ou à la révolte. Cependant il est certaine voix puissante dont la mélodie seule enivre, et cette suave caresse est encore un bonheur, malgré les dangers et les poisons qu'elle couvre trop souvent.

La foi religieuse est ce qui peut assouvir le plus une âme passionnée, parce qu'elle répond à l'immensité de ses désirs. Un des grands malheurs des êtres ardents et sans foi, est de demander à l'amour humain un bonheur infini qu'il ne peut donner. Ou il rugit de douleur dans les obstacles terribles que la société lui oppose, ou il s'éteint dans l'habitude. Borné par sa nature, lorsqu'il ne se perd pas dans les espaces du rêve céleste, il arrive vite à la satiété, et l'âme passionnée retombe alors dans un désespoir convulsif ou dans une noire tristesse, qui finit trop souvent par le suicide.

Les livres de George Sand nous ont retracé de ces douleurs; il y a eu de grands déchirements dans ce cœur de femme. Il est permis de parler de sa vie intime, puisque les tribunaux nous ont révélé ses infortunes domestiques. Malheureuse dans son mariage, madame Dudevent, froissée par une société hypocrite et corrompue, a gardé long-temps dans son sein des souffrances indicibles; puis est venu un moment où elle s'est levée contre ce monde qui l'accablait : elle a voulu lui arracher son masque, et le forcer au silence en lui montrant qui il insultait. Il y a eu dans cette révolte contre le mariage une audace et une énergie terribles. C'était un cœur broyé qui se soulageait par la colère et par les larmes ; ses cris retentirent dans la France. Beaucoup se passionnèrent contre elle ; mais un grand nombre, séduits par la magie de son style et par la puissance d'une souffrance réelle, se nourrirent de sa parole et l'admirèrent avec enthousiasme.

Nous ne nous passionnerons jamais que contre le méchant qui fait le mal avec un froid calcul ; quant aux âmes torturées par la vie, quelle que soit d'ailleurs l'imprudence de leur parole, elles trouveront toujours dans notre cœur une profonde pitié. Nous avons aimé George Sand dès l'apparition de son premier livre : *Indiana*, pauvre frêle créature, créole nerveuse et toute sensitive, se repliant comme la fleur de ce nom au moindre souffle d'un brutal positivisme. Indiana est sans cesse froissée par cet homme de guerre, rude et ignorant des choses de l'âme, ne concevant dans l'homme que les besoins de l'animal, du noble coursier tout au plus qui hennit d'orgueil au bruit du canon ; infortunée que son imagination trompe, elle échappe à la morne tristesse du lien conjugal pour aller se jeter dans les bras de qui ? de la plus misérable espèce d'hommes, du fat du grand monde, forme élégante qui ne recouvre le plus souvent que le vide, l'égoïsme le plus abject, le dédain de la brute pour l'intelligence, du vice pour la vertu. Indiana serait morte à la peine si elle n'avait pas rencontré l'âme silencieuse et grande de son amant inconnu, caractère vraiment noble qui se rencontre encore sur la terre, Dieu merci.

Au milieu de cette foule de romans sans style et sans pensée dont nous inondent les manufactures parisiennes, le public distingua cette œuvre. La critique (car il y avait une critique alors) attira l'attention sur cette création touchante ; enfin on était encore ému des douleurs d'*Indiana*, lorsque parut sa ravissante sœur, *Valentine*. Ce roman est, selon nous, très supérieur au premier. Il renferme des scènes admirables, et la plus frappante peut-être est celle de la pêche, où Bénédict est là au milieu des cœurs palpitants de ces trois femmes qui l'aiment. Valentine n'est pas une brune créole à l'œil noir ; c'est une blonde et aristocratique jeune fille de France, mais dont le cœur renferme bien des flammes. La société ne livre pas celle-ci à un vieux militaire au commandement âpre, mais à un jeune diplomate usé et desséché dans les ruses mesquines ; il épouse la dot de Valentine pour éteindre des dettes qui inquiètent son avenir. La pauvre noble fille aime de toutes les forces de son âme un homme du peuple, Bénédict, qui chante le soir dans les solitudes de la campagne avec sa voix vibrante et passionnée, et qui frémit comme un enfant à l'aspect de sa gracieuse maîtresse. Comme tout est bien dessiné dans ce livre ! Cette famille de paysans enrichis ; cette Louise si malheureuse et si admirable ; cette vieille douairière vaniteuse et égrillarde. Et quel sentiment de la nature ! Les riants et beaux paysages que ces chemins creux du Berri ! quelles suaves descriptions ! Que j'aime ces deux amants, l'homme du peuple et la noble demoiselle, égarés tous deux dans le silence de la nuit à travers les champs et les bois !

Dans ses deux premiers ouvrages George Sand a peint de belles natures de femmes martyrisées par la brutalité et la sécheresse des hommes. Dans *Jacques* au contraire, la noblesse est à l'homme, la plus insignifiante nullité à la femme. Fernande est une jeune enfant qui a pour tout charme sa jeunesse gracieuse et rose ; quant à son âme, elle est à peine apercevable, elle est comme si elle n'était pas. Aussi sacrifie-t-elle le cœur si fier et si exalté de son époux au plus triste des amants, à un jeune homme sans portée, qui n'a pour lui que vingt ans et le talent assez vulgaire de jouer quelques airs sur une flûte. Cet amour de Fernande et d'Octave a quelque chose de puéril, il agrandit encore le caractère sombre de Jacques, qui a impressionné une foule de jeunes têtes. Pour moi, Jacques est un peu guindé et devient fou au dénouement. Il n'a manqué à cet homme que l'idée religieuse. J'ai toujours pensé que les âmes ardentes pour lesquelles ne rayonne aucune lueur de foi, devaient être violemment entraînées vers le suicide.

Lorsque *Jacques* fut publié, il ne fut plus permis de douter du but de George Sand ; elle fut accusée formellement d'avoir attaqué le mariage. On le lui répéta tant de fois et si long-temps qu'elle se crut obligée de répondre, et dans une lettre à M. Nisard, elle déclara qu'elle respectait de toute son âme le mariage prêché par Jésus et saint Paul, et qu'elle n'avait maudit que le mariage de nos jours, détourné des voies saintes et rationnelles.

Et qui donc, mon Dieu ! se lèvera pour défendre le mariage tel que nous le voyons généralement dans la société française ? Depuis que les yeux se sont baissés de honte à l'aspect du ciel, depuis que les cœurs gangrenés ont oublié Dieu, les hommes se sont attachés à l'or comme à la source des seuls biens qu'ils puissent comprendre, et que comprendraient comme eux les animaux qui mangent l'avoine dans les écuries de leurs hôtels. Amour, sympathies d'idées et de goûts, tous les liens moraux ont excité le rire stupide des jeunes financiers de cette époque. La forme physique elle-même commence à devenir sans charme pour eux ; la beauté renferme une volupté qui échappe à leurs sens grossiers. Généralement nos hommes riches épouseraient non seulement une imbécile, mais une femme hideuse, pourvu que son trésor fût plus lourd que le leur. En face d'une misère morale si dégoûtante, comment voulez-vous que les âmes poétiques ne se révoltent pas, qu'elles ne jettent pas un cri d'horreur à une société qui appelle *ordre* cette monstruosité odieuse ? Quelle dérision de voir le prêtre du

Christ, du Dieu qui a réhabilité l'âme humaine, consacrer cet ignoble trafic !

Si le mariage était encore conforme à l'institution de Jésus, les poëtes le respecteraient. Non que je veuille soutenir que ce saint mariage lui-même satisferait les âmes brûlantes et orageuses comme celle de George Sand. Il est ainsi des êtres d'exception, impatients de toute uniformité, de toute habitude. La foi religieuse parvient quelquefois à les refréner et à les assouvir.

Entre *Valentine* et *Jacques* parut un poëme qui est l'œuvre la plus forte de George Sand aux yeux des esprits élevés. *Lélia*, abandonnée de la plèbe des lecteurs des cabinets de lecture, maudite par la critique quotidienne qui se fit prude ce jour-là, restera comme un monument grandiose et désordonné, dont beaucoup de parties sont d'un magnifique style.

Lélia est un symbole du scepticisme de la société actuelle ; ce sont des âmes ardentes et sans foi qui se ruent dans toutes les expériences pour trouver la vie et ne rencontrent que la mort. C'est le grand duel du spiritualisme et du sensualisme, de l'âme et du corps. Sans doute on peut remarquer dans ce poëme une nudité antique et quelquefois une hardiesse d'investigation qui surprend sous la plume d'une femme. Mais ce n'est pas ce qui a révolté le plus nos austères feuilletonistes, c'est le profond dédain de Lélia pour les joies sensuelles et son impuissance à les sentir. Nous n'avons jamais compris cette indignation ridicule. Lélia est surtout grande par là : vivant habituellement dans les régions spiritualistes, elle domine ainsi ses semblables emprisonnés dans les attaches matérielles. Lélia écrase son amant, parce qu'elle voit en pitié les tortures de son cœur. Le pauvre enfant croit qu'il trouverait le bonheur dans la possession de celle qu'il aime ; elle sourit à cette illusion puérile, elle qui a passé à travers ce monde de l'amour humain et en a reconnu le vide, elle qui vit aujourd'hui de ses idées, de la contemplation de Dieu et de la nature, elle qui parle de l'amour comme saint Augustin et Fénelon.

Singulier aveuglement de la critique (si toutefois quelque chose pouvait étonner de la part de cette frivole et fantasque divinité)! Elle ne s'est pas révoltée contre cette Pulchérie, courtisane du monde antique qui étale à plaisir ses théories de l'amour matériel, niant l'âme, et rapportant tout le bonheur de l'être humain à la sensation. Celle-là ne lui a pas paru un monstre, probablement parce qu'elle a rencontré dans notre société des femmes de cette nature infime qui sont la honte de leur sexe ; mais Lélia, la grande Lélia qui rêve la vie du ciel, la critique ne l'a pas comprise, et elle lui a dit : Tu es un monstre. Sans doute Lélia est loin encore de la beauté idéale de la femme chrétienne, et l'histoire de la religion offre des types qui abaissent l'héroïne de George Sand ; mais de combien l'emporte-t-elle sur toutes ces femmes machines qui vivent dans les œuvres poétiques de cette époque, femmes qui, pour la plupart, n'ont que des formes recouvertes d'éblouissantes gazes, mais dont l'âme est engourdie et dégénérée. L'ami de Lélia, l'autre caractère audacieux du livre, ce Tremnor qui a trouvé la vertu au bagne, et dont George Sand a ri elle-même dans une des ravissantes *Lettres du voyageur*, est un souvenir du stoïcisme de la Grèce et de Rome. L'auteur ne pouvait rien créer de plus élevé en restant en dehors du christianisme. Pour ceux qui sont habitués à contempler la grandeur simple de Vincent de Paul et de Fénelon, Tremnor est un peu guindé et théâtral ; mais cependant les *Lettres d'un voyageur* ont été bien sévères à son égard.

C'est dans *Lélia* que se développe le plus largement la puissance poétique de George Sand. Peu d'écrivains français ont senti comme elle les rapports mystérieux de la nature avec l'âme de l'homme. L'air tiède et transparent de l'Italie circule dans ce poëme. Quelle est belle cette nuit où la barque qui porte Stenio, Lélia et Tremnor glisse sur les eaux, aux clartés mélancoliques des étoiles ! Comme l'auteur comprend le désert, l'orage des montagnes, la sombre horreur d'un cloître en ruines ! Ses propres malheurs et le sentiment de la nature sont les grands inspirateurs de George Sand.

Quel que soit le chaos moral du poëme de *Lélia*, il a un côté bienfaisant, c'est cette glorification du spiritualisme, ce dédain qui frappe les plaisirs sensuels et fait ressortir leur néant. Tout se trouve dans ce livre : panthéisme, matérialisme, spiritualisme, Dieu et le néant, la vie et la mort; tout s'y mêle et se confond; c'est souvent un cauchemar qui torture, mais c'est une œuvre forte et sombre, l'œuvre d'un homme de génie, dans l'âme duquel la foi ne répand pas ses sérénités; une œuvre qui peut se résumer en deux mots : doute et souffrances !

George Sand est l'écrivain français qui doit le plus à Byron, du moins c'est celui qui a le plus de rapports avec le chantre de *Manfred*. L'auteur de *Lélia* a-t-il profondément étudié le grand poëte de l'Angleterre, ou est-ce seulement une conformité naturelle qui existe entre eux? Je ne sais. Je remarque en passant et sans y attacher d'importance que tous deux ont été malheureux par le mariage, que tous deux ont en vain cherché le bonheur dans l'ordre, et que les douleurs de ces âmes peuvent avoir plus d'une source commune. Le caractère de *Leone Leoni* est une création toute byronnienne : crime et puissance, redouté et adoré, n'est-ce pas Conrad, n'est-ce pas le type de Byron? Dans ce livre encore, l'Italie qui a tant impressionné l'âme de George Sand, respire avec toutes les joies de son ciel.

Il faut marquer ici la fin de la grande phase poétique de l'auteur de *Lélia*. Cette partie de son œuvre qui a remué les imaginations françaises a été, pour ainsi parler, écrite avec le sang du poëte;

il l'a tirée de ses entrailles, et sa voix douloureuse a ému bien des cœurs. Depuis, George Sand a été plus un poëte ordinaire, réfléchissant les souffrances des autres ; son gémissement interne avait cessé, cette âme était moins oppressée, elle avait la force de plaindre ses semblables.

André a fait une grande fortune parmi les lecteurs de romans. Là, rien ne fatiguait ces imaginations peu habituées aux hautes régions de la belle poésie. Il y a dans ce roman beaucoup d'observation et de grâce. Que de charme l'auteur a su répandre sur les fleurs artificielles de la douce Geneviève ! Le caractère défaillant du pauvre André est bien moins rare chez les hommes qu'on ne le croit généralement. Geneviève est une des plus charmantes femmes que madame Sand ait peintes ; elle a sous cette enveloppe si suave la véritable force qui convient à la femme. Henriette est une ravissante grisette merveilleusement dessinée ; nous avons tous connu le vieux gentilhomme campagnard, le père d'André, si orgueilleux de son rang et de l'étendue de ses terres.

J'ai omis de parler du *Secrétaire intime*, œuvre sans force que l'on ne croirait pas sortie de la plume de George Sand ; *Simon* serait vanté peut-être s'il n'était pas écrasé par ses aînés. Dans quelques *nouvelles* destinées aux Revues, George Sand a semé beaucoup de poésie et de passion ; la plus belle selon nous est *la Marquise*. Mais nous sommes dans un mauvais moment pour juger des *nou-*

velles, car nous les détestons de toute notre âme. La presse quotidienne en fait depuis quelques mois un abus scandaleux. Est-ce que la France ne peut plus s'intéresser aux belles théories de l'art? Les journaux, en remplissant leurs colonnes de petits contes généralement dénués de poésie, manquent à un devoir rigoureux envers les écrivains, qui ont besoin de leurs éloges et même de leurs injures. Si la poésie véritable pouvait mourir, elle tomberait anéantie par le silence de la critique. Avec cette ridicule manie d'endormir le public par ces pauvres nouvelles où il s'agit toujours de savoir si l'héroïne se mariera ou restera célibataire, les journaux, au lieu de propager le goût des arts, se font les auxiliaires de la barbarie, et traitent les Français comme des enfants au berceau. En vérité, c'est à hébéter la nation la plus spirituelle du monde, ainsi que nous nous appelons nous-mêmes.

Sans approcher des œuvres qui ont fondé la renommée de George Sand, *Mauprat* est un récit plein d'intérêt qui eût été très remarqué sous une autre plume. Edmée a toute la force et la dignité de la femme chrétienne. Quant aux *Maîtres mosaïstes*, malgré le charme de quelques détails, c'est languissant, et je ne conçois guère pourquoi George Sand a consacré son talent à cette peinture. Quelque souvenir de Venise sans doute, peut-être quelque vieux livre trouvé dans l'atelier d'un peintre.

La dernière Aldini offre de gracieux tableaux, de fantasques caprices de femme, mais elle ne ré-

vèle rien de nouveau sur le magnifique talent dont
nous avons cherché à saisir le secret. Je préfère
m'arrêter sur les *Lettres d'un voyageur*, si rem-
plies de variété, de grande poésie, de fantaisies errantes, de folies de jeune homme, de douleurs
amères, de riantes pensées ; livre écrit sans plan,
suivant les fugaces impressions d'une imagination
ardente et mobile. En lisant ces révélations intimes, on est reporté vers la jeunesse de l'auteur, au
temps où, douce jeune fille de quinze ans, elle ai-
mait à se laisser entraîner par un cheval rapide à
travers les campagnes silencieuses du Berry, qu'elle
devait plus tard célébrer dans son style magique.
On reconnaît la femme étrange qui, vêtue comme
nous, se mêle en camarade aux artistes et aux poëtes, aimant à se faire appeler de son nom de George,
et jetant des mots spirituels et insoucieux entre
deux nuages de sa cigarette. Cette femme, qui a
éprouvé tant d'âpres souffrances d'imagination et
de cœur, sourit comme un enfant à l'aspect d'une
fleur ou d'un papillon. Au milieu de toutes ces gracieuses frivolités, il y a des retours pleins d'amertume et de profondeur sur le néant de la vie humaine, sur la fuite de nos plus chères illusions,
sur l'amour, sur les tortures du poëte dans le monde
réel. George Sand a montré ce cœur tout saignant
sous les coups des hommes grossiers ; et elle n'a
jamais été plus éloquente qu'à cette occasion. Oh!
oui! le poëte porte une croix lourde au milieu d'une
société corrompue qui n'a plus que des amours

matériels. Heureusement il existe entre son âme et
la nature, entre lui et Dieu, de saints rapports qui
le consolent et le soutiennent. Une voix mystérieuse chante en lui; elle lui dit que ce monde
d'apparences disparaîtra, et que le poëte sera compris dans la cité divine; et le pauvre exilé, fatigué
de la voix rauque des hommes, écoute celle des
mers qui gémissent sur les rivages, les plaintes
du vent dans les forêts, les bruits étonnants des
montagnes. Si le sein de l'homme lui est fermé,
la nature pleure avec lui, et il y a dans sa commisération un charme inconnu des âmes vulgaires.

Quel sera l'avenir de l'auteur de *Lélia?* Ce magnifique talent ne sera-t-il que l'écho affaibli de ses
premiers accents, ou se régénérera-t-il dans une
transformation de pensée? George Sand, espérons-
le, comprendra bientôt le but social de l'art. Elle
a trop d'élévation pour embrasser ces théories er-
ronées qui ont fait tant de bruit de nos jours, que
l'art est lui-même son but; que lorsqu'il est parvenu à émouvoir, il serait déraisonnable de lui demander rien de plus. Elle rejettera loin d'elle ces
mensonges; elle verra que le poëte ne doit pas remplir la terre de ses douleurs et de ses plaintes dans
le seul désir d'en soulager son cœur; que sa mission glorieuse est de rapprocher l'homme de Dieu.
Elle se rappellera quelques beaux fragments de ses
Lettres à Marcie qu'elle écrivit dans un moment
de force et de résignation sainte, et ces mots qui
doivent être notre devise à tous, rayonneront à

ses regards : « Le beau est la splendeur du vrai ! »

O poëte ! des hommes t'ont maudit parce que tu as ouvert à leurs yeux l'abîme de ton âme ; ils ont reculé devant tes doutes et tes souffrances ; et moi je dis que ton âme n'est pas une des plus malades de ce siècle, car le feu sacré de l'enthousiasme l'échauffe et l'inspire, car elle voit Dieu à travers ses sublimes contemplations de la nature, car elle peut sentir la profonde et divine pitié de ce cœur d'où tombèrent ces paroles : Venez à moi vous tous qui souffrez. O Sand, je te dirai comme Lamartine au grand poëte de l'Angleterre :

> Ah ! si du sein profond des ombres éternelles,
> Comme un ange tombé tu secouais tes ailes,
> Et, prenant vers le jour un lumineux essor,
> Parmi les chœurs sacrés tu t'asseyais encor;
> Jamais, jamais l'écho de la céleste voûte,
> Jamais ces harpes d'or que Dieu lui-même écoute,
> Jamais des séraphins les chœurs mélodieux
> De plus divins accords n'auraient ravi les cieux !

Je te bénis, ô poëte, car quels que soient les égarements de ta pensée, il y a dans les merveilleux accents de toute poésie exquise une rosée qui rafraîchit l'âme, une flamme qui l'épure et l'élève, une force qui l'arrache à la terre, et la prosterne tremblante devant Dieu !

J'ai cité les noms qui sont à la tête du roman aujourd'hui en France. Bien d'autres encore ont attiré sur eux l'attention du public. M. Jules Janin, le feuilletoniste célèbre, a donné dans *l'Âne mort,*

que je considère comme le plus remarquable de
ses livres, une suite d'articles de journaux étince-
lants d'esprit et de verve ; c'est là le mérite que
présentent ses autres productions : M. Janin est né
journaliste. Michel Raymond, cet être multiple
d'où sont sortis plusieurs romanciers assez en vogue, est l'auteur du *Maçon* et des *Intimes* : les écrivains qui se cachaient sous ce pseudonyme n'ont
pas retrouvé depuis la puissance dramatique qui
avait ému les lecteurs de ces deux premiers ouvrages. Les *Essais sur les mœurs du peuple*, que
nous devons à M. Michel Masson, ne sont pas assez
dominés par l'idée philosophique qui ressort du
christianisme ; d'ailleurs, sans contester l'énergie
de quelques uns de ses écrits, nous pensons que
son style n'a pas l'élégance à laquelle nous ont habitués les maîtres du genre.

Un homme qui occupe un rang élevé dans la
poésie et la critique, M. Sainte-Beuve, nous a
donné un livre qui figurerait mieux parmi les ouvrages de pure philosophie morale que parmi les
œuvres d'imagination.

Ce qui fait de *Volupté* un beau livre, ce n'est pas
l'intrigue, le drame du roman. Tous ces person-
nages agissent peu ; l'imagination ne retient aucune
grande scène, si ce n'est la mort de madame de
Couaen, épisode d'une admirable et religieuse tristesse, qui vous impressionne comme un événement
de la vie réelle. Tout se ressent un peu de l'irréso-
lution d'Amaury ; le combat n'est pas assez acharné ;

on ne tremble jamais pour la vertu des héroïnes ;
la lutte est tout intime, toute de l'âme ; peu de
chose se manifeste au dehors. Cette conspiration
politique que l'auteur traîne après lui n'offre aucun intérêt. On voit que l'écrivain s'est peu occupé
de la marche des événements extérieurs ; son étude
était ailleurs.

Volupté est une œuvre de haute poésie psychologique, une œuvre qui tranche vivement sur le
fond de la littérature actuelle. Amaury a été peu
torturé par la science sceptique de son temps ; ce
n'est pas l'intelligence qui est malade chez lui,
c'est le cœur et les sens. L'amour des femmes a été
la grande affaire de sa vie, et la volupté a énervé
en lui toute volonté ; elle a failli tuer l'amour, ce
sentiment exquis que le vulgaire prend pour l'assou-
vissement des passions sensuelles. Jamais Amaury
n'a aimé une femme, il n'en avait plus l'énergie,
et le petit nombre d'hommes qui ont connu une
passion profonde seront tous de mon avis. Aussi
quand le dégoût lui présente son fade breuvage ;
quand Amaury se réveille, il faut voir dans quelles
incertitudes il continue à s'égarer ; comme ses
meilleures résolutions se changent le lendemain en
chutes ignobles. Toutes ces guerres intestines du
cœur sont analysées d'un coup d'œil sûr et patient.
C'est un grand médecin de l'âme que celui qui a
tracé toutes les phases de cette lente maladie qui
finit par l'amour de Dieu et le sacerdoce. Avec quel
charme Amaury, échappé à son esclavage sensuel,

retrace les occupations pieuses de chaque heure de sa vie religieuse ! Cette quiétude d'une âme à peine arrachée aux plaisirs qui tuent ; ses reproches, comme s'il craignait que Dieu lui eût trop tôt donné la paix ; ce sentiment profond de l'expiation par la souffrance ; cette prière continuelle, ces récréations d'enfant ; toute cette peinture de la vie du séminaire semble si vraie, si réelle, que l'on est tenté de croire qu'elle est une confidence de quelque jeune et belle âme de prêtre, telle que nous avons eu le bonheur d'en entrevoir plusieurs. On sent que l'auteur s'est arrêté là avec amour ; c'était sans doute le souvenir d'une vive amitié, ou de quelques heures passées peut-être dans une maison sainte, en sortant des bruits de la vie du monde, heures qui laissent dans l'âme une trace, hélas ! trop souvent passagère, mais vers lesquelles on revient toutes les fois qu'on se sent malade et désorienté sur cette terre.

Les défauts du style de *Volupté* sont l'obscurité et la prétention, la recherche des images et des comparaisons souvent peu naturelles. M. Sainte-Beuve n'est pas appelé au genre du roman, car il n'entend pas l'arrangement des scènes ; il est inhabile à l'action.

Ces effets de la volupté sur l'âme ont inspiré M. de Musset dans la *Confession d'un enfant du siècle*. L'auteur, si énergique dans quelques parties de ses *Contes d'Espagne*, si fin et si délicat dans plusieurs de ses petits drames, a retrouvé ici sa première manière. Il y a dans la *Confession d'un enfant du siècle* des pages pleines de force, un sentiment bien amer du dégoût des jouissances matérielles ; mais M. de Musset n'a pu s'élever à la connaissance de cette âme de femme chrétienne, qu'il a prétendu peindre. C'est un monde qu'il a peu pénétré, croyons-nous. M. de Balzac en a plus approché dans son remarquable roman du *Lys dans la vallée*.

Il est impossible que nous n'inscrivions pas ici un nom que *toute langue prononce*, que les divers idiomes de l'Europe reproduisent à l'envi, un nom cité mille fois le jour depuis l'antichambre et l'échoppe jusqu'au salon de la grande dame, car la grande dame lit cet écrivain et ne l'avoue qu'en rougissant. Les hommes littéraires le dédaignent parce qu'il lui arrive de faire des fautes de français ; mais le libraire le vend, et malheureusement des œuvres *littéraires* encombrent trop souvent ses magasins. Paul de Kock est une puissance incontestable, qui est appuyée sur la gaieté, sur la vérité de ses caricatures, et aussi sur la grossière sensualité de quelques pages de ses romans. Personne n'a peint la bêtise avec plus de bonheur, personne n'a étudié mieux que lui les manières et les ridicules de la petite bourgeoisie. La vérité de ses observations, quoiqu'elles aient presque toujours pour objet des actions et des individus assez insignifiants, est si frappante qu'elle suffit à la vogue de cet auteur ; il est peut-être le seul qui sache faire rire la France depuis vingt ans. Il a hérité en cela du talent de Pigault-Lebrun, qui écrivait un peu mieux que lui peut-être, mais dont l'œuvre est déparée par plus d'obscénité encore, et surtout par de plates diatribes contre la religion, dont le romancier moderne est exempt. Ces qualités expliquent suffisamment la vogue de Paul de Kock, surtout dans les parties peu lettrées du public, qui ne s'occupent pas des fautes de langue et des questions de style.

Les noms m'arrivent en foule à mesure que j'avance dans ce chapitre. M. Saintine est spirituel et souvent élégant ; mais il manque de force. *Le Mutilé*, sujet dramatique effrayant, pèche par la mollesse du style. *Picciola* a de la grâce, mais c'est trop long. L'Académie française, sans penser beaucoup à ce qu'elle faisait peut-être, lui a donné un prix Monthyon, comme à un livre très utile aux mœurs. *Picciola* n'est ni utile ni nuisible aux mœurs.

M. de Stendhal, pseudonyme sous lequel *Rouge et noir* a été publié, n'a produit qu'un roman ; mais il est singulièrement remarquable par la profondeur des observations et la contexture nerveuse de l'ensemble. Le dénouement me semble à blâmer et ne pas répondre au reste de l'œuvre ; mais quelle science de la vie ! quelles peintures de la haute société parisienne et de cet égoïsme brillant qui la ronge ! Non que je vante l'effet moral du livre ; il désenchante de la terre sans repor-

ter l'âme vers les consolations plus hautes; il enseigne que ce que nous prenons pour de la noblesse n'est qu'un semblant trompeur qui couvre
l'intérêt le plus sordide ; qu'il ne faut pas se laisser aller aux instincts de son cœur, mais calculer
chaque parole, chaque acte de sa vie. Le danger
est énorme ; c'est dessécher tout penchant généreux au fond de nous-même. *Rouge et noir* est bien
plus l'œuvre d'un philosophe que d'un poëte.

M. Émile Souvestre, lui aussi, est plus philosophe
que poëte ; mais il a tout une autre tendance que
M. de Stendhal. Celui-ci semble chercher à éteindre ce que les hommes positifs appellent des illusions ; il jette sur les ruines du monde moral un
regard sec et moqueur ; M. Émile Souvestre, au
contraire, souffre des maux de l'humanité ; il a des
entrailles, il craint et il espère. Son beau livre, *les
Derniers Bretons*, est une peinture savante et colorée de la poétique province qui l'a vu naître.
L'Échelle des femmes et *Riche et Pauvre* l'ont
classé parmi nos romanciers remarquables. M. Émile
Souvestre pense noblement et écrit de même ; il a
toutes nos sympathies pour les classes souffrantes,
et des vues que nous partageons sur l'avenir qui
les attend. Nous n'assurerons pas encore que le
roman soit la véritable voie de cet écrivain ; peut-
être les ouvrages de philosophie sociale dépouillés
de toute forme dramatique seraient plus dans sa
nature. Il y aurait bien des objections à faire sur
Riche et Pauvre ; mais dans l'ensemble c'est un li-

vre qui révèle un observateur distingué, une âme
élevée et sympathique, un moraliste éminent. Ce
qui manque le plus à *Riche et Pauvre*, selon nous,
c'est la poésie. La pensée de l'auteur est trop des
sinée, trop arrêtée ; la poésie a quelque chose de
flottant et de vague, quelque chose comme les nuages du ciel et les flots de la mer.

M. Hippolyte Lucas a de la grâce et de l'observation. J'allais oublier M. Alphonse Karr dans cette
nomenclature, cependant il a occupé le public et
il mérite cette distinction sous plusieurs rapports ;
il a eu de la passion, il a de l'esprit et de la
naïveté, et souvent une réalité rare dans les portraits. Il nous semble chercher à imiter Sterne dans
l'originalité de ses titres ; nous n'aimons pas beaucoup l'imitation de l'originalité. Quoi qu'il en soit,
il est impossible de ne pas reconnaître les qualités
individuelles du talent de M. Alphonse Karr.
M. Alexandre Dumas nous a donné plusieurs romans où l'on retrouve ses beautés et ses défauts
ordinaires. Le *Capitaine Paul* est un terrible
drame. Parmi les romanciers nouveaux, M. de
Bernard débute d'une manière brillante.

Nous n'avons pas la prétention de nommer tout
le monde. Comment se fait-il que nous n'ayons pas
encore prononcé le nom de M. Charles Nodier, le
naïf et spirituel conteur auquel nous devons le délicieux petit poëme de *Trilby*, et tant d'autres nouvelles remarquables? M. de Sénancour a peint dans
Obermann un caractère étrange, et malheureuse-

ment commun dans notre époque. Ce livre, d'une lecture fatigante, est une de ces œuvres produites par de longues et silencieuses souffrances, qui restent dans le cœur des hommes graves comme une leçon terrible, et dans celui des poëtes comme une intarissable source de rêverie.

Mesdames H. Arnaud, Waldor, Dupin, Girardin, se font remarquer par l'esprit, par la grâce, par la sensibilité; mademoiselle Clémence Robert nous a donné dans *Une famille s'il vous plaît* un livre dont on peut blâmer la donnée et l'enchaînement, mais où les poëtes remarqueront des détails d'une ravissante poésie, des accents d'une mélancolie profonde.

Il faut finir, les noms se pressent ici comme les épis dans un champ de blé. Le roman a-t-il répondu dans notre siècle à ce que la société a le droit d'attendre de lui? Non, certes. Nous en sommes réduits à féliciter les écrivains lorsqu'ils ne font pas le mal; il faut plus, il faut qu'ils fassent le bien. Quelques tentatives ont eu lieu sans éclat pour ramener cette branche populaire de la littérature aux seules idées morales qui puissent avoir de l'influence sur les peuples, aux idées évangéliques. C'est là que doivent tendre tous les écrivains qui aiment leurs semblables. Assez de désespoir, de passions atroces et sans frein, assez d'opprobre jeté à la figure des hommes; vous avez sali toutes les imaginations, désenchanté les cœurs, éteint jusqu'aux dernières lueurs d'espérance. Ce n'est pas notre faute, dites-vous, nous peignons la société telle que nous la voyons. Sans doute il y a malheureusement bien de la vérité dans vos tableaux ; mais je vous dirai aussi, moi, du haut de mon expérience : Vous ne voyez pas tout ; cette société si gangrenée renferme de nobles âmes que vous semblez avoir peur de nous montrer, parce qu'elles nous consoleraient de l'aspect de ce cloaque impur. Que prétendez-vous en parlant sans cesse à l'homme de sa bassesse et de ses vices ? Ne le trouvez-vous pas assez corrompu ainsi ? Encore si vous aviez horreur de cette honte, si vous la peigniez pour la faire haïr ; mais non, le plus souvent, pour vous, c'est un simple spectacle qui charme votre ennui ; heureux le lecteur lorsque vous ne faites pas du criminel un héros doué d'une irrésistible puissance qui fascine par son regard et enchante par son langage. En ceci, vous n'êtes que l'écho affaibli du grand poëte anglais qui a tant échauffé les imaginations dans ce siècle ; génie poétique immortel, mais esprit malade, tourmenté par un scepticisme passionné ; homme d'une éducation détestable reçue au milieu des orgies, d'un indomptable orgueil, d'une instruction religieuse presque nulle.

Il faut aimer ses semblables ; la misanthropie n'a jamais produit un véritable grand homme. Le génie dans toute l'étendue de son acception n'est pas une puissance destructive ; *génie* veut dire *création*. Créer dans le monde moral, c'est améliorer le sort de l'espèce, la moraliser. La parole de Jésus a créé un nouveau monde intellectuel et religieux; c'est en se pénétrant de cette doctrine de Dieu que l'homme peut être grand parmi les hommes.

Nous ne sommes pas des missionnaires, dites-vous; l'art a ses lois à lui; ne nous demandez pas ce que nous ne pouvons pas donner sous peine d'ennuyer nos lecteurs. Raisons d'enfant que nous ne saurions admettre. Nous croyez-vous assez naïf pour vous conseiller d'écrire des livres ennuyeux? Nous savons parfaitement que l'ennui n'a jamais fait de prosélytes. Loin donc de bannir de l'art les ravissantes fantaisies qui en font le charme, nous vous recommandons le plaisir; voilez seulement dans la peinture ce qui est voilé dans la réalité; abordez la vie telle qu'elle est, nous ne vous demandons point de tableaux sans vérité. Voyez si les livres saints reculent devant l'expression des vices de l'homme; seulement au lieu de les faire aimer, faites-les haïr, là est tout le secret. Ne cherchez pas à éteindre cette idée profondément vraie, qu'il n'y a pas de bonheur humain pour l'âme qui repousse la voix sacrée de la conscience.

CRITIQUE.

XI

Avant de dire ce que devrait être la critique,
nous allons donner un aperçu de ce qu'elle est en
France depuis 1815. M. Villemain a eu une grande
influence littéraire sur la jeunesse parisienne, quoique par son style il soit demeuré étranger aux qualités et aux défauts de l'école appelée long-temps
romantique. Des membres de cette école ont conservé de ses cours un souvenir très flatteur. Ils le
vantent, ils le caressent, si j'ose le dire ; c'est pour
eux une admiration des jours enthousiastes de
l'aurore de la vie. D'ailleurs M. Villemain est dans
une mauvaise position pour entendre la vérité ; il
exerce trop de pouvoir aujourd'hui dans l'univer-
sité comme à l'Académie française ; un éloge qui
lui est adressé a souvent l'air d'une pétition. Chez
les hommes qui ne prétendent à aucune faveur, il
pourrait y avoir réaction injuste, et disposition à
rechercher les défauts de l'écrivain plutôt que ses

qualités; chez ceux qui sollicitent des faveurs et n'en obtiennent pas, cette réaction dont je viens de parler est presque inévitable, à moins d'un caractère élevé et fort.

Nous voudrions apprécier ici la valeur réelle des écrits de M. Villemain dépouillée du charme de sa parole; nous voudrions nous isoler, ne pas entendre le murmure d'approbation qui le suit aux rives de la Seine. C'est ce que nous avons essayé de faire pour bien d'autres; avec quel succès? En vérité, nous ne savons qu'en penser encore.

Les leçons de M. Villemain embrassent le moyen âge et le XVIIIe siècle. Sa critique ne se traîne pas comme celle de La Harpe dans l'ornière du grammairien; il n'est pas, comme l'auteur du *Lycée*, une sorte de vérificateur des codes littéraires d'Aristote, versifiés par Horace et Despréaux. Avec son tact si fin, il a parfaitement senti qu'une époque remuée comme la nôtre par les bouleversements politiques, ne pouvait se contenter de ces discussions de professeurs d'athénées. Aussi chez lui se rencontre l'alliance de la politique et de l'art; il recherche quelles ont été les influences d'une époque sur l'écrivain; il a une compréhension, pas assez profonde peut-être, mais claire et spirituelle, du génie des grands hommes. Il ne s'arrête pas assez long-temps devant les figures qui dominent l'humanité; il ne s'occupe pas assez de les étudier sous toutes leurs faces. Ce qu'il voit, il l'exprime avec esprit et limpidité, mais jamais il ne laisse tomber de ces mots qui étonnent ou saisissent. C'est de la raison et de la grâce, mais ce n'est pas de l'enthousiasme, de l'éloquence mâle et entraînante. Sans aucun doute cette critique convenait merveilleusement aux dernières années de la restauration, parce qu'elle était une transition brillante de la critique pâle et froide du xviiie siècle à la critique de l'avenir. Mais déjà aujourd'hui on sent que le monde a marché depuis le cours de M. Villemain. Son style représente parfaitement ce que quelques hommes appellent *la belle langue française*. Ces mots signifient le langage parlé avant la venue de Chateaubriand, de Lamartine, de Staël, de Victor Hugo et de George Sand. De là vient peut-être qu'il émeut assez peu une grande partie de la génération nouvelle.

Ses jugements sur le xviiie siècle tiennent le milieu entre les naïvetés admiratives de quelques fanatiques de la philosophie d'alors, et la colère aveugle de quelques adeptes de l'école catholique moderne. Il n'y a pas d'époque plus difficile à apprécier au milieu du conflit d'idées de nos jours. M. Villemain voit très bien la grande mission du xviiie siècle dans l'ordre politique, qui était de terminer le moyen âge, et de préparer la société nouvelle annoncée par tous les penseurs de cette époque; mais il ne voit pas assez l'erreur profonde de quelques uns des coryphées du philosophisme qui ont broyé l'autel sur les abus qu'ils voulaient justement combattre. Quoi que fasse M. Villemain pour être impartial, il est un peu encore sous le prisme des hommes qu'il juge, il est ébloui de cet éclat à peine éteint. Nous le disons en toute franchise, M. Villemain n'est pas assez religieux pour que ses livres exercent une grande puissance parmi les générations nouvelles. Cette partialité que nous croyons voir en lui relativement au xviiie siècle se retrouve dans bien des parties de son œuvre ; par exemple, en ce qui concerne toute une poésie née de nos jours, et dont Wordsworth est le représentant le plus sublime. Il ne semble pas avoir le sentiment des mystérieuses beautés de cette école ; il ne la comprend pas, parce qu'elle est trop en dehors des habitudes littéraires des deux siècles précédents.

Voilà ce que nous pensons de M. Villemain considéré comme écrivain. Nous n'avons pas eu le bonheur de l'entendre dans sa chaire de professeur ; vers 1828 ses leçons nous parvenaient dans notre solitude bretonne, aux bords des flots de l'Océan. Mais nous ne saurions donner une idée plus nette de M. Villemain orateur, qu'en empruntant un passage de M. Sainte-Beuve, qui le caractérise avec sa manière ordinaire, gracieuse et fine, mais trop étudiée, selon nous.

« M. Villemain, quand il écrit, gagne sans doute en perfection, en poli, en pensée plus nourrie et mieux ménagée, mais il y a quelque chose qu'il n'a plus ; quand il est lui écrivain, il n'est pas, lui orateur. Le dirai-je ? il songe peut-être à trop de per-

sonnes en écrivant; en voulant tout concilier, il se
tient lui-même en échec; il s'émousse à dessein quelquefois. Le vif et le mordant de ce rare esprit, sa
liberté tout entière ne se déploie, ou que dans le
tête à tête, ou que devant tous. Devant tous l'instinct l'emporte, la verve s'en mêle, le mot jaillit.
Dans cette chaire où il monte avec une négligence
qui, pour être extrême, n'est pas disgracieuse, dans
cette chaire où il se courbe, sur laquelle il frappe,
avec un manque apparent de gravité, qui donne le
démenti aux préceptes de Cicéron, et qui brave le
deformitas agendi interdit à l'orateur, écoutez-le!
Sa voix sonore et chantante avec agrément, mélodieuse et sachant les nombres, a dès l'abord tout
racheté. Il se penche, il s'avance des lèvres vers
l'auditoire. Si le premier banc, légèrement reconnu,
ne le préoccupe pas trop, ne le gêne point par
quelques figures peu compatibles et contradictoires, sa parole se lance. Il s'inquiète encore de son
auditoire sans doute, mais c'est de tous alors et
non de quelques uns. Son esprit alerte et souple
donne sur tous les points à la fois de cette demi-
circonférence qui ondule et frémit d'une rumeur
flatteuse autour de lui. Il ne se tient pas serré au
centre, ferme et ramassé en soi, comme Bossuet l'a
dit quelque part de l'abbé de Rancé; non;—il ne
ramène pas à lui impérieusement son auditoire sur
un point principal, autour de la monade *moi*, comme
faisait dans sa manière différemment admirable
M. Cousin. Mais penché au dehors, rayonnant vers

tous , cherchant, demandant alentour le point d'appui et l'aiguillon, questionnant, et pour ainsi dire agaçant à la fois toutes les intelligences, allant, venant, voltigeant sur les flancs et comme aux deux ailes de sa pensée. Quel spectacle amusant et actif, quelle étude délicieuse que de l'entendre ! Quelle révélation, pour qui sait les saisir, sur les secrets de naissance de la pensée littéraire ! Et là où il faut se souvenir, sa mémoire vaste, distincte, actuelle, et qui a un certain tour d'invention, devient un nouvel étonnement. De même que son érudition classique est sans calepin, sa mémoire d'orateur porte tout avec elle ; elle égale, je le parierais, celle d'Hortensius ; elle n'a pas l'air, je vous assure, de se rattacher du tout aux compartiments du plafond, comme Quintilien le raconte de Métrodore. Si le passage de l'auteur à citer ne se trouve pas assez tôt sous sa main, elle le sait tout entier et le récite ; elle est inexorable aussi pour les mauvaises phrases et les citations moqueuses ; dans l'entraînement de la parole, à force de présence d'esprit, elle lui a joué plus d'une malice. Car son irrésistible naturel s'échappe alors ; il a ce que les anciens appelaient les jeux de l'orateur (*dicta sales*), l'anecdote aiguisée, la sortie imprévue, que son masque expressif et spirituel accompagne ; et si la saillie est trop forte, trop hardie (jamais pour le goût), si elle a trop porté, il la ressaisit au vol, il la retire, et elle échappe encore ; et c'est alors une lutte engagée de la vivacité et de la prudence, un miracle de flexibilité et de contours, et de saillies lancées, reprises, rétractées, expliquées toujours au triomphe du sens et de la grâce. »

L'auteur des lignes que nous venons de citer occupe un rang très distingué dans la critique contemporaine. Son premier travail sur la poésie française au xvie siècle sent l'inexpérience, et l'écrivain n'avait pas encore trouvé la physionomie de son style, si je puis m'exprimer ainsi. Les *portraits* qu'il traça quelque temps après de plusieurs de nos grands maîtres, et spécialement celui de Racine, le révélèrent à la France. Depuis cette époque M. Sainte-Beuve n'a pas marché, selon nous. Nous avouons même que ses plus heureuses peintures sont de cette première époque. Cette galerie, publiée sous le titre de *Critiques et portraits*, est souvent pleine de charme.

M. Sainte-Beuve ne pénètre pas très avant dans les profondeurs que les écrivains de l'Allemagne ont découvertes ; il s'occupe assez peu de l'ordre social au milieu duquel a vécu le poëte dont il veut faire connaître la vie ; ce qui le caractérise, c'est sa curiosité des détails de la vie intime, et la manière poétique dont il les présente. Il observe aussi avec une rare sagacité les effets de ces détails sur le talent de l'écrivain. La biographie est la passion de M. Sainte-Beuve. Son genre était à peu près inconnu en France ; c'est un mélange de raison fine et de mélancolie tendre qui a parfois un charme étrange. Ses défauts sont l'obscurité, l'ex-

cès de travail. Byron disait que les poëmes de
Campbell sentaient la lampe ; on pourrait répéter
ce mot à propos des livres de M. Sainte-Beuve. Je
m'imagine que bon nombre de ses pages seraient
supérieures à ce qu'elles sont , s'il leur avait consacré quelques heures de moins. On ne saurait trop
rappeler cette vérité , que dans l'art il y a un point
qu'il faut atteindre au prix de travaux et de soins ;
mais que lorsqu'on y est parvenu , on compromet
l'effet en cherchant une perfection idéale , ou une
originalité peu estimable lorsqu'elle réside dans les
mots. Il résulte de cette recherche une sorte d'ombre qui enveloppe souvent la pensée. Quelques
hommes d'art , très versés dans les mystères tech-
niques , se prennent à aimer ce genre d'écrire ;
mais j'ai une conviction acquise par l'expérience :
c'est que le public aime avant tout la clarté , qui
est le caractère le plus éminent de l'esprit français.

Les préfaces de M. Victor Hugo , celles de *Cromwell* surtout , figurent parmi les œuvres de la critique contemporaine. La classification qu'il fait de
la poésie a soulevé bien des oppositions peu clair-
voyantes, selon nous. L'auteur des *Orientales* aperçoit trois grandes phases dans l'histoire de la poésie : la poésie lyrique, la poésie épique , la poésie
dramatique. Il a dit que l'Orient représentait le lyrisme , le monde grec et romain l'épopée, le monde
moderne le drame. On a répondu qu'il y avait de
l'épopée dans le monde oriental et du lyrisme dans

le monde grec, et l'on a cru détruire l'allégation de M. Victor Hugo. Il n'en est rien : la *Bible* est principalement lyrique, quoiqu'elle renferme des beautés de tous les genres. Quelle que soit l'ingéniosité des critiques, ils n'empêcheront pas Homère de dominer le monde grec, et Shakspeare d'être le poëte le plus colossal du monde moderne. La seule figure de Dante m'inquiète un peu ; mais Dante ne saurait offrir la forme poétique qui convient le plus aux peuples de l'avenir. Il a fallu l'Italie, le moyen âge, des guerres civiles atroces pour le produire ; il a fallu surtout l'imagination effrayée et sombre des catholiques du xive siècle. Dante représente admirablement une époque ; mais c'est un être exceptionnel que tous les peuples n'adopteront jamais.

Le grand écrivain qui ouvrit le siècle par le magnifique livre qu'il nomma le *Génie du christianisme*, appartient à la critique des dernières années par la publication de son *Essai sur la littérature anglaise*. Il faut le dire, M. de Chateaubriand ne nous semble pas avoir suivi le progrès de la critique contemporaine dans toutes ses parties. La dédaigne-t-il ? C'est possible. Nous avons souvent remarqué dans ces deux volumes une sorte d'aigreur éloquente contre le mouvement littéraire et poétique de ce temps-ci. M. de Chateaubriand, un des plus illustres créateurs de la nouvelle poésie de la France, se fâche un peu contre ses descendants. Il paraît ne pas accepter toute la renommée qui entoure le nom de quelques uns. Aussi ce livre a-t-il soulevé une sorte de tempête dans la jeune littérature, qui est très chatouilleuse en ce qui touche sa gloire.

Ce qui regarde Milton, que M. de Chateaubriand traduisait pendant qu'il écrivait cet essai, est beau et vrai selon nous ; le morceau sur Shakspeare présente de magnifiques traits, mais il nous a paru très incomplet et renfermant moins d'idées que les chapitres de M. Schlegel concernant ce poëte immense. Après cela ce livre est plein de lacunes ; il ne fait guère que mentionner Dryden et Pope ; le vieux Spenser n'est qu'entrevu. Tous les poëtes contemporains, Byron et Beattie exceptés, sont négligés. Combien nous devons regretter que l'auteur d'*Atala* ne nous ait pas parlé de la poésie si profondément philosophique de Wordsworth, et de la splendide et sympathique mistress Hemans !

Ce livre est semé de paroles qui ne peuvent tomber que de la bouche d'un grand écrivain ; il est surtout remarquable par les détails intimes qu'il révèle, par l'expression amère du dégoût qui a saisi l'âme du grand poëte depuis quelques années. Ceci étonnera sans doute les personnes qui ne connaissent pas M. de Chateaubriand. L'auteur du *Génie du christianisme* ne parle que du néant de la gloire ; lui, que son siècle admire aujourd'hui avec tant d'ardeur et d'unanimité, il le croit ingrat et frivole. Peu s'en faut qu'il ne se dise oublié et méconnu. Que de réflexions doit faire naître cette révélation, indiscrète peut-être, dans l'esprit des jeunes gens qui se passionnent pour cette chimère appelée gloire ! Voilà donc où conduit la plus haute renommée littéraire d'une époque ! à douter de son nom , et à proclamer l'indifférentisme le plus complet. Qu'est-ce qui vaut quelque chose dans ce monde ? Ces mots peuvent résumer toutes les pensées de M. de Chateaubriand aujourd'hui.

Le plus vif de la lutte de la critique contemporaine a été le débat entre les écrivains qui soutenaient que l'art était indépendant de la vérité et de la morale, qu'il était son but à lui-même, et les moralistes qui avaient pris pour devise les mots de Platon : *Le beau est la splendeur du vrai.* Cette guerre oubliée aujourd'hui a eu ses jours de fureur. Nous ne concevons pas comment des hommes d'intelligence peuvent perdre ainsi tant de temps et d'esprit. Il y a des fièvres qui saisissent l'imagination sans que l'on sache pourquoi ; quelques écrivains à passions ardentes formulent avec éloquence le programme de la secte; il est adopté par de jeunes enthousiastes que séduisent des paroles harmonieuses ; ils dépassent bientôt le maître en fougue si ce n'est en talent, et une fois l'idée devenue une mode, on la respire dans l'air, elle marche avec une incompréhensible rapidité; la presse la répand de tous les points du pays ; vous la rencontrez partout, non seulement dans les salons et aux théâtres, mais sur les grandes routes, dans les ateliers, dans les *villas* solitaires. Telle a été pendant quelque temps cette manie d'*art pur*, qui repoussait non seulement l'intervention de la religion chrétienne, mais celle de la morale antique. Dès que l'artiste a réussi à émouvoir, vous n'avez pas le droit de lui demander si son œuvre est moralisante, tel est le sophisme qui a fait tant de bruit, et qui aujourd'hui est abandonné de ses plus chauds partisans. Sans doute il y a des détails dans l'art qui ne relèvent pas de la morale ; il est des tableaux charmants qui ne prouvent rien, et nous sommes loin de vouloir les interdire. C'est de cette vérité relative que l'on s'est efforcé d'arriver à une prétendue vérité générale, que l'art lui-même pris dans ses hauteurs métaphysiques, l'art, c'est-à-dire cette voix mystérieuse et séduisante qui a été donnée à l'homme par Dieu, n'avait aucune mission sociale en dehors du plaisir. C'est, il faut le dire, une des plus sanglantes insultes qui aient été faites à l'humanité et à Dieu. L'art dans sa haute acception générale est le reflet de Dieu, un moyen humain dont il se sert pour conduire l'homme dans les voies de la vérité et de la vie. C'est dans ces idées que nous avons conçu l'*Histoire des lettres* dont nous avons déjà publié deux volumes. Nous nous sommes arrêté au christianisme ; si Dieu et la France nous aident, nous conduirons jusqu'à nos jours cette vaste et audacieuse entreprise.

L'époque a produit peu de livres de critique ; M. D. Nisard nous a donné dans ses *Études sur la décadence romaine*, deux volumes pleins de détails curieux présentés souvent avec bonheur et surtout avec une raison incisive. Il y a du mérite à s'attacher ainsi aux œuvres de décadence ; c'est un labeur souvent ingrat qui doit s'attirer la reconnaissance. Les grands noms sont des astres qui illuminent tout un livre. L'auteur qui traite des époques obscures a bien plus à tirer de lui-même. Les divers travaux de M. Nisard, que la *Revue des Deux Mondes* a publiés depuis quelque temps, indiquent chez l'auteur une propension à marcher dans ces voies peu fréquentées ; malheureusement les emplois administratifs viennent d'enlever encore celui-là aux recherches littéraires. On trouverait peut-être facilement des administrateurs dont le temps serait moins précieux.

Nous n'avons pas à nous occuper ici de la critique appliquée à la musique et à la peinture. Tout le monde sait les noms de MM. Fétis, d'Ortigue, Castil et Henry Blaze ; relativement à la peinture, MM. Planche et Théophile Gauthier ont publié des travaux remarquables. Nous avons distingué dans un ordre d'idées plus religieux, les articles de MM. de Montalembert, Saint-Chéron et Maximilien Raoul. Ce dernier, dans un précieux volume sur l'abbaye du mont Saint-Michel, a prouvé qu'il n'était étranger à aucune partie de l'art.

Le principal organe de la critique est la presse périodique et quotidienne ; les cours publics ne viennent qu'après. Un journal a bien une autre influence que MM. Ampère et Saint-Marc Girardin, malgré l'érudition variée du premier et l'atticisme

du second. Malheureusement le journalisme sous
ce rapport appartient tout-à-fait aux études favo-
rites de M. Nisard. La critique périodique a eu de
notre temps des jours de splendeur qu'elle n'a plus.
Lors de l'apparition du *Globe philosophique*, par
exemple, elle se montra souvent intelligente et
profonde, malgré son hérésie de l'art isolé de la
morale; la tendance de cette feuille était noble et
éclairée. Le *Journal des Débats* a parfois une critique habile et d'un ton plein de grâce. Dans les
dernières années, je ne dirai pas l'absence d'unité,
mais l'extrême variété des doctrines de littérature
et de religion qui y apparaissent quotidiennement,
a nui beaucoup à ce journal dans l'esprit des hommes sérieux. Que reste-t-il donc? Sans doute de
bons fragments apparaissent rarement dans les
journaux et les revues de toutes les nuances; mais
quel est l'organe qui peut se vanter d'exercer un
véritable empire sur l'opinion littéraire du pays?
Aucun que je sache. Les articles de M. Gustave
Planche dans la *Revue des Deux Mondes* ont été
remarqués, je ne dirai pas du public, mais des
hommes qui s'occupent spécialement de littérature.
M. Planche a des qualités incontestables; le plus
souvent une impartialité rude, une raison incor-
ruptible, de l'étendue dans les idées, une conception assez haute de la poésie et des arts; mais
M. Planche manque d'amour. Il fait trop la critique des défauts; il n'admire pas assez les beautés.
Comme il s'adresse présque constamment aux con-

temporains, il a peut-être été amené à cette sévérité par les éloges vraiment dégoûtants que certains
littérateurs à la suite prodiguent aux bruyantes
renommées du jour. Quoi qu'il en soit, il gagnerait
beaucoup en perdant un peu de l'humeur chagrine
qui semble l'agiter continuellement. Un autre critique, l'auteur de l'*Histoire des classes ouvrières*,
M. Granier de Cassagnac, dont l'esprit n'est pas
contestable, a donné à *la Presse* des articles qui
gagneraient aussi à s'occuper plus des beautés que
des défauts. Il a d'ailleurs à se garder de l'amour
du paradoxe qui l'égare quelquefois.

Je dirai à la critique des recueils catholiques ce
que je lui ai dit ailleurs, relativement à d'autres
parties de la science humaine : ils ne se mêlent pas
assez au mouvement du monde actuel. Ils rendent
compte de quelques livres écrits exclusivement selon
les vues et les goûts des ecclésiastiques, tandis qu'il
ne devrait pas se publier un volume de littérature ou
de roman sans qu'ils dissent leur mot sur lui. Je ne
saurais trop crier aux écrivains catholiques de mon
temps de se faire mondains. Leur allure n'est pas
celle du siècle ; ils s'enferment trop dans leur
monde à eux. Il faut vivre davantage sur la place
publique, au milieu des populations qu'il s'agit
d'amener à la vérité. Pour cela il faut les connaître ;
ne pas s'effaroucher de quelques mots qui sonnent
mal aux oreilles pieuses. Il ne s'agit pas de s'enfer-
mer dans son dédain et de regarder le ciel, il faut
se rappeler les travaux des premiers siècles, plutôt

que leur vie contemplative. Le monde a besoin des ouvriers du christianisme.

D'où vient donc cette décadence de la critique? Certes, la France ne manque ni d'esprit brillant, ni de talent d'écrire; malheureusement elle manque de conscience. Remarquons en passant que sans la conscience tout se perd dans la société, non seulement la religion, la politique, l'industrie, mais la philosophie et l'art. Des opinions bien étranges et bien frivoles ont circulé de nos jours. Que de fois n'avons-nous pas entendu nos peintres soutenir que la foi n'était nullement nécessaire pour créer un tableau religieux; que l'imagination pouvait tout remplacer, tout suppléer; qu'un artiste peignait l'extase de François d'Assise comme le patriotisme de Léonidas, etc. Eh! mon Dieu, la foi dans la patrie est selon nous aussi nécessaire pour peindre le Spartiate, que la foi en Dieu pour peindre François d'Assise.

Les artistes secondaires, ceux qui remportent des prix académiques et portent la barbe de Rubens, produisent sans doute ainsi ce qu'ils appellent des tableaux religieux, mais quelle religion! Leurs anges ressemblent aux gracieuses poupées de la grande allée des Tuileries. Qu'ils les regardent auprès des figures divines que les vieux peintres italiens, et surtout Angélico, ont dérobées au ciel. Mais que verraient-ils? ont-ils des yeux pour apercevoir cet idéal si pur et si inconnu de notre époque?

Il y a en nous une conviction inébranlable, c'est que tous les grands artistes étaient consciencieux. J'ai entendu encore des hommes frivoles donner pour preuve du peu de foi de Michel-Ange et de Raphaël les désordres de leur vie. Etrange aveuglement! ces désordres ne prouvent que l'inconséquence de l'homme; chacun de nous la sent au fond de son être. Cette inconséquence est moins dans notre intelligence que dans la dualité de notre nature; et après tout, l'œuvre de ces deux grands hommes est aussi essentiellement double, et il est certain que le second surtout était bien moins chrétien dans la dernière partie de sa vie que dans la première.

Shakspeare a cru fermement à l'amour, à la passion de la gloire et à l'ambition; il s'en est guéri comme toutes les âmes élevées, tôt ou tard; mais il a passé par la foi à toutes ces choses. Corneille croyait à l'héroïsme en écrivant *Horace*, il croyait au Christ en enfantant ses admirables scènes de *Polyeucte*. La conscience est la grande inspiration de tous les artistes du premier ordre, les autres sont des imitateurs plus ou moins heureux, des comédiens, j'ai presque dit des jongleurs. Le scepticisme aristocratique en faveur aujourd'hui ne peut enfanter que des vaudevilles et des tableaux de genre. Les grandes œuvres naissent de la foi.

HISTOIRE.

XII

Augustin Thierry. — Guizot.

Une des gloires de cette époque sera d'avoir commencé la régénération de l'histoire nationale; il y a peu de temps encore, les Français ignoraient le passé de leur patrie, ou du moins ils n'en avaient qu'une notion bien erronée. L'histoire des peuples anciens était enseignée par les grands écrivains de la Grèce et de Rome, que l'on étudiait en apprenant les deux belles langues antiques qui sont comme le fond de toute éducation littéraire; mais nos annales à nous, il n'en était presque jamais parlé; et quand on s'en occupait, elles étaient vite oubliées, tant elles sont présentées sans art! Nos historiens confondaient les époques et les peuples; n'avaient nul souci de leur origine; semblaient s'attacher à décolorer nos précieuses chroniques, pour ne présenter qu'un pâle et froid récit sans intérêt et sans charme. Tout ce qui s'éloignait d'une certaine élégance de convention leur paraissait barbare; il fallait faire parler les rois francs comme Louis XIV dans les salons de Versailles, et les passions naïves et rudes de nos temps primitifs comme les duchesses du XVIIIe siècle. L'histoire manquant ainsi de vérité était sans pouvoir sur les intelligences. M. Augustin Thierry, dans ses excellentes *Lettres sur l'histoire de France*, a signalé un des premiers cette incapacité des écrivains français qui ont rédigé nos annales. Il a prouvé jusqu'à la dernière évidence l'insuffisance des travaux de Mézeray, de Daniel, de Vely et d'Anquetil ; il a montré qu'ils ont ignoré les choses dont ils parlent, prenant à chaque instant un peuple pour un autre, dédaignant les chroniqueurs, qui étaient cependant l'unique source où ils pussent puiser, négligeant toujours de peindre les passions du peuple, auxquelles ils sont étrangers, et ne connaissant pas plus celles des rois.

Cette ignorance a été, selon nous, un grand malheur pour la nation française ; la science du passé calme l'effervescence qui emporte les âmes bouillantes vers l'avenir ; elle donne à chacun cette conviction que chaque époque fait faire un pas à la société ; que le bien se fait lentement, et que c'est une chimère de penser que l'on peut dans quelques années changer de fond en comble l'existence d'un État. L'ignorance de l'histoire nationale nous expose à prendre pour des nouveautés des idées politiques qui ont été étudiées et essayées maintes fois avec plus ou moins de succès, et de là cette fièvre insensée dont beaucoup d'entre nous sont saisis.

MM. Thierry et Guizot sont les premiers et les plus célèbres réformateurs de notre histoire nationale. Les *Lettres sur l'Histoire de France* sont un ouvrage plein de sens et de hardiesse tout à la fois. M. Augustin Thierry a eu pour but de détruire les erreurs capitales qui avaient faussé l'enseignement historique dans notre patrie si long-temps abusée. Il s'attache d'abord à démontrer que nous n'avions pas avant cette époque d'historiens français dignes de confiance. Il fait voir avec quelle maladresse les hommes qui ont écrit nos annales se sont servis de nos vieux monuments historiques, confondant les peuples de la Gaule et de la Germanie sous le nom de Francs, et ne s'apercevant pas que l'unité administrative n'est venue que bien tard, et qu'une grande partie des populations qui forment aujourd'hui le peuple français étaient dans les premiers siècles des populations ennemies, presque toujours en guerre avec les rois francs.

Voici le début de la troisième lettre :

« Vous avez prononcé le nom de l'abbé Velly, célèbre, dans le siècle dernier, comme le restaurateur de l'histoire de France, et dont l'ouvrage est loin d'avoir perdu son ancienne popularité. Je vous avoue qu'à l'idée de cette popularité j'ai peine à me défendre d'une sorte de colère ; et pourtant je devrais me calmer là-dessus, car faute de bons livres le public est bien obligé de se contenter des mauvais. »

Ce qu'il y a de plaisant, c'est que ce même Velly avait la prétention de donner non seulement une histoire des rois, mais les annales du peuple ; il se vantait de puiser aux sources, et de reproduire la couleur des historiens primitifs. M. Thierry, en comparant divers passages avec ceux de Grégoire de Tours, ne laisse aucun doute sur l'inhabileté de l'historien moderne, qui ne comprend pas plus les faits qu'il ne sent la poésie rude et un peu sauvage du chroniqueur : « S'agit-il de présenter le tableau » de ces grandes assemblées où tous les hommes de » race germanique se rendaient en armes, où cha- » cun était consulté depuis le premier jusqu'au der- » nier, l'abbé Velly nous parle d'une espèce de » *parlement ambulatoire et de cours plénières*, qui » étaient (après la chasse) *une partie des amuse-* » *ments de nos rois*. Nos rois, ajoute l'aimable abbé, » ne se trouvèrent bientôt plus en état de donner » ces superbes fêtes. On peut dire que le règne des » Carlovingiens fut celui des cours plénières..... Il » y eut cependant toujours des fêtes à la cour ; mais » avec plus de galanterie, plus de politesse, plus » de goût, on n'y retrouva ni cette grandeur ni » cette richesse..... »

« De bonne foi, est-il possible d'entasser plus d'ex- » travagances ? Ne croirait-on pas lire une page du » roman de *Cyrus*, ou quelqu'un de ces contes de » rois et de reines dont on amuse les petits enfants ? »

Nous aimons cette indignation, qui nous a valu les belles et primitives peintures de l'histoire de la conquête de l'Angleterre ; mais n'anticipons pas.

De savantes dissertations sur la véritable époque de l'établissement de la monarchie prouvent toute l'erreur de l'assertion si générale, que la monarchie française avait quatorze siècles d'existence en 1789. M. Augustin Thierry démontre qu'avant le XIIe siècle, les rois établis au nord de la Loire ne parvinrent jamais à faire reconnaître, seulement pour cinquante années, leur autorité au sud de ce fleuve. M. Thierry n'aperçoit l'unité française qu'au XVIe siècle. Il faut le remercier de toutes ses rectifications; mais les plus utiles découvertes de l'école historique moderne, et principalement de MM. Guizot et Thierry, concernent l'affranchissement des communes. Ce grand acte politique est la source véritable de la révolution qui s'est opérée sous nos yeux, et dont nous sommes loin encore d'avoir tiré toutes les conséquences; c'est l'arrivée aux affaires des hommes non titrés, c'est à-dire la substitution des classes bourgeoises aux classes qui présidaient à la société féodale. M. Thierry arrache à Louis-le-Gros la couronne dont les historiens ont ceint sa tête en lui décernant le titre de fondateur des communes de France. Ce mouvement, qui agitait depuis long-temps les masses, a des racines bien autrement profondes dans les intérêts du peuple.

L'histoire est là pour attester que dans le grand drame d'où sortirent les communes ou les républiques du moyen âge, pensée et exécution, tout fut l'ouvrage des marchands et des artisans qui formaient la population des villes. Il n'est plus permis de douter aujourd'hui que la vaste révolution de 1789 n'ait été que la suite de l'évolution sociale

commencée par les vieilles communes françaises :
« Si l'on compare attentivement, dit l'auteur, les
révolutions municipales du moyen âge aux révolutions constitutionnelles des temps modernes, on
sera frappé de certaines ressemblances que ces deux
grands mouvements présentent dans leur ensemble
et dans leur marche. » Consolons-nous par l'espérance, nous, hommes de ce siècle, qui gémissons
du fond du cœur sur les maux qui accablent encore la majorité de nos semblables, car le bien se
fait lentement ; songeons que si nous descendons
au tombeau avant d'avoir affranchi ceux de nos
frères qui languissent encore dans le plus terrible des
esclavages, celui de la misère, les germes que nous
aurons jetés dans la société produiront leurs fruits.
Les bourgeois du xııᵉ siècle savaient-ils qu'ils pré-
paraient les réformes générales de notre époque?

La société va toujours se spiritualisant, et cette
marche ascendante vers le spiritualisme nous pro-
met un avenir que les hommes positifs traitent de
chimère, mais qu'entrevoit l'œil des voyants.
M. Augustin Thierry a selon nous marqué avec une
grande perspicacité la différence fondamentale qui
existe entre la révolution des communes au moyen
âge et la révolution nationale de ce temps-ci : « Le
principe des communes du moyen âge, l'enthousiasme qui fit braver à leurs fondateurs tous les
dangers et toutes les misères, c'était bien celui de
la liberté, mais d'une liberté toute matérielle, si
l'on peut s'exprimer ainsi, la liberté d'aller et de

venir, de vendre et d'acheter, d'être maître chez soi, de laisser son bien à ses enfants... »

Aujourd'hui les peuples se révoltent pour la liberté de la pensée. Il a fallu des siècles pour élever la société à cette hauteur, quoiqu'elle ne fasse qu'entrevoir encore l'ordre intellectuel vers lequel elle marche.

Une partie considérable des *Lettres sur l'histoire de France* est consacrée à la critique historique. Mais M. Thierry nous a donné dans ce volume un récit d'un intérêt bien vif, et qui répand sur la vie de nos aïeux une lumière que nous ne sommes pas habitué à trouver dans les historiens français; c'est l'histoire de la commune de Laon. Nous souhaitérions à ce morceau plus d'animation poétique, quoiqu'il n'en soit pas dépourvu.

Nous en avons assez dit sur ce volume pour indiquer les questions imposantes qu'il traite, pour donner à ceux qui ne l'ont pas encore lu le désir de l'étudier; enfin pour marquer la place qu'il doit occuper dans la glorieuse école historique de la France contemporaine. Nous allons parler maintenant de l'ouvrage de M. Thierry qui tient le premier rang dans l'opinion de la critique, de son *Histoire de la conquête d'Angleterre par les Normands.*

L'histoire offre à l'esprit de l'homme deux attraits puissants, le drame et la philosophie. Les modernes sont restés bien loin de l'antiquité sous le rapport dramatique, et il ne pouvait en être autrement. Les historiens antiques étaient presque toujours mêlés aux événements politiques ; au lieu de juger les hommes d'après des livres, ils les jugeaient d'après leurs actes, leurs paroles, leurs regards, leurs gestes. Thucydide recevait les confidences de Périclès, et Salluste avait causé souvent avec Catinila. Le plus dramatique de tous les récits historiques est peut-être le récit de la conjuration de Catinila contre Rome. Les historiens modernes ont presque tous au contraire écrit d'après des études sur les livres ; et d'ailleurs, généralement, ils embrassent une trop longue suite d'années pour que l'intérêt dramatique puisse subsister. La principale gloire des modernes est la philosophie de l'histoire, la comparaison des divers peuples, l'étude approfondie des époques de l'humanité, des siècles qui s'enfantent, admirable spectacle qui révèle à l'homme les vues providentielles sur les destinées du genre humain.

L'histoire de la conquête de l'Angleterre n'appartient absolument ni à l'une ni à l'autre de ces catégories, quoiqu'elle tienne des deux. Nous l'admirons comme une œuvre consciencieuse et d'une perspicacité rare, mais sans la comparer pour le charme aux compositions antiques, ni aux grands modèles de la philosophie de l'histoire sous le rapport de la majesté de l'ensemble. M. Thierry ne pouvait conserver l'unité dramatique au milieu de la multitude de faits qui encombrent son œuvre. Il y a des détails charmants, dignes de la poésie primitive, entre des dissertations savantes sur les races ; le récit romanesque se croise avec des recherches sur la propriété : toutes ces choses sont traitées d'une manière très remarquable, et des connaissances que personne n'a contestées ; mais il en résulte à la lecture une certaine sécheresse qu'il n'était pas possible d'éviter, croyons-nous. Nous ne serons jamais contents de nos historiens, parce que nous exigerons toujours d'eux ce qu'ils ne peuvent nous donner, les qualités de Tacite et de Salluste.

La France a produit deux hommes que le monde regarde comme les égaux des plus grands hommes politiques de la Grèce et de Rome, Charlemagne et Napoléon. Je ne sais ce que nous ferons un jour de la vie de ce dernier, mais certes jusqu'à présent tout le monde est resté bien loin du simple récit de Plutarque sur Alexandre.

L'*Histoire de la conquête d'Angleterre par les Normands*, a eu un succès très brillant ; elle en est digne sous plusieurs rapports. L'auteur nous a donné un tableau complet de l'Angleterre et de la Gaule au xiiᵉ et au xiiiᵉ siècle. Il a conservé autant que possible la naïveté des chroniques dans les récits ; il nous a initiés à la vie et aux souffrances des peuples au milieu de ces crises terribles ; il nous a peint les cours de cette époque appelée barbare, et nous leur trouvons bien des rapports avec celles de notre siècle civilisé. Dans les récits qu'il fait des relations des princes avec Rome, il peint habilement les petites passions humaines qui ont trop souvent souillé l'âme des hauts dignitaires ecclésiastiques ; mais il ne se préoccupe pas assez de l'esprit civilisateur qui planait au-dessus de ces misères, et que les vicaires du Christ ont répandu à grands flots dans la société européenne.   .

M. Augustin Thierry ne s'est pas borné à nous peindre le siècle de la conquête ; il suit les destinées des diverses races à travers les mille vicissitudes qu'elles ont éprouvées depuis sept siècles ; il s'occupe de leurs souffrances, de leurs mœurs, de leurs langues, de leurs littératures. Ce livre offre donc une instruction solide et variée ; il est le fruit de longs travaux, de recherches minutieuses ; il faut remercier l'époque de l'avoir distingué.

Ce qu'il faudrait après le cours de M. Guizot sur la civilisation, ce serait une *philosophie de l'histoire*. Elle seule pourrait désormais compléter ce grand travail ; elle seule est destinée à présenter le magnifique tableau des développements de l'humanité dans l'unité ; elle seule peut retracer avec assurance l'ensemble des lois indestructibles sous l'empire desquelles le genre humain marche, par un mouvement éternellement libre, à l'accomplissement de ses destinées. Retrouver dans tous les événements particuliers l'empreinte de cette loi qui dirige le progrès et de cette autre loi qui le provoque ; étudier la figure de la justice invariable dans les mille formes variables, passagères, qui la représentent dans le cours du passé ; définir

et regarder simultanément dans toutes les époques
le travail de Dieu et le travail de l'homme; de
Dieu, l'unité infinie, le bien infini, la perfection
infinie; de l'homme qui aspire à s'unir à lui, de
l'humanité qui marche avec ses innombrables variétés, vers le centre commun de tous les êtres, à
l'unité, à la perfection, à la vie; suivre, en un mot,
à travers la durée la marche de l'idée éternelle et
de l'idée contingente, l'action de l'individu sur la
famille, de la famille sur la société, de la société
sur le genre humain et l'amélioration réciproque
des uns par les autres; tel serait le but d'une
véritable philosophie de l'histoire. On comprend
facilement qu'une œuvre de ce genre, produit des
siècles et des civilisations, assignerait à tous les
travaux qui l'auraient préparée, la place qui ap-
partiendrait à chacun des ouvriers de cette noble
et magnifique création. De même que dans les édi-
fices d'une construction mixte, à Notre-Dame par
exemple, on reconnaît le passage d'un homme et
d'un règne à la couleur, à la physionomie des assises, ainsi dans cette science, qui serait en grand
l'image de la société, on distinguerait aisément, à
certains signes originaux, le concours de chaque
siècle et de chaque peuple, et ce qu'il a fait pour la
solution des problèmes les plus importants de l'existence sociale. Cette science viendra, son heure approche; les hautes intelligences la découvrent déjà
dans les profondeurs de l'avenir; les esprits la pres-
sentent; les peuples mêmes, à quelques égards, pré-

parent ses voies, car ils s'unissent, ils se comprennent,
ils déposent leurs haines, parce que tout ce qui vient
du ciel apporte la paix au monde. On peut annoncer
déjà que notre siècle occupera une belle place dans
l'enfantement de l'unité intellectuelle et sociale, et
plusieurs notabilités de notre temps dirigent de ce
côté leurs efforts, sans se rendre un compte bien
exact peut-être des résultats probables de leurs
travaux. Assurément M. Guizot, protestant, ne se
doute pas que la pensée qui préside à son beau
cours sur l'histoire de la civilisation moderne, soit
au fond très catholique, et qu'en remuant les
grandes masses de faits dont se compose la chro-
nique européenne au moyen âge et de nos jours, il
a prouvé deux choses essentielles à la vie de l'intelligence et de la société, savoir : que l'homme, soumis au seul empire de la foi et des croyances qu'il
a reçues, aspire vers un état qui le complète, qui
lui procure la faculté de développer son intelligence, ses sentiments, son activité, c'est-à-dire qui
le rende homme, qui le fasse vivre de la vie propre, qui garantisse à chaque individualité l'exercice
de son droit primitif et radical, et qui, puisant dans
la foi commune la même obligation pour tous, de
l'homme fasse la famille, de la famille la nation,
et du bien-être de chacun, le progrès et l'amélioration de tous.

A l'époque de la réforme, par exemple, M. Guizot
reconnaît qu'il y avait dans les esprits un vaste et
profond ébranlement. Je ne sais quel besoin de

science , de nouveauté, de progression tourmentait
les hommes ; un mouvement irrésistible emportait
le monde ; il travaillait à se dégager de ses liens ;
il découvrait sur les mers des routes inconnues, des
continents inconnus; l'esprit individuel réagissait
sur l'unité sociale qui travaillait à se constituer ; de
sourds murmures, semblables au bourdonnement
de la marée qui monte , annonçaient des choses
étranges, et tous les êtres tressaillaient d'une grande
et universelle commotion. Qu'était-ce donc? C'est
la pensée qui se réveillait après huit siècles de sommeil ; c'est l'énergie individuelle qui retrouvait sa
puissance ; c'est la conception , c'est l'idée qui
cherchait de nouveaux modes de communication ,
qui se levait avec la presse, des ténèbres de la barbarie , qui pénétrait partout, forte, brillante,
impérissable, qui se mêlait à l'air et se répandait
dans la durée comme l'homme se répandait dans
l'espace. Guttemberg , Colomb, la réforme, datent
du même siècle ; c'était sous trois formes une déclaration de l'indépendance humaine , et l'Église ne
fut débordée par ce vaste mouvement que parce que
ses chefs n'en comprirent pas la portée et ne surent
pas le diriger. Mais si l'insurrection du xvıᵉ siècle
produisit les admirables résultats qu'on ne con-
teste plus aujourd'hui, elle fut l'origine de cette
longue agitation des peuples qui a abouti à la révolution française, et qui aurait fini par replonger
le monde dans le chaos , si les signes d'union qui
se manifestent maintenant entre toutes les races,

entre tous les états, n'appelaient évidemment l'intervention de la foi, c'est-à-dire du catholicisme, qui seul a conservé l'immutabilité, la tradition, le dogme, qui seul représente sur la terre l'ordre merveilleux émané de Dieu même, les éternelles idées de foi, de justice et d'amour. Donc, M. Guizot en reconnaissant d'une part le mouvement légitime de l'intelligence au xvi⁰ siècle, de l'autre l'impuissance de la philosophie au xviii⁰ pour fonder une organisation en rapport avec les besoins et les instincts de l'époque, admet implicitement la nécessité d'en revenir aux principes de stabilité qui manquent au protestantisme et qui n'appartiennent qu'à la foi dont l'Église catholique est l'expression éternellement vivante. Nous avons cru devoir signaler cette double tendance de l'ouvrage de M. Guizot, dont le rationalisme, si éloquent à plaider la cause de l'indépendance intellectuelle, échoue évidemment dans les moyens de réorganisation qu'il propose, lorsqu'il ne rattache pas l'activité progressive de l'esprit humain au centre de l'unité éternelle et de la justice indéfectible.

En prenant pour point de départ la pensée que nous venons d'indiquer, il me semble qu'il est facile d'apprécier l'importance du cours sur la civilisation moderne, d'en faire ressortir les brillants aperçus, les vues nouvelles sur les grandes révolutions du passé, d'en indiquer les côtés faibles, les points indécis, les tâtonnements et les erreurs; mais aujourd'hui nous voulons faire remarquer

avant tout l'influence salutaire que M. Guizot a
exercée sur les études historiques de nos jours, en
suivant à travers les révolutions du moyen âge les
origines de notre civilisation moderne, qu'il nous
montre grandissant à chaque époque comme un
astre merveilleux qui aurait mis quinze siècles à
monter sur l'horizon. Les travaux de cet homme
patient et habile ont apporté dans l'étude philosophique des événements passés une gravité de jugement, un esprit d'ordre, de sagesse, d'impartialité
inconnue jusqu'à ce jour aux historiens français,
qui ont presque tous appartenu à ces partis turbulents et haineux dont le premier instinct est de
condamner sans appel tout ce qui s'écarte de leurs
vues étroites et stériles, tout ce qui s'élève au-
dessus de leurs mesquines querelles pour respirer
plus librement, pour reconnaître avec plus d'ensemble l'enchaînement des idées et des faits. Nous
croyons donc qu'il n'est pas inutile de rappeler
l'attention sur un livre qui honorera encore son
auteur, alors que sa vie publique ne sera plus
qu'un souvenir.

L'objet du cours est le tableau de la civilisation ; l'objet de la civilisation est le développement
de l'activité sociale liée intimement au progrès de
l'activité individuelle, qui se produisent et se fé-
condent mutuellement. Ce double but de la civilisation se retrouve en grand dans la nation, qui est
l'ensemble des familles, et dans l'humanité, qui est
l'ensemble des sociétés. Une plus grande masse de

bien-être pour la société, une plus égale réparti-
tion de la jouissance et du droit pour les individus,
et la liaison de ces deux ordres, tel est le problème
que tous les siècles se proposent instinctivement
de résoudre, et chaque organisme spécial représente le travail particulier d'une époque et d'une
génération donnée, dans ce grand œuvre que Dieu
imposa au genre humain pour l'associer en quelque
sorte à sa propre création. Lorsque nous considé-
rons un pays dans son industrie, son commerce,
ses guerres, son gouvernement, que lui demandons-
nous? En quoi toutes ces choses ont contribué à la
civilisation, en quoi son progrès à lui a contribué
à la civilisation générale; quels sont les rapports
de l'un avec l'autre. Dieu demande compte à l'humanité des efforts qu'elle fait pour se rapprocher
de lui; on interroge les faits qui semblent n'appartenir qu'à l'individu, comme les croyances, les
idées philosophiques, les sciences, pour savoir de
quelle manière ils concourent à l'amélioration universelle, c'est-à-dire à la civilisation. Les grands
développements de l'homme intérieur profitent
nécessairement à l'homme social. Car la source des
devoirs envers la famille, et des devoirs envers la
patrie est identique; la patrie est comme le foyer
où se réunissent les individus isolés. Si le foyer est
le centre des intérêts de la famille, la patrie est
comme le cœur des instincts et des prospérités publiques, et cette fusion de tous les intérêts dans
une centralisation puissante a pour effet immédiat

d'étendre les garanties de conservation et les éner-
gies de développement. L'amélioration de l'individu
se révèle d'abord, l'amélioration sociale, qui en est
la conséquence, ne suit qu'à de longs intervalles
Un changement moral s'opère-t-il dans l'homme;
acquiert-il une idée, une vertu, une faculté de
plus; son premier besoin est d'étendre dans le
monde extérieur ce sentiment ou cette pensée. Il
cherche à la réaliser; sa pensée n'est complète que
le jour où elle exerce autour de lui toute l'influence
dont elle contient le germe; de même que le jour
n'est complet qu'à l'heure où le soleil répand toute
sa lumière. Mais il faut des siècles pour qu'une
idée venue au monde avec un homme se généralise
dans la société, la régénère et la rende meilleure.
L'individu ne voit jamais que la fleur des germes
de vie qu'il apporte au genre humain; il souffre,
puis il meurt, et du sein de la tombe il lègue cette
fleur aux générations à venir; plus tard le monde
la cultive. Voilà le fruit. L'humanité a de plus que
l'individu le droit de jouir dès ici-bas; elle hérite
de tous les membres du corps social; chacun lui
doit le tribut de son dévouement, de ses sacrifices,
de son amour; c'est par là qu'il participe au perfectionnement progressif de la race humaine, et
qu'il acquiert la faculté de se développer lui-même
dans toute la plénitude de son être. Ce but de la
civilisation étant trouvé, suivons M. Guizot dans
l'exposition de l'idée qui est inscrite à la tête de son
cours.

D'après lui, le caractère primitif de la civilisation européenne est la diversité et la variété des éléments qui la composent. Elle n'est pas une, comme les grandes monarchies de l'Orient, filles de l'intuition et du panthéisme; leur état, c'est la permanence, c'est l'immobilité. Après soixante siècles, la Chine garde encore l'empreinte de ses origines : ses antiques constitutions demeurent comme des traditions permanentes de ce qui fut; rien ne les agite, aucun orage ne les déracine du sol. Au commencement elles ont pris possession de la durée; leur existence, c'est l'histoire; elles ont sur la tête une couronne de siècles, mais l'avenir n'existe pas pour elles. Absorbées dans la contemplation d'elles-mêmes, elles se contentent d'être ce qu'elles sont, et de rester immuables, gigantesques et stériles comme leurs pyramides. C'est un spectacle curieux; mais il n'est pas beau comme celui de l'humanité, et ce n'est pas là qu'il faut la chercher. Revenons en Occident, et voyons ici comme tout s'agite, comme tout se remue, comme tout travaille, comme il y a de la vie, de la puissance et de la fécondité dans ce laborieux enfantement qui a duré des siècles, et qui se transmet à chaque génération avec un labeur de moins et une perfection de plus? En Asie on trouve des catacombes; en Occident, une fourmilière; j'aime mieux la fourmilière. Le principe de l'analyse domina l'Europe moderne comme il domina la Grèce antique. La théocratie, la monarchie, l'aristocra-

tie, y apparaissent dans un état de lutte permanent, qui a maintenu un équilibre constant entre
toutes les forces génératrices de l'organisation sociale. Jamais un ordre particulier n'a régné exclusivement sur les autres. Dans les États, les suzerains
et les grands vassaux représentent l'aristocratie; le
roi, le pouvoir central; l'élection des évêques, la démocratie; le clergé, le gouvernement théocratique,
qui aspirent tous sans y parvenir à la domination
exclusive. Soumise à l'action de ces principes divers, la société a dû réaliser des progrès plus importants à la civilisation que sous l'empire d'une
cour antique et absolue. Tout marche vite; elle
s'est plus sûrement avancée dans les voies ouvertes
devant elle; elle apporte plus d'expérience dans
ses progrès, plus de sagesse et de discernement
dans ses réformes. Quand on considère l'humanité
du haut des lois permanentes que lui traça le Créateur, n'y a-t-il pas une grande majesté dans ce tableau de successions et de mobilités régulières, qui
toutes aboutissent à une plus grande possession
d'ordre, ou à un plus ample développement de liberté? On croirait quelquefois que le temps est fait
pour elle, et que ses enfantements et ses créations
ont emprunté quelque chose à la marche solennelle de Dieu même.

Dès l'origine de la civilisation européenne, on
reconnaît sans peine le principe de cette diversité
agitée, mais féconde, qui la distingue. Trois sociétés,
fondées sur des principes entièrement différents,

se trouvent en présence à la chute de l'empire romain : la société municipale, dernier reste de la liberté romaine ; le nom d'empereur, dernier souvenir de son unité ; la société chrétienne et la société barbare. La société chrétienne repose sur la foi et la soumission la plus entière ; la société barbare, sur l'indépendance et la vie aventureuse ; la société municipale, sur la législation savante de Rome. Voilà donc, d'une part, une idée morale ; de l'autre, une idée organisatrice aux prises avec une race d'hommes turbulents et sauvages, qui n'a pour toute loi que des coutumes à peine écrites, pour toute science que le glaive et la force brute. Ajoutez que l'Église et les débris des institutions de l'empire n'ont d'abord d'autres recommandations aux yeux des barbares que leur titre de vaincus, et que pour sauver le monde, l'Église avait à faire la conquête de ces farouches conquérants. Nous voyons dès le commencement l'élément barbare prévaloir sur l'élément romain dans l'établissement de la société moderne. Les institutions municipales apparaissent comme le caractère distinctif de l'organisation romaine, car ce genre d'institutious convient surtout aux populations renfermées dans l'intérieur des villes. Les peuples d'Italie étaient dans les villes : les Latins, les Étrusques, les Sabins, les Samnites, sont des confédérations de villes qui relèvent de Rome, la grande cité. Les campagnes avaient des sillons, mais point de villages, point de châteaux, point d'habitations analogues à ceux qu'on y trouve aujourd'hui ; elles produisaient des grains , des bœufs et des esclaves pour les cultiver , voilà tout : aux villes la puissance ; aux villes l'exercice des droits politiques ; aux villes les traités , la guerre, le commerce. Les campagnes n'ont gardé d'autre empreinte du passage des Romains , que les routes qui conduisaient d'une ville à une autre ville. L'élément barbare , déposé au berceau même de la civilisation moderne, produisit des conséquences tout opposées. On peut s'en rendre un compte exact si l'on se représente avec vérité ce qu'était un Barbare : un corps qui n'avait rien développé que ses forces physiques, et qui n'était en contact avec aucune idée intellectuelle. Le plaisir de l'indépendance personnelle , le plaisir de jouer avec les chances de la vie, d'être actif ou paresseux, de vivre d'aventures , d'imprévu , d'inégalités , de hasard , tel était le fond de son existence, de ses goûts et de ses passions ; tel était, avec un alliage de brutalité , de violence et d'égoïsme, le sentiment qui donnait le branle à ces grandes masses d'hommes qui sortirent tous ensemble le même jour, à la même heure, des forêts de la Germanie , et se partagèrent comme un patrimoine la vieille république de Rome. Aussi l'ordre social qui sortit de ce chaos apparut avec des formes nouvelles et des éléments inconnus aux anciens. Autrefois la cité et la liberté étaient deux mots identiques : l'homme n'était libre qu'en sa qualité de citoyen ; il appartenait corps et biens à

l'association politique, à la cité ; il lui devait ses dévouements et ses sacrifices. En retour, la république lui reconnaissait le droit de vivre et l'honneur de mourir pour elle, d'où il résultait pour l'État une force immense : une nation ainsi constituée était faite pour la conquête du monde. Mais aussi l'individu était sacrifié comme une chose à ce qu'on appelait la patrie ; il ne s'élevait pas jusqu'à la notion de la liberté personnelle : la patrie était puissante, les hommes étaient esclaves et malheureux. Les Barbares apportèrent à l'Europe ce goût de l'indépendance individuelle, cet instinct d'isolement et de liberté qui exerce dans les hasards ses organes corporels, et qui révèle une pensée libre, une volonté libre comme le vol de l'aigle. Cette personnalité de l'individu dans la société nouvelle joue dès sa naissance un grand rôle, et produisit un des faits caractéristiques de notre histoire : « C'est, dit M. Guizot, le patronage militaire,
» le lien qui s'établissait entre les individus, entre
» les guerriers, et qui, sans détruire la liberté de
» chacun, sans même détruire, dans l'origine, jus-
» qu'à un certain point, l'égalité qui existait à peu
» près entre eux, fondait cependant une subordi-
» nation hiérarchique, et commençait cette orga-
» nisation aristocratique qui est devenue plus tard
» la féodalité. » (Tome I, 2ᵉ conf., p. 361.)

Dans les républiques anciennes les hommes tenaient à la cité ; jamais ils ne se liaient librement et volontairement à un autre homme. Chez les Barbares, l'individu domine, les liens se contractent entre les individus. Lorsque la bande germaine parcourait l'Europe, le compagnon s'attachait temporairement au chef. Plus tard, ces relations devinrent celles du suzerain et du vassal, et ce premier caractère de l'association germaine, qui n'établissait entre le chef et le compagnon que des rapports temporaires, bornés à la durée d'une course ou d'une expédition, ne s'effaça jamais entièrement, puisque nous voyons que, dans tout le cours du moyen âge, les vassaux, en recevant l'héritage de leurs pères, étaient obligés de renouveler l'hommage à leur seigneur respectif, pour valider en quelque sorte les titres de suzerain, et raffermir par une reconnaissance volontaire les droits du seigneur et la soumission de *son homme*. De ce principe, qui préside à la naissance de l'état féodal, il résulta que la prépondérance, l'empire, la souveraineté, refluèrent des villes aux campagnes. La propriété privée remplaça la propriété publique, le seigneur remplaça la commune, le château remplaça la cité. Les villes et la royauté, qui représentaient, les unes le peuple, l'autre le pouvoir central, grandissaient en dehors de ce fait général, et étaient destinées à ressaisir l'empire, lorsque l'aristocratie féodale aurait accompli sa mission, c'est-à-dire repeuplé les campagnes, rendu au territoire sa fécondité, à la propriété rurale son influence désormais inaliénable. Donc la société se compléta, s'agrandit en s'emparant du sol : èt voilà le caractère qui, dès le principe, la distingua de l'organisation romaine. Le monde, composé d'agglomérations partielles, sans rapports les unes avec les autres, ne suffisait pas à l'ambition de ces conquérants; aujourd'hui la consommation est à peine en rapport avec la rapidité des produits, et l'ambition des Français serait épuisée avant leurs richesses, s'ils savaient tirer parti de toute la fertilité de leur sol et de toutes les ressources du pays.

Le caractère spécial de l'époque appelée communément *barbare* est de n'en avoir aucun, « C'est » le chaos de tous les éléments, l'enfance de tous » les systèmes, un pêle-mêle universel, où la lutte » même n'était ni permanente ni systématique. » (3ᵉ conférence, p. 12.)

On ne peut déterminer à cette époque que quatre classes de personnes bien authentiquement constituées : 1º les hommes libres, jouissant en toute liberté de leur vie et de leurs biens ; 2º les *leudes*, *fidèles*, et qui contractaient obligation de service envers un homme libre, en vertu d'une concession spéciale de terrain et de jouissance; 3º les affranchis ; 4º les esclaves. Mais ces classes mêmes n'avaient rien de permanent et de régulier. On voit tour à tour des hommes libres devenir *leudes*, puis esclaves; on voit des propriétés *allodiales* passer à l'état de *bénéficiaires*, et réciproquement. Il règne sur les hommes et sur les situations une instabilité générale : rien n'est fixe, ni les personnes, ni les propriétés. Les institutions publi-

ques sont en proie à la même mobilité. Ni la royauté,
ni le patronage des hommes sur les hommes et des
terres sur les terres, ni les assemblées d'hommes
libres, ne présentent un centre d'action. La royauté
mêlée d'élection, d'hérédité, de hasard, n'est pas
plus régulière que la juridiction seigneuriale, et se
distingue à peine dans cette confusion universelle
de principes, de faits, de races, de langues, qui
ne laissent voir de général que le désordre dans
cette orageuse transition du trouble au repos, de
la vie individuelle à la vie sociale, de la société
errante à la société constituée.

Les états sont mobiles comme les hommes et les
choses, créés, supprimés, réunis, divisés, sans frontières limitées, sans gouvernements, sans constitutions, sans peuples. La continuité de l'invasion contribue à perpétuer le désordre. Les Francs orientaux envahissent l'Italie, parce qu'ils sont poussés
au nord-est par des populations nouvelles ; une
nouvelle race de Germains va fonder en ce pays le
royaume des Lombards. En Gaule, les Francs d'O-
rient viennent occuper la place des Francs d'Occident, et substituer les Carlovingiens aux Mérovin-
giens ; les Withes, les Souabes, les Bohêmes, chas-
sent vers l'Occident la race germaine ; et les
peuples changent de place, et les populations
émigrent ; et le désordre est partout, la société nulle
part. Bientôt, le mouvement des Arabes vient
compliquer cette affreuse confusion. Mais l'invasion des Germains et celle des Arabes diffèrent par

la forme et par le principe qui lui donne l'impulsion. Les Germains et les Slaves faisaient place à d'autres races qui les avaient chassés ; ils changeaient de cours et de direction comme un fleuve que repousse la marée ; ils n'obéissaient qu'à une force brute ; ils accomplissaient aveuglément un décret de la Providence, qui les amenait à l'Église pour en faire des chrétiens et des peuples. Au contraire, l'esprit de prosélytisme était l'âme de l'invasion arabe. Mahomet lui avait légué une foi à répandre et le monde à conquérir. Leur signe était le croissant, c'est-à-dire l'emblème de la lumière ; ils apportaient avec eux la parole, les sciences, les bibliothèques, l'aristotélisme ; leurs esprits travaillaient en même temps que leurs bras ; la conquête avait tout le caractère d'une mission : c'est ce qui l'a perdue ; les apôtres avaient de moins qu'eux l'épée, c'est ce qui a donné l'éternité à leur conquête. Aussi la civilisation arabe reste stationnaire malgré l'éclat de sa puissance, tandis que la civilisation chrétienne grandit avec chaque génération, et semble, après dix siècles, à peine commencée, tant elle est riche de sève, d'étendue et de durée. Un instant elle paraît prendre le tour que suivit le mahométisme, lorsque Grégoire VII réunit dans sa main le sceptre des deux puissances temporelle et spirituelle. Mais cette domination suprême était nécessaire, et correspondait à un besoin particulier de cette époque. En ce temps-là, la papauté, seule expression visible de l'intelligence sociale, devait protéger en qualité de tutrice sa fille aînée, qui s'appela depuis la royauté, et cet autre fils indocile, farouche et turbulent, qui n'était pas encore le peuple. Plus tard, cet état cessa lorsque les éléments sociaux eurent assez d'énergie pour exercer leur action propre et rétablir l'équilibre entre les forces progressives de la civilisation. C'est de ce point de vue, ce me semble, que M. Guizot aurait dû contempler la marche de ces deux grandes missions dont l'une vient échouer et languir à Constantinople, l'autre fleurir et s'éterniser à Rome. Mais nous n'en sommes pas encore là ; revenons au VIIIe siècle.

Nous pensons que l'illustre professeur indique parfaitement les deux causes du désordre universel qui régnait à cette époque, et qu'il attribue d'une part aux invasions sans cesse renaissantes, de l'autre à l'esprit d'individualité qui dominait alors exclusivement. Lorsque l'organisation sociale n'est ni stable ni régulière, l'individualité, qui, sous le règne de l'ordre, engendre le développement, n'est alors que l'égoïsme, l'égoïsme la brutalité, la brutalité l'anthropophagie. Mais comme la prolongation d'un pareil état amènerait infailliblement la dissolution de toute association humaine, il ne pouvait avoir d'autre durée que celle d'une transition courte et orageuse. Les principes d'ordre et d'esprit social qui se trouvaient en présence prévalurent bientôt sur les formes rudes et grossières qui apparaissaient à la surface des choses. Alors on voit toutes les forces de la civilisation aux prises avec les causes du désordre et de l'anarchie. En Italie, les restes de la société romaine cherchent à se relever. Sous Théodoric, roi des Ostrogoths, le régime municipal reparaît. A Toulouse, Alaric, roi visigoth, recueille le premier les lois romaines dans un code qui a pour titre : *Breviarium Amani*. Du ve au vi^e siècle toutes les lois barbares sont écrites. Tout en repoussant au nord l'invasion germaine et slave; au midi, l'invasion musulmane, Charlemagne établit des rapports réguliers entre tous les points de son immense empire, et légua au monde les Capitulaires. En Espagne, le comte de Tolède succède aux anciens *Mâls* des guerriers germains, et remplace le système de la législation personnelle, qui ne s'appliquait qu'aux hommes de même race, par la législation réelle fondée sur le territoire, et qui soumettait à la même juridiction tous les habitants des pays romains et visigoths. Mais il y avait surtout l'Église qui étendait ses principes, ses règles, sa discipline, et répandait ses idées par la voix de ses grands hommes, et avec ses idées son influence. Au ixe siècle, les invasions finissent : les États, limités par des frontières plus fixes, ont acquis assez de vigueur pour résister aux populations errantes qui sont forcées de s'emparer de la mer, et deviennent pirates comme les Normands. Les Arabes continuent de lutter en Espagne, mais ils ne se déplacent plus. La société européenne prend ses assises; la vie nomade s'efface et se perd

de jour en jour ; les populations ont des établissements, les hommes une existence commune ; les
chefs commencent le château, les colons le village ;
une certaine hiérarchie de droits et de services s'é-
tablit entre les propriétaires guerriers : c'est la
féodalité qui naît, c'est la première forme d'organisation sociale qui prend racine dans le pays. L'é-
poque qui a précédé l'établissement définitif fut,
comme nous l'avons dit, un âge de troubles, de di-
visions, de démembrements universels ; mille fac-
tions obscures, incohérentes, indépendantes les
unes des autres, luttaient à la fois dans tous les
pays de l'Europe, et cette anarchie parut si terrible aux contemporains, qu'elle fut regardée généralement comme le présage de la fin prochaine
du monde. Cette idée est empreinte dans les poëmes,
dans les récits des chroniqueurs du temps, et dans
toutes les constructions qui remontent jusqu'au
milieu du xe siècle. A cette époque, tout renaît,
tout recommence ; la féodalité est créée, tout y
entre, l'Église, les communes, la royauté, le fief
envahit la nation et le territoire, la terre devient
fief : les forêts, la pêche, sont des fiefs ; le casuel des
églises, le revenu des baptêmes, l'eau, l'argent,
les personnes même sont donnés à titre de fief.
Néanmoins ces éléments étrangers s'accommodèrent
plutôt à la forme féodale qu'ils ne s'y incorporè-
rent. L'Église garda toujours son principe théocratique, la royauté son principe monarchique,
la commune son principe populaire. Le principe

aristocratique fut seul universel dans la féodalité.

Le type primitif et radical de la féodalité, c'est le château. Un possesseur de fief s'établit dans son domaine avec sa famille et quelques hommes libres attachés à son service, à sa table, à son foyer, à sa fortune. Autour de lui se forme une petite population de serfs chargés de la culture du domaine, et l'église qu'y bâtit la religion, forme le centre de cette colonie ; et dès lors le possesseur du fief acquiert dans le château, et sur la population, l'influence du père, du propriétaire et du maître. Cependant cette société isolée n'est ni la tribu patriarchale ni le *clan* écossais. Le propriétaire féodal est plus concentré dans la vie intime, dans l'existence de famille et de château ; il se mêle rarement aux travaux des colons et des serfs ; il cherche à s'isoler pour sa défense personnelle, et les habitudes du foyer occupent la plus grande place dans cette forme : la famille et ses enfants seront son unique compagnie. Aussi vous voyez l'importance des femmes se développer rapidement à l'ombre de ce système ; sa prépondérance des mœurs domestiques date de ce moment, et c'est à la nouvelle situation de la femme que l'on doit cet heureux progrès. Le développement de l'individu, le perfectionnement des sentiments, des caractères et des idées, est en grande partie le résultat de ce changement dans la position des femmes. L'histoire des belles actions, des grands dévouements, des gentils exploits, y trouvent également son berceau ;

c'est autour de la femme que les arts prennent
naissance. Le château est le séjour de la théologie,
des premiers élans de l'imagination, des luttes de
l'intelligence ; la poésie vient comme l'hirondelle
déployer ses ailes à l'ombre du donjon, d'où il
résulte que la famille féodale, formée à l'image de
la famille naturelle, et fondée sur la liberté personnelle de l'homme, tendit presque toujours à s'isoler,
à se fortifier dans un lieu sûr et élevé où elle bâtit
cette multitude de petites citadelles, avec des tours,
des ponts-levis, des créneaux, et que pour se mettre
à l'abri elle émigra dans les campagnes. Une autre
cause contribuait encore à isoler entre elles les familles féodales. Le goût des courses et des aventures
héroïques se perpétua long-temps encore après les
invasions. Le seigneur partait avec ses hommes
d'armes pour une expédition, et laissait sa femme
et ses enfants à la garde de la forteresse, de la vierge
Marie et de la Providence ; il devait donc prendre
tous les moyens possibles d'assurer, pendant son
absence, le repos et la sécurité des habitants du
château ; de là tous ces retranchements de douves,
de fossés, de rivières. Les lieux les plus sauvages
étaient les plus recherchés, et par cet instinct de
défiance, les hommes prirent possession des points
les plus inaccessibles du territoire, et commencèrent dès lors à les livrer à la culture, à la vie, à la civilisation. Je ne puis aller plus loin dans cet examen sans recommander à tous ceux qui ont envie de
faire une connaissance parfaite avec l'intérieur de

la famille, et de la vie de château au moyen âge, les beaux chapitres que lui consacre M. Guizot dans son cours particulier sur la civilisation en France. Cette peinture égale pour la vivacité de couleurs à toutes celles de Walter Scott, a l'avantage d'être plus vraie, plus franchement dessinée. L'histoire est souvent plus belle que la poésie, et nos rêves les plus charmants pâlissent quelquefois à côté des faits qui expriment la vérité des choses.

Néanmoins, je n'accorderai pas à M. Guizot toutes les conséquences qu'il déduit des principes sur lesquels reposait l'existence féodale. Si la vie domestique caractérise spécialement cette formule sociale et donne naissance à l'esprit d'hérédité, de perpétuité, qui identifie le possesseur du fief à son domaine, dans sa personne et dans celle de ses héritiers, il a dû nécessairement s'établir entre le possesseur de fiefs et ses colons des rapports nombreux fondés sur les sentiments de bienveillance, d'affection, de liens moraux, d'intérêts et de besoins réciproques. Évidemment le seigneur était intéressé à protéger les serfs qui participaient à son existence, qui faisaient sa force et sa richesse, et qui étaient incorporés à sa propriété. D'une autre part, les colons et les vilains, quelque grossiers qu'on les suppose, devaient éprouver au moins un sentiment de reconnaissance pour le seigneur qui les avait réunis en société, en agrégations, en villages, qui les attachait au sol, à la vie de famille, et paraissait en résumé la seule force constituée

d'où ils pussent espérer quelque justice et quelque
protection. La haine des campagnes pour le régime féodal n'est venue que tard avec les abus.
Sans la féodalité, les campagnes seraient encore
aujourd'hui ce qu'elles étaient du temps des Romains, de la terre, et voilà tout. Si le château féodal était bâti dans un lieu sauvage et inculte, il a
fait naître autour de lui un groupe de population
nécessaire à l'entretien du domaine ; il est devenu,
comme le monastère, un point de ralliement pour
toutes les agrégations d'hommes disséminés dans
la contrée ; des routes ont été tracées pour établir
des rapports journaliers entre le village et la demeure seigneuriale. Plus tard cet ordre s'agrandit :
des *leudes* deviennent libres, et construisent aussi
une habitation qui relève de la première suzeraineté ; la sombre forteresse féodale sort de la vallée,
et va prendre l'air sur la montagne ; les hommes
se rapprochent, se reconnaissent, se défendent ; le
donjon massif s'élance bientôt en tourelle ; il s'ap-
privoise en quelque sorte, il prend de la grâce,
de la légèreté ; il cherche le soleil, il s'étend, il
se diversifie, il se fractionne, il s'appetisse. La
forteresse primitive s'entoure de châteaux, le château de manoirs, le manoir de gentilhommières,
la gentilhommière de hameaux ; c'est d'abord un
donjon menaçant, puis une tour solide, puis une
tourelle élégante, puis une forêt d'aiguilles, puis
une multitude de colombiers. Il n'y a d'abord qu'un
seul chemin pour conduire le seigneur à la guerre

et le félon à la potence ; plus tard, il se fera des routes pour aller du village au clocher, de l'église au monastère, du monastère au château, du château à l'humble manoir. Plus tard encore, succède la grande route royale qui représente la centralisation ; plus tard, les chemins vicinaux font de la campagne une cité, la coupent en mille sens divers comme une ville en rues ; vont porter jusqu'aux extrémités la richesse, le commerce et l'industrie, et sont comme l'image des forces sociales qui se combinent, s'étendent, se fortifient, et distribuent également le sang et la fécondité à toutes les veines de la civilisation.

M. Guizot se trompe lorsqu'il affirme *à priori* que l'élément religieux qui s'associait au régime féodal était peu propre à en adoucir le poids. J'admets bien avec lui que l'Église s'accommoda plutôt qu'elle ne fît réellement partie de l'organisation féodale. Mais la religion n'est-elle pas indépendante de toutes les formes, de toutes les constitutions ? Elle qui est éternelle, doit-elle tenir à ce qui passe ? La religion est faite pour tous les temps et pour toute la race humaine ; elle représente le principe immuable de la justice et de la foi parmi les mille vicissitudes de régimes et d'organismes sociaux. Elle est à la fois royaliste, républicaine, aristocratique, populaire, et divine toujours : elle tient à Dieu par la tête et la source, au peuple par les racines et l'action. Appelée à exercer son influence sur toutes les classes de la société, et d'une autre part se recrutant dans toutes, elle devait nécessairement adoucir par ses dogmes et ses germes de fraternité les rapports qui existaient entre les seigneurs et les colons, les puissants et les faibles. Le prêtre seul était à même de s'établir comme l'intermédiaire entre les suzerains et les populations inférieures : car seul il pouvait cultiver les germes de moralisation, de développement et de lumière qui existaient en elles ; seul il pouvait relever aux yeux mêmes de ces misérables serfs la condition humaine, en les appelant aux mêmes droits, au même culte, aux mêmes récompenses éternelles que leurs maîtres ; seul il pouvait en imposer aux arrogances de ceux-ci, en entretenant une crainte salutaire des jugements de Dieu. L'ascendant qu'il acquit sur l'esprit de la femme lui servit beaucoup à étendre le cercle de ses influences sur l'esprit et les dispositions de la famille féodale ; d'où nous concluons que si le clergé ne se mêle pas en corps à l'organisation féodale, certainement il *en adoucit le poids* par l'action salutaire de ses règlements, de sa discipline, de ses instructions et de ses dogmes, sur les mœurs de cette société encore à demi barbare. La naissance des ordres monastiques vint aider le prêtre dans l'exercice de son action sociale. Il compléta d'un autre côté la tendance de la féodalité qui devait rétablir l'importance des campagnes. M. Guizot le reconnaît dans les belles conférences consacrées à l'étude des ordres monastiques dans le cours particulier de la civilisation en France. Enfin, la féodalité présente un ensemble imposant de droits et de devoirs qui réglaient juridiquement les relations du vassal envers le suzerain et des possesseurs de fiefs entre eux. Un ordre de choses où il existe des juridictions seigneuriales pour rendre la justice entre les possesseurs de fiefs ; qui constate légalement les services en hommes et argent que le suzerain doit attendre du vassal; qui établit les cas et les formes dans lesquels ces services sont exigibles, est évidemment une institution légale, où les pouvoirs fonctionnent avec toute la régularité possible dans ces temps de désordre où les garanties politiques n'ont pas encore de réalité, où la volonté publique n'est pas représentée d'une manière permanente dans le gouvernement central. Si ce régime n'est pas l'ordre parfait, il n'était pas non plus l'anarchie, puisqu'il a dominé l'Europe trois siècles durant, et qu'il a préparé les voies à toutes nos grandeurs futures. La résistance individuelle apportée en principe par les Barbares devait lutter long-temps contre l'établissement de la résistance légale, qui se fonde sur la raison publique et n'apparaît que dans les sociétés perfectionnées. Cependant la forme féodale donnait déjà l'idée de la justice générale, elle a donné naissance à toutes les aristocraties de l'Europe, et celle qui prévaut encore de nos jours en Angleterre dérive évidemment de la féodalité primitive. Elle fonda en Europe la vie de famille, d'où naquit la vie sociale; elle constitua l'existence politique de la femme, qui devint une puissance, une reine environnée d'amour, de respect, de beauté ; elle la créa de nouveau pour ainsi dire à l'image de la vierge Marie, ce symbole charmant de la réhabilitation de la femme, qui éclaire tout le moyen âge comme une auréole de gloire, comme un sourire de grâce, de miséricorde et de sérénité. Enfin la féodalité a rendu à l'Europe le goût des arts, la poésie, la littérature, les plaisirs intellectuels. Avant elle, il n'y avait que la vie errante, la confusion de peuples, de tribus qui s'éparpillaient sur le territoire de l'empire ; après elle, il y eut des mœurs, des institutions générales, des nations. Elle apportait le principe de ces dévouements héroïques, de ces sentiments loyaux, généreux et fidèles, que jetèrent sur notre histoire tant d'éclatantes actions, tant de grands hommes, de grands noms, de grandes choses, de grands souvenirs. La féodalité préparait les croisades et l'affranchissement des communes ; la féodalité, en développant fortement les caractères individuels et l'existence de famille, a mis au monde la femme du moyen âge et la chevalerie.

Avant d'entrer en plein moyen âge, au moyen âge de la chevalerie, des croisades de Philippe-Auguste et de saint Louis, M. Guizot consacre une conférence entière à l'examen de la Constitution de l'Église, où, à travers des remarques fort judicieuses, on découvre cependant quelques erreurs qu'il n'est pas inutile de relever. Le professeur lui reproche deux choses principales : la dénégation des droits de la raison individuelle, et le système de coaction qu'elle employa long-temps. Pour répondre au premier de ces faits, il suffit de rappeler que M. Guizot est également l'auteur de plusieurs morceaux admirables où les immenses travaux des Pères de l'Église, et de ceux qui spécialement ont illustré la Gaule, comme saint Ambroise, saint Martin, saint Hilaire, sont appréciés avec un ensemble, une élévation d'idées peu communes ; il suffit de rappeler ce qu'il dit lui-même de l'activité morale qui remuait cette grande société, qui étudiait les lois de l'intelligence et de la justice, dans ses conciles généraux, nationaux, provinciaux, dans cette correspondance pleine de mouvement et de vie entre les évêques et les docteurs, entre la Gaule et Rome, entre l'Orient et l'Occident ; dans cette union de la foi et de la charité qui envoyait d'un bout du monde à l'autre ce continuel échange de lettres, d'écrits, d'admonitions, d'aumônes, de prière et d'amour. La discussion, la délibération est le fait permanent, énergique, universel, du gouvernement ecclésiastique, si bien que M. Guizot lui-même croit y retrouver une image des écoles philosophiques de la Grèce. Il lui reproche en second lieu le droit de coaction qu'elle s'arrogeait sur les consciences, et qui semble contraire à la nature de la société religieuse comme à ses maximes primitives (v^e confér., p. 23). Je crois d'abord qu'il est peu logique de conclure d'un état variable et

transitoire, à un ordre de choses permanent et définitif. Il est aujourd'hui démontré que les peuples
faisaient alors leur éducation sociale, et que dans
ce noviciat de la civilisation, ils durent être soumis
à un régime de restrictions et de mesures préven-
tives qui, par une longue et sévère discipline,
formât peu à peu leur caractère, développât les
nobles passions, les instincts généreux, et remplaçât
l'empire des sensations par celui des idées. Ce fait
ne peut être contesté par quiconque ne méconnaît
pas les véritables conditions des développements
humains. Or, si vous ôtez de l'Europe la société spirituelle, trouverez-vous quelque part une expression vivace de l'intelligence sociale? A qui confie-
rez-vous la tutelle de ces peuples nomades, sans
freins, sans règles, sans législation, si ce n'est à
l'Église, qui a versé sur eux quelques germes de foi,
d'idées, d'union et de rapprochement. Ce fait reconnu exact, la conduite de l'Église, à cette époque
de travail et d'orage, s'explique et se concilie merveilleusement avec les lois fondamentales de la société des hommes. Lorsque le temps sera venu,
cette suprématie passagère s'éteindra comme le besoin qui l'avait fait naître, et des révolutions providentielles amèneront cet âge de majorité où la foi
s'adressera librement à des intelligences libres. Et
cependant, à l'époque même de sa grande puissance, l'Église maintenait avec soin en droit et en
fait, par sa doctrine et ses actes, la séparation des
deux puissances. Seul organe possible de la justice

sociale, elle en montrait également les maximes à tous les ordres particuliers chargés de l'appliquer à des degrés variables, sur les diverses nations de l'Europe : ce qu'il fallait alors pour diriger le mouvement des peuples vers la civilisation, c'était une autorité visible, divine, fortement constituée. Qu'eût servi dans ces temps une liberté que les esprits n'auraient pu apprécier ni comprendre? Ces siècles ne réclamaient que l'unité de croyance, de morale et de culte. Sous l'empire de cet ordre imparfait, la raison humaine fit cependant d'admirables progrès ; une grande amélioration se manifesta dans le sort des états et des individus ; mais encore une fois le régime restrictif était nécessaire pour préparer les progrès futurs. Toute croyance se réduisait à la foi, toute science à la théologie. La philosophie, la poésie, les sciences naturelles, l'arithmétique même, venaient y aboutir comme à leur centre commun. On en était alors à la foi, nous en sommes aujourd'hui à l'intelligence ; plus tard viendra le règne de l'amour, et l'unité humaine sera consommée.

Avant de laisser ce chapitre, nous devons faire remarquer avec quelle impartialité élevée et généreuse M. Guizot étudie, à la fin de la sixième conférence, l'action efficace de l'Église pour l'amélioration de la condition sociale. Les formules d'affranchissements toujours fondées, du ve au xiie siècle, sur des motifs religieux, prouvent combien elle contribua à l'abolition de l'esclavage. Elle détruisait une foule de pratiques barbares, telles que le combat judiciaire et autres ; elle épurait la législation criminelle et civile, se fondait pour l'appréciation du crime sur *l'intention*, et non plus sur le simple dommage, qui constituait seul la pénalité chez les autres peuples ; enfin elle avait recours à des moyens plus rationnels et plus légitimes que le serment de quelques hommes, pour l'instruction des affaires judiciaires et la connaissance des causes. Mettez en regard les lois barbares et les codes des Visigoths, rédigés par les conciles de Tolède, vous aurez une idée de l'étonnante supériorité de l'Église sur toutes les procédures du temps. Nos codes actuels ne définissent pas mieux les nuances de délit, et ne proportionnent pas avec plus d'équité les peines à la faute. Le principe de légalité morale y apparaît partout, et sous ce rapport elle l'emporte déjà sur la législation romaine. La distinction des hommes libres et des esclaves y est nettement reconnue, mais la punition n'est fixée ni sur la naissance ni sur le rang ; elle ne varie que suivant les proportions de la culpabilité présumée de l'individu, et par là même l'égalité des droits de tous est constituée sur les lois de l'éternelle et invariable justice. L'Église se proposait un but qui fût toujours étranger aux législateurs anciens, voire même, à beaucoup d'égards, aux philosophes modernes : c'était l'amélioration de l'individu par le repentir, par l'expiation ; cette idée est l'âme de tout son système pénitentiaire. On y trouve partout une conséquence en action, des principes d'amour et de charité répandus dans le monde par l'Évangile. Quelle est la fin et le résultat des législations pénales ordinaires? c'est de retrancher le crime de la société, afin de protéger le droit et la liberté de tous, contre les tentations coupables de quelques uns. Ceci entrait sans doute pour une grande part dans les vues de l'Église; mais elle y joignait une autre idée plus noble, plus généreuse, plus sociale encore : c'était l'amélioration du criminel lui-même; et les pénitences publiques imposées par le christianisme au nom du salut éternel et acceptées librement par l'individu, obtenaient cette influence salutaire de guérir la faute en même temps que d'expier le mal commis. Dès lors la foi fut empreinte d'un esprit de douceur et d'équité inconnu auparavant; la compassion y remplaça la vengeance, et le criminel devint aux yeux du législateur un pécheur, un malade de plus, digne comme les autres de pitié, de miséricorde et d'amour. Voilà le caractère évangélique et divin de la législation chrétienne, et l'auteur du cours sur la civilisation moderne n'a pu s'empêcher de lui rendre une éclatante justice, quoiqu'il n'ait fait que l'entrevoir dans un aperçu très général.

Sous les tristes successeurs de Charlemagne, l'Église retomba comme la société civile dans un désordre temporaire. Un enchaînement de causes ayant soumis les bénéfices ecclésiastiques au régime féodal, qui devint en Europe le seul mode de

possession et de propriété, il en résulta que l'intérêt individuel, le goût de l'indépendance si naturel
au possesseur du fief, altérèrent l'esprit ecclésiastique, et produisirent dans la vie privée du clergé
de déplorables relâchements. L'élément barbare
eut un instant le dessus dans la société spirituelle ·
le prélat dans son diocèse, l'abbé dans son monastère, s'isolèrent à l'exemple du seigneur laïque dans
son château. Les liens généraux se relâchent ; une
vaste décomposition se déclare dans toute la hiérarchie religieuse ; les charges ecclésiastiques se
vendent à l'encan ; les femmes envahissent le sanc-
tuaire, et le mahométisme allait régner en Occident, lorsque Grégoire VII, le grand réformateur,
arrive pour sauver le christianisme, la civilisation
et la liberté du monde. Tandis qu'il travaille avec
une persévérance, une énergie admirables à rallier
dans le sein de la chrétienté tous les éléments
d'ordre, d'autorité, d'unité qui s'y trouvent encore,
Robert de Molême, saint Norbert, saint Bernard,
introduisent dans le sein des monastères un vaste
mouvement de discipline et de réformation. Le
concours simultané de ces deux faits imprime au
travail religieux de cette époque une direction uni-
forme, qui a pour but l'unité, et que M. Guizot appelle très justement *théocratique* et *monastique*.
De ces deux mouvements réparateurs, l'un eut
pour effet de rattacher à la papauté, l'autre de
soumettre le monde politique et civil à l'Église
elle-même, qui acquit pour un temps la domina-

tion et la suzeraineté universelle. Mais comme les deux principes de l'intelligence, la foi et la conception, ont toujours besoin de se maintenir, de se vivifier l'un par l'autre, à ce flux général vers l'autorité correspond à la même époque un reflux vers la science, vers la liberté de la raison ; celle-ci réclamait aussi le droit d'intervenir dans le gouvernement de l'esprit humain. Certes, Jean Érigène, Rosolin, Abailard, défendaient une cause légitime, un patrimoine sacré que l'homme ne peut aliéner sans cesser d'être homme. Admirons encore une fois la sagesse providentielle qui sut combiner si à propos avec la réforme de Grégoire et de Bernard, ce mouvement de libre pensée qui éclate dans la lutte intellectuelle d'Abailard et de ses disciples contre le clergé, saint Bernard, les conciles de Sens et de Soissons. Abailard est une personnification d'indépendance et de liberté : Dieu le suscita en quelque sorte pour dire à la papauté que ce vaste cumul de toutes les puissances n'était pas son vrai caractère, et n'aurait qu'un temps.

Au mouvement de liberté dans les esprits, correspondait encore un mouvement plus étendu dans l'ordre social, qui produisit l'affranchissement des communes. Ce sujet est un de ceux que M. Guizot a traités avec le plus d'ensemble, de clarté et de précision. Par une conséquence naturelle de la cause qui fit naître le régime féodal, qui substitua le principe individuel au principe communal, la campagne à la cité, les villes perdirent beaucoup de leur importance et tombèrent dans un état voisin de la servitude. Cependant, malgré les désordres qui accompagnèrent leur appauvrissement, elles conservèrent une ombre d'indépendance qu'elles devaient, d'une part, au clergé, à l'évêque investi de l'autorité suprême ; de l'autre, aux nombreux débris des institutions romaines, qui s'étaient réfugiées chez elles comme les sciences et les lettres à l'ombre des cloîtres. La curie et l'assemblée des magistrats qui réglaient les actes de la vie civile, rappellent la municipalité romaine. Néanmoins les campagnes, devenues le siége de la puissance militaire, acquirent bientôt une prépondérance qui hâta la décadence des villes ; mais après que la féodalité fut réellement constituée, et que la vie nomade eut fait place à la vie sédentaire, les villes reprirent un peu d'activité ; le commerce et l'industrie revinrent avec l'ordre ; les besoins mêmes des possesseurs de fiefs dans lesquels une cité se trouvait enclavée amenèrent un certain goût de progrès, d'amélioration, de richesses. M. Guizot, avec cet esprit juste et droit qui le caractérise si noblement, attribue la renaissance des communes à deux causes principales : la première, c'est le droit d'asile établi dans les églises. A l'époque où les populations des campagnes trouvaient si peu de secours contre l'ambition et le vagabondage de leurs maîtres, le droit d'asile attirait de nombreux fugitifs, parmi lesquels se trouvaient fréquemment des hommes puissants et riches, qui venaient demander à l'Église protection et sécurité. Ces émigrations de propriétaires qui abandonnaient leurs domaines pour se renfermer dans la ville, acquirent bientôt une grande influence sur la population inférieure, et devinrent la bourgeoisie. La seconde cause dérive de la nécessité où se trouvèrent les bourgeois de résister aux extorsions des seigneurs qui redoublent au xe siècle. L'industrie renaissante amassait autour des populations rassemblées un bien-être, des richesses nouvelles qui excitaient l'envie des seigneurs; et les villes furent forcées d'avoir recours à la force pour protéger leurs intérêts, pour donner au commerce un peu de sécurité. Donc le premier mouvement de la commune fut un élan de résistance, une forme nouvelle de l'esprit belliqueux qui agitait toute la société féodale, et M. Guizot fait observer très judicieusement qu'une habitation bourgeoise au xiie siècle, avec son premier étage élevé, sa tour carrée à l'angle, son observatoire au-dessus, est l'image la plus visible de la première organisation de la commune sur le plan de la résistance. Mais cette guerre amena nécessairement entre les parties belligérantes une paix fixée par des traités appelés chartes, qui devinrent comme une reconnaissance des droits réciproques entre les seigneurs et les bourgeois; et comme la lutte s'étendit sur presque tous les points de l'Europe, l'affranchissement des communes fut consommé sur un mode universel. Trois conséquences principales résultent de l'affranchissement des communes. Ce vaste changement dans la situation des bourgeois rapprocha ceux-ci de la royauté, dont ils invoquaient fréquemment l'appui contre les seigneurs, soit pour confirmer une charte, soit pour en obtenir l'exécution. D'un autre côté, la royauté, réduite sous l'empire du régime féodal à sa plus petite expression, resserrée, pour ainsi dire, comme dans un vêtement, cherchait à se dilater, et s'appuyait volontiers sur la bourgeoisie pour combattre la puissance redoutable de la noblesse et des grands vassaux. De là ses rapports nombreux et fréquents avec le roi ; de là date son importance dans le gouvernement de l'État. Le second résultat fut de former dans la commune une existence publique, et d'y fonder une classe sociale influente, qui, au xiiie siècle, n'était composée que de marchands, de négociants, de petits propriétaires, et se recruta plus tard, suivant les vicissitudes des temps, de professions plus élevées, de magistrats, de lettrés, et d'hommes livrés aux travaux intellectuels. Le troisième grand résultat de l'affranchissement des communes, c'est la lutte des classes, qui a développé si heureusement l'énergie de tous les éléments appelés à concourir à la civilisation. Si la noblesse l'avait emporté exclusivement, elle eût amené le régime des castes, et l'Europe serait devenue une autre Asie, immobile et sans vigueur. Le progrès actif et fécond n'a lieu que par le choc de tous les principes divers que Dieu mit en présence le jour où il créa le monde et le jour où il créa la société. Malgré la profonde et vivace hostilité qui divisait les classes, elles se sont peu à peu reconnues, assimilées ; sous cette variété de situation, de mœurs et d'intérêts moraux, germaient les idées et les sentiments communs qui, progressivement, ont effacé les inimitiés, ont rapproché les classes, les existences, et ont fourni cette association puissante et magnifique que nous appelons la nation française.

Nous ne suivrons pas l'auteur dans son tableau de la situation intérieure des communes. L'espace ne nous permet pas de descendre aux détails. D'ailleurs, un aperçu général sur l'ensemble de l'ouvrage suffit pour baser un jugement. Quant aux développements particuliers, nous ne pouvons rien faire de mieux que d'adresser le lecteur au livre lui-même.

M. Guizot divise la civilisation jusqu'à nos jours en trois périodes. La première est le temps des origines, de la formation et du rapprochement de tous les principes qui ont composé notre société, et s'étend jusqu'au xiie siècle. La seconde, employée aux essais, aux tentatives, aux combinaisons, qui n'enfantent encore rien de général et de permanent, finit au xvie siècle. La troisième enfin, époque de progrès et de développements définitifs, commence au xvie siècle et marche encore de nos jours. Les causes de la croisade sont trop connues pour que nous ayons besoin de nous y arrêter long-temps ; néanmoins il est bon de les rappeler en deux mots

pour en déduire plus nettement les progrès qu'elles
ont imprimés à la civilisation. Ils se réduisent à
deux principaux : l'énergie des croyances religieuses
est le premier, et donne à cet ébranlement de la
famille chrétienne un caractère d'universalité où
il y a quelque chose d'héroïque, d'énorme et de
gigantesque : c'est l'Europe qui se trouve au grand
complet sous les bannières de la croix, qui réunit
au tombeau du Christ ses trente peuples et ses
trente idiomes ; qui n'a plus qu'une voix, qu'un
sentiment, une idée, un instinct, une armée, un
homme ; c'est l'héroïsme religieux, l'héroïsme royal,
l'héroïsme populaire ; c'est l'épouse de Dieu qui rassemble pour la première fois tous ses enfants pour
les bénir, leur apprendre qu'ils sont frères, et pour
consacrer cette divine fraternité par une plus grande
fête sur le tombeau de Jésus-Christ. Sous un autre
point de vue la croisade semble la prolongation de
cette lutte terrible engagée depuis quatre siècles
entre le christianisme et le mahométisme. Mahomet,
comme autrefois Annibal, avait jeté ses Africains
jusqu'aux portes de Rome. Rome les refoule à son
tour, et va dénouer le drame au cœur de l'Asie,
pendant que le mahométisme déclinant n'a plus
en Espagne qu'un pied-à-terre. L'expédition chrétienne jette en Orient le même éclat que l'expédition des Arabes en Europe. Toutes deux semblent
faites pour la même destinée et la même carrière.
Un royaume éphémère à Jérusalem, un royaume

éphémère à Grenade, voilà deux faits singulièrement analogues. Et de tout cela il résulte qu'à Jérusalem les églises chrétiennes deviennent des mosquées ; en Espagne, les mosquées deviennent des
églises ; le croissant garde l'Asie, la croix règne en
Occident ; et c'est tout. O altitude ! La troisième
cause dérivait de la nature même de l'état féodal
qui ne suffisait plus à l'énergie puissante et inquiète
des peuples et des seigneurs qui ont soif de mouvement et d'aventures, et qui aspirent après une vie
plus colorée, plus palpitante, plus fabuleuse. Mais
bientôt cette énergie d'ivresse et de passion s'é-
puise ; les esprits sont plus calmes, les imaginations
moins émues : au XIIIe siècle les croisades ont perdu
presque entièrement leur vigueur et leurs sentiments primitifs. C'est un fait que M. Guizot établit
bien nettement par la comparaison des chroniqueurs qui racontent la première de ces expédi-
tions, et des écrivains qui rapportent les suivantes.
Les premiers se livrent entièrement à l'esprit de
haine et d'hostilité qui les emporte : leur style est
fabuleux et sanguinolent. Les derniers, au contraire, tels que Guillaume de Tyr et Jacques de
Vitry, sont vraiment des historiens pleins de calme,
de sagesse, de mesure dans leur jugement : la science
a fait un grand pas. La croisade est pour eux une
étude de mœurs, de géographie, de linguistique et
d'histoire naturelle. Ils poursuivent moins les exploits militaires, que les conquêtes morales ; ils
étudient avec bonne foi les idées et les croyances

de leurs ennemis, et souvent les comparent avec la conduite et les mœurs des chrétiens au désavantage de ceux-ci. Ces deux époques diffèrent fondamentalement, parce qu'il y a entre elles une révolution morale qui a produit dans les esprits un développement, jusqu'alors inconnu, de liberté et d'impartialité. Ainsi le premier effet des croisades est la manifestation d'un besoin nouveau de liberté, d'affranchissement, d'idées et de lumières. La société grecque et la société musulmane durent produire une impression profonde sur l'esprit des croisés. Le spectacle de ces deux civilisations plus brillantes, plus riches, plus policées, ne pouvait manquer de frapper vivement des hommes encore grossiers, encore étrangers à toute notion qui dépassait le cercle des sensations physiques. Aussi ils rapportent de la croisade plus d'amour pour les hommes, plus de conscience de la dignité humaine ; ils en rapportent le goût du bien-être et de l'aisance, de la richesse et des arts : l'inimitable architecture chrétienne arrive d'Orient avec eux. L'idée de la Sainte-Chapelle de Paris est née sur le tombeau du Seigneur. Les croisades produisirent une conséquence qui agit plus spécialement sur le mécanisme féodal, et le simplifie notablement. Elles rendirent beaucoup de régularité à la forme sociale d'alors si compliquée, en diminuant le nombre des petits fiefs et des petits domaines. S'il y avait, comme dit M. Guizot, une carte de France divisée en fiefs, comme nous en avons une divisée en dépar-

tements, arrondissements et cantons, nous ver-
rions combien les grands fiefs et les fiefs moyens
s'étaient accrus après la croisade. Au lieu de ces
populations misérables et chétives groupées au
IXe siècle autour des demeures féodales, les grands
seigneurs, plus riches et plus puissants, tiennent
dans leurs châteaux de véritables cours composées
de nobles et de gentilshommes formés aux habitudes, aux relations sociales.

Les communes participèrent à ce progrès mémo-
rable. Pour subvenir aux frais de ces voyages lointains et hasardeux, les seigneurs avaient été forcés
de céder au clergé une partie de leurs biens. L'argent s'écoula bien vite de la main des chevaliers
dans celle des bourgeois et marchands qui fournis-
saient les approvisionnements des armées. Cette
masse de capitaux répandus sur les classes inférieures produisit une grande activité de commerce,
d'industrie, d'échanges de marchandises, qui s'é-
tendit en Hongrie, en Grèce, en Égypte. Cette
opulence nouvelle, en donnant au commerce mari-
time une immense impulsion, accrut chez les bourgeois le besoin de sécurité qui seul peut entretenir
les relations actives des hommes entre eux. De là
de nouvelles et plus fortes constitutions, de là de
nouveaux modes d'affranchissement, de là progrès
moral et matériel dans la civilisation des peuples.

Entre le XIIIe et le XIVe siècle, les croisades n'é-
taient plus possibles : les rois et les peuples s'étaient
lassés ; la noblesse seule conservait encore le goût

des aventures et du vagabondage conquérant ; mais
la royauté et la bourgeoisie étaient désormais assez
fortes pour réprimer cette ambition turbulente.
Pourquoi rêver des empires en Asie ? Philippe-Auguste en avait un plus sûr et plus durable à conquérir, la France. Il avait l'unité royale, la politique à créer ; d'une autre part, l'Europe suffisait au
peuple : il voyait devant lui le travail, l'agrandis-
sement de l'industrie, la richesse et la fortune dans
les relations paisibles. Ainsi deux grands faits ressortent des croisades : une sphère d'action plus
large ouverte aux activités particulières, l'unité politique ouverte à la royauté.

L'unité engendrée par les croisades se résume
immédiatement dans un grand fait qui domine tous
les autres : la royauté. Dans le régime purement
féodal, elle est confuse, précaire, difficile à définir. La théorie montre vainement le roi comme le
suzerain des suzerains ; nulle autorité, nulle ga-
rantie positive et réelle, ne se rattachait à ce titre ;
ce qui dominait alors, c'était le principe individuel, représenté par la localité : toutes les souve-
rainetés étaient en fait indépendantes et séparées.
Le roi, ce petit seigneur féodal, y était mêlé par
accident, comme l'ombre de l'antique majesté impériale. Sous le règne de Louis-le-Gros et l'administration de l'abbé Suger, elle prend un nouveau
caractère : l'élection disparaît, l'hérédité prévaut.
Lassés de tous les désordres qui désolent encore
l'état social, les hommes cherchent à se reprendre

à quelques débris des temps passés ; ils se souviennent qu'ils ont un roi, ils s'adressent à lui, et le monarque intervient comme arbitre et protecteur des droits. Pour la première fois, la royauté, sortie de ce berceau ténébreux et profond où la féodalité la tenait ensevelie, paraît à la surface des choses, se montre dans le gouvernement, palpite et se remue ; et ses premiers mouvements révèlent une force inconnue et puissante, une allure fière qui s'empare directement de l'avenir : l'enfance peut-être, mais l'enfance d'un géant. C'est un arbre vigoureux qui commençait par étendre ses racines avant de croître en plein soleil. Fille du clergé qui prônait la royauté religieuse, des jurisconsultes qui demandaient la royauté impériale, des gentilshommes qui voulaient y maintenir le principe électif, tour à tour elle revendiqua tous ces titres, et se basa principalement sur l'ordre public, la justice, l'intérêt commun, l'unité. La royauté devint nationale, lorsque nous devînmes la nation française.

A la renaissance de la royauté, les anciens éléments sociaux sont réduits à deux, le gouvernement et le peuple. Les diversités ont cessé, la similitude a ramené l'union dans toutes les parties organiques du corps social. De plus, l'Église atteignait alors l'apogée de sa puissance, après avoir passé par l'empire, la barbarie et la féodalité. A la chute de la puissance romaine, elle se trouve de la race des vaincus ; elle dut les convertir, les vaincre à son tour, et ce travail accompli, elle aspire à la domination. Elle détruit encore la résistance féodale, les résistances spéciales du clergé lui-même; et de Grégoire VII jusqu'à Innocent III, la théocratie est constituée, la papauté dirige le monde. Les croisades sont le produit de cette unité profonde, dont le vicaire de Jésus-Christ fut en Europe le premier représentant. Lui seul était alors la voix qui s'entendait partout et que tous les peuples comprenaient; lui seul eut le pouvoir de réunir toutes les inimitiés qui agitaient la corporation européenne, et de diriger vers un centre commun toutes ces forces qui se détruisaient incessamment. Je regrette que M. Guizot n'ait pas cherché là les causes primitives de l'uniformité de pouvoir qui plus tard domina la civilisation. C'est pourtant un fait bien remarquable que celui que nous signalons. L'unité de foi a créé la papauté du moyen âge; celle-ci a fait les croisades, les croisades ont fait le roi.... dans l'ordre politique, à l'image de la papauté dans l'ordre religieux. La royauté, en se développant, termine sa mission temporelle et ressaisit sa suprématie matérielle. L'unité papale enfante les croisades, l'unité royale les finit, et commence un ordre nouveau : chacun de ces deux grands faits repose également sur une tête sanctifiée. A l'entrée des croisades il y a saint Grégoire VII; à l'entrée de la royauté moderne il y a saint Louis : une noble tiare, une sainte couronne; c'est beau et c'est grand ! Comme nous l'avons dit plus haut, la domination suprême des papes ne devait durer que le temps nécessaire pour fonder l'autorité sur ses véritables bases. Si les successeurs d'Innocent III avaient conservé le sceptre des deux puissances, la civilisation européenne aurait vraisemblablement pris la tournure de la civilisation arabe, et serait demeurée stationnaire, immobile et mourante. Tels n'étaient pas les desseins de Dieu, qui sait toujours rétablir à propos l'équilibre entre les divers agents des œuvres qu'il élabore. Au moment du plus grand succès de la cour de Rome, saint Louis entre personnellement en lutte contre la papauté elle-même. proclame l'indépendance du pouvoir temporel, et publie la première pragmatique qui fut le modèle de toutes les autres. D'un autre côté, un orage populaire la menace et la fait trembler. L'hérésie des Albigeois engendre une guerre civile dont la popularité ne resta pas à la victoire. Plus tard l'hérésie attaque même la constitution de l'Église, et Wiclef est le précurseur de Jean Huss et de Luther. Les rois prennent eux-mêmes le parti des peuples; la puissance papale décline, et se tient sur la défensive. A l'ouverture du xive siècle, s'engage la fameuse querelle entre Philippe-le-Bel et Boniface VIII. Boniface somme le roi de reconnaître qu'il tient du Saint-Siége le royaume de France; la bulle est brûlée en pleine assemblée, et le garde des sceaux, Pierre Flott, répond au nom du roi la lettre célèbre dont voici le commencement : « Philippe, par la grâce » de Dieu, roi des Français, à Boniface se préten-» dant pape, peu ou point de salut. Que votre très

» grande fatuité sache que nous ne sommes soumis
» à personne pour le temporel. » On sait le reste :
le malheureux pape mourut empoisonné, et le peuple, dit-on, lui fit cette épitaphe : «Ci-gît, qui entra
» au pontificat comme un renard, y régna comme un
» lion, et y mourut comme un chien. » Édouard Ier
fait également la guerre au Saint-Siége, et ces événements prouvent assez où en était dès le xive siècle la puissance pontificale. La théocratie faisait
place en Italie au courant populaire qui cherchait
à se constituer en une démocratie dont l'histoire
est si dramatique du xie au xvie siècle.

Le xive siècle est rempli de tentatives d'organi-
sations politiques qui, presque toutes, ont échoué.
Les républiques d'Italie, aussi brillantes que celles
de l'antique Grèce, n'ont eu comme elles de bonheur qu'à la surface ; divisées d'intérêts comme
leurs aînées, elles se sont étouffées mutuellement,
et leur activité, pleine de génie et de courage, détruisait au-dedans toute paix, toute sécurité. Et de-
vinez la cause de leur prompt asservissement. Les
établissements républicains n'obtinrent pas plus de
chances de durée dans les autres contrées de l'Europe : dans le Languedoc, la croisade féodale dé-
truisit l'insurrection communale des villes du midi ;
seule, la Suisse, retranchée dans ses villes et ses
montagnes, échappa à cette destinée et resta dé-
mocratique. Le véritable mouvement de centralisation se déclare avec le xve siècle. Alors les idées
générales tendent constamment à absorber l'esprit

de localité dans les intérêts généraux, l'action des peuples et des gouvernements est clairement déterminée. En France, le caractère national prend décidément la place de l'esprit féodal qui avait dominé le pays jusqu'au règne des Valois. A partir de cette époque, la véritable France est formée ; pendant les longues guerres nationales contre les Anglais, la noblesse, les bourgeois, les paysans partagent pour la première fois les mêmes périls, les mêmes sentiments, le même honneur, et marchent avec la même ardeur contre l'ennemi commun. Le territoire français se développe et se forme en même temps que l'esprit public. Toutes les provinces incorporées alors à la France demeurent et resteront françaises. A la fin du règne de Charles VII, le pouvoir s'affermit, s'élargit, s'organise ; l'impôt et les forces militaires sont créés d'une manière permanente ; en même temps, l'administration s'épure, fonde et multiplie les parlements provinciaux. Sous Louis XI, un nouveau mode de gouvernement apparaît. La politique emploie la persuasion, la ruse, les intrigues ; les procédés intellectuels prennent la place de la force brute, et le machiavélisme politique, si long-temps captif dans le conseil des Dix, monte enfin sur les trônes et engendre la diplomatie européenne. M. Guizot présente avec bonheur la lutte de Louis XI et de Charles-le-Téméraire, comme la personnification des deux systèmes féodal et politique. L'un se plaît à manier les armes, l'autre à manier les intérêts et les esprits ; évidemment toute la force morale est du côté de Louis XI, qui a modifié toute la tactique intérieure du gouvernement. Ce n'est pas encore le grand jour, la publicité, la presse ; mais c'est une guerre déclarée à la force brutale ; c'est l'intelligence qui reprend le dessus et qui va sortir des voies ténébreuses. En Espagne, même mouvement vers la centralisation. Le royaume de Grenade est conquis, la royauté cimentée par le mariage d'Isabelle et de Ferdinand-*le-Catholique*, qui adopte un mode de gouvernement analogue à celui de Louis XI ; en Allemagne, la maison d'Autriche arrive décidément à l'empire (1438) ; l'hérédité est consacrée, et Maximilien Ier établit le pouvoir central. En Angleterre, à la suite des sanglants débats entre les deux maisons d'York et de Lancastre, l'aristocratie décimée perd sa puissance, et l'exilé Richemont vient y faire triompher la royauté, en 1485. La monarchie ne s'établit pas encore en Italie, mais là république y finissait ; Florence tombe au pouvoir des Médicis ; Gênes devient Milanais. Le xve siècle voit naître les révolutions permanentes entre les princes, les rois et les maisons souveraines de l'Europe. On forme des alliances, des traités de paix, des associations puissantes : la ligue vénitienne, la ligue de Cambrai, la sainte ligue contre Louis XII, reposent sur des combinaisons politiques qui prouvent le progrès et le besoin de rapprochement. Au dedans, la perception des impôts est établie sur des bases régulières, et cesse d'être un pillage, un butin ; en un mot, il y a partout une morale publique, une raison publique, un esprit public.

A cette universelle fermentation qui tend à ramener tous les éléments sociaux vers un point central, correspond un mouvement en sens inverse qui développe dans les esprits une orageuse et féconde activité. La renaissance des arts, de la peinture, de la poésie, de la musique, jette un éclat si vif qu'elle nous éblouit encore en plein XIXe siècle. Un instinct prodigieux de voyages, de découvertes, d'entreprises, emporte tous les hommes à des destinées nouvelles ; l'intelligence se complète par de nouveaux sens, le monde par de nouveaux continents. Le passage du cap de Bonne-Espérance par Vasco de Gama, l'Amérique de Christophe Colomb, la peinture à l'huile, la poudre à canon, la gravure sur cuivre, le papier de linge, la boussole, la presse, tout cela fait le bruit d'un monde qui se lève, d'une création qui sort du néant. C'est un éblouissement de peintures, de chefs-d'œuvre, de coupoles grandioses et d'aiguilles de dentelles, d'artistes, de généraux, de grands hommes, de grandes choses. C'est le produit magnifique de deux principes de l'esprit humain qui se sont un moment embrassés, fécondés d'une aspiration puissante ; c'est l'humanité qui se rassemble, c'est l'activité de l'homme qui travaille.

Malheureusement cette union ne fut pas de longue durée ; le mouvement d'unité n'agissait que sur la société temporelle, et le monde des esprits était profondément divisé. Au xvᵉ siècle un besoin de réforme bien avoué agite l'Église elle-même; peut-être allait-elle y remédier, lorsque le grand schisme d'Occident et la lutte de trois papautés compliquent la situation, et font avorter toute tentative de réforme indiquée par les conciles. Après l'élection de Félix V, les souverains, toujours empressés à profiter des discordes de l'Église, s'emparent des moyens proposés par le comité de Bâle, et tentent d'accomplir eux-mêmes une réforme dont le succès eût assurément formé des Églises séparées et indépendantes, c'est-à-dire la ruine du catholicisme.

Heureusement la pragmatique sanction, déclarée sous Charles VII loi de l'État, adoptée par la diète de Mayence en 1349, est abandonnée partout en Allemagne et en France, et remplacée plus tard par le concordat de Léon X et de François Iᵉʳ. Cependant les principes dont elle émanait existaient toujours : Jean de Paris, d'Ailly, Gerson, se proclament ses défenseurs. Ils prennent racine en France, et s'y perpétuent jusqu'au gallicanisme, rédigé par Bossuet en 1682. Cette réforme, si déplorablement avortée dans le sein de l'Église, en fit éclore une autre violente, orageuse, passionnée, qui commença contre le catholicisme cette lutte terrible, mère du protestantisme. En 1404, les prédications de Jean Huss sont le premier cri de guerre; en vain le concile lui riposte avec un argument funeste, le bûcher de Constance ne consume avec Jean Huss et Jérôme de Pragues ni les principes de la réforme ni les causes de la révolution qui allait embraser l'Europe. Vainement l'Empire a-t-il comprimé la révolte des Hussites ; leurs idées restent, elles fermentent, elles prennent de la vigueur, elles éclateront à la première occasion. L'occasion se présente un siècle plus tard, et l'explosion est universelle.

La vie active de la réforme est renfermée entre 1520, où la bulle de Léon X est brûlée publiquement par Luther, et 1648, où l'existence légale et politique des États protestants est reconnue par le traité de Westphalie. Elle éclata au milieu du grand duel de Charles-Quint et de François Ier, qui se disputent l'Italie, l'Allemagne, c'est-à-dire l'empire en Europe. Mais les batailles de Marignan et de Pavie, la création de nouvelles puissances au nord, la Suède relevée par Gustave Wasa, la Prusse constituée en royaumes par la sécularisation de l'ordre teutonique ; en un mot, tous les événements matériels du temps sont petits à côté de l'étonnante révolution qui s'accomplissait dans les hauteurs de l'intelligence. A cette époque, un impérieux besoin de développements et de progrès poussait l'esprit humain vers des voies nouvelles. Ce n'était plus simplement des opinions, des hérésies isolées s'élevant et s'évanouissant comme des étincelles fugitives, c'était la science qui déclarait énergiquement ses droits et sa force, c'était l'intelligence en masse qui proclamait son indépendance, sa liberté, et se disposait à intervenir dans le gouvernement de la pensée sociale. L'Église, qui pendant tant de siècles avait conduit l'esprit humain, avait elle-même semé les causes de cette révolution en créant les écoles, et favorisant les moyens d'instruction. Il en était sorti des hommes pleins de science et de pensée, qui voulaient s'instruire par eux-mêmes des lois de la nature, de l'univers et de l'homme, c'est-à-dire vivre de la vie de l'esprit dans une sphère d'action plus large et plus active. Or l'Église, par une suite de causes déplorables sans doute, n'était plus à même de diriger ce mouvement, et de prêcher la croisade de l'intelligence comme elle prêcha celle de la foi. Les gouvernements avaient ressaisi la prééminence; l'unité politique avait absorbé l'unité religieuse; la puissance du Saint-Siége pâlissait devant celle de l'empereur; le globe de Charlemagne n'était plus à Rome, et le pouvoir spirituel, affaibli par le concours de mille fatalités, ne comprenait pas assez la portée du mouvement intellectuel au xvie siècle pour s'en rendre maître, et le rattacher au centre éternel de la foi. Aussi vous le voyez à l'instant débordé par la réforme, comme Louis XVI par la révolution; sa conduite est pleine de tâtonnement, d'indécision, de faiblesse. Au lieu de prendre dès le principe cette allure assurée qui révèle à l'heure des dangers toute la force morale d'un gouvernement, le Saint-Siége a recours aux petits moyens, aux demi-mesures qui caractérisent les causes perdues. Sa première faute est étrange : il traite le principe de la réforme comme une hérésie ordinaire : il ne trouve qu'une émeute là où il fallait voir un chargement immense et profond. Il devaitagir avec plus de sang-froid, employer les procédés des réformateurs eux-mêmes, la parole et la discussion libre ; se montrer avec confiance fort de l'ascendant de la vérité, qui ne craint jamais de regarder l'erreur en face. Il eût infailliblement prévenu le désordre et le schisme déplorable qui suivirent, s'il avait rétabli la question à son véritable point de vue ; s'il avait reconnu d'une part ce qu'il y avait de légitime dans la cause de la raison arrivée à l'âge de la majorité, et s'il avait montré de l'autre que, séparée de la foi, elle ne peut produire que le scepticisme, l'anarchie, la dissolution de toute société. Au contraire, trop peu sûr de lui-même, doutant en quelque sorte de Dieu et de l'avenir, il demande l'intervention des gouvernements temporels, qui brûlent les hérétiques autour d'eux, ailleurs les provoquent et les soutiennent ; et ce grand procès, qui se fût peut-être vidé à l'amiable avec le seul secours des armes spirituelles, devint par les intérêts complexes qui s'y mêlèrent, une guerre affreuse, sanglante, un fanatisme hideux et brutal qui s'étendit comme une lave avec le protestantisme. Les bûchers et l'effusion du sang produisirent le divorce fatal des deux principes qu'il importait tant au catholicisme de tenir unis, et qui enfin, après trois siècles, tendent à se rapprocher.

Néanmoins, quand on interroge les vues de la Providence, on reconnaît bien vite les avantages de cette révolution. Quelle est la mission éternelle de l'Église? c'est de maintenir la foi, de promulguer le dogme; en d'autres termes, d'entretenir la vie du cœur. Voilà la fin primitive et permanente de sa divine institution. Les autres directions qui s'y sont mêlées dans le cours des siècles ne l'ont été, en quelque sorte, qu'accidentellement, et tenaient à des besoins passagers. Ainsi vous la voyez disposer un instant de toute la puissance matérielle du monde; le mouvement de la civilisation lui enlève cette suprématie, et lui laisse encore durant quelques siècles le gouvernement suprême de l'intelligence. Cependant le progrès des esprits devait lui faire perdre graduellement cette domination; mais un ébranlement profond était nécessaire pour arriver à ce résultat. Dieu, qui dispose à son gré des hommes, des événements et des siècles, permit cette effrayante insurrection, lorsqu'il vit que les temps étaient venus de rendre à l'Église sa mission définitive et durable, l'administration de la foi parmi les intelligences libres, et le gouvernement des cœurs fondé sur l'amour et la charité. Il n'est pas étonnant que M. Guizot, envisageant la question du point de vue protestant, n'ait pas entrevu ces considérations d'un ordre plus élevé; mais nous croyons que l'esprit catholique, plus familiarisé avec l'action de la Providence sur le monde, devrait rétablir ainsi l'explication des idées et des faits. Nous croyons qu'il n'est pas mauvais de montrer quelquefois que la mission divine de l'Église ne finit pas au xviᵉ siècle, parce que l'intelligence semble en quelques points se détacher d'elle. Ce qui prend un essor nouveau, c'est cette partie de l'homme qui n'est soumise qu'indirectement à l'élément religieux, la conception ; ce qui devient libre, c'est l'intelligence ; ce qui va naître pour briller toujours, c'est la philosophie. Mais la philosophie et l'intelligence ne peuvent pas vivre, se développer dans une séparation de l'Église ou de la foi, qui est leur principe : l'homme ne peut vivre en violant les lois de sa nature. Mais laissons la controverse pour en revenir au xviᵉ siècle et à la civilisation. M. Guizot apprécie parfaitement, suivant nous, la cause et le but du mouvement qui agite alors le monde. Il a eu pour principe et pour résultat l'émancipation de l'esprit humain. Mais les réformateurs eux-mêmes furent le plus souvent les agents aveugles d'une force inconnue, et ne se rendirent pas compte du changement qu'ils opéraient : ceci se prouve évidemment par l'embarras des réformés lorsque les catholiques leur reprochaient la multiplicité des sectes. Au lieu de l'avouer franchement, au lieu de la soutenir comme la conséquence de leurs principes, ils s'en désolaient, ils les anathématisaient. Si Claude, dans ses discussions avec Bossuet, avait pris pour base les reproches mêmes que lui adressait le grand évêque, assurément celui-ci eût été forcé de changer tout son plan de bataille, et d'avoir recours à une polémique beaucoup plus élevée que celle qu'on pratiquait alors. Ainsi, une déclaration de libre arbitre et d'examen rationnel, tel est bien le sens de la réforme au xvie siècle. Elle tombe en Europe à l'heure de la centralisation politique ; l'esprit humain se divise au même instant où la société matérielle se réunit. Deux choses demeurent après la réforme : le mouvement intellectuel et la monarchie. Le champ de bataille reste désormais à ces deux faits puissants, et la lutte va s'engager entre eux. Elle commence par l'Angleterre ; le pouvoir absolu et la liberté se disputent pendant un siècle la société tout entière : la Grande-Bretagne passe tour à tour de l'échafaud royal à la république, de la république au protectorat de Cromwel, de Cromwel aux Stuarts, des Stuarts à 1688. La France l'imita plus tard avec une péripétie singulièrement analogue. La monarchie absolue du continent fit triompher la liberté en Angleterre. « Celle-ci appartenait à Louis XIV, dit M. Guizot, tant que Charles II et Jacques II ont régné. »

Guillaume III, en s'emparant de l'Angleterre, refoula sur le continent l'influence politique de Louis XIV, et le royaume-uni abandonna décidément le système de la monarchie pure, pour entrer en pleine réforme, en pleine liberté. C'est par là que la révolution se rattache au grand mouvement de la civilisation générale du xviie au xviii^e

siècle. L'auteur présente sous son véritable point de vue l'influence diverse que la France exerça en Europe durant ces deux siècles. Dans le premier, c'est au gouvernement français qu'appartient la prépondérance : c'est lui qui devient le modèle de tous les pouvoirs ; c'est lui qui les règle, qui les instruit, qui les met en action. Dans l'âge suivant, la France marche encore à la tête des nations; mais ce n'est plus son gouvernement seul, c'est la France elle-même. Le pouvoir s'appauvrit, perd sa puissance extérieure, sa force morale, et l'empire français gouverne l'esprit public, régit l'opinion, agite les idées, domine le mouvement de toutes choses. Au XVIIᵉ siècle, toutes les puissances européennes sont rangées sous l'une ou l'autre de ces deux bannières, la liberté politique que représentent la Hollande et Guillaume, le pouvoir absolu dont Louis XIV est la personnification; et ce principe a modifié fondamentalement l'action intérieure et extérieure de son gouvernement. Toutes ses guerres portent un caractère de raison et de saine politique inconnu avant lui. Guidé par des motifs sérieux et rationnels, il cherche à s'adjoindre telle population, telle province appelée par la nature de sa position géographique et morale à faire partie de l'État. C'est la Flandre, la Franche-Comté, l'Alsace, qui deviennent françaises pour toujours. D'une autre part, les relations diplomatiques, fondées sur des considérations indépendantes du principe religieux, prennent

une tournure de permanence, de régularité, qui
détermine et fonde l'équilibre européen. Des
idées contradictoires semblent s'y mêler; par exemple nous voyons le grand roi, ce patron suprême
de la centralisation et de l'idolâtrie monarchique,
fomenter en Angleterre, du temps même de ses
amis les Stuarts, les espérances républicaines, pour
affaiblir la puissance déjà tremblante de Charles II.
Sous le point de vue administratif, on remarque
l'immense supériorité de ce gouvernement sur tous
les autres; l'action du pouvoir central s'étend à toutes les parties du royaume, et sous ce rapport l'influence du ministère de Colbert et de Louvois se
fait encore sentir de nos jours. L'amélioration lé-
gislative contribue à établir la marche administrative sur les bases durables de la fixité et du progrès. La civilisation française recueillit tous les
avantages du règne de Louis XIV, comme la société
générale hérita au moyen âge de la vaste unité
pontificale introduite par Grégoire VII. Avec
Louis XIV la monarchie absolue arrive au point
culminant de la gloire; elle se résume dans un
homme; cet homme de moins, elle décline. Quelles
racines avait désormais la royauté dans le pays,
lorsque toutes ses institutions, toutes ses garanties
de durée sont détruites? Le système de Louis XIV,
créé par Richelieu, grandit et meurt avec lui : il ne
pouvait avoir qu'une vie d'homme. Il en porte tous
les caractères de jeunesse, de vigueur, et plus tard

de décrépitude. Le pouvoir absolu présente à la fin du xviie siècle tous les symptômes d'une prochaine et inévitable dissolution : il se resserre, il chancelle, il s'amoindrit. Autant il nous apparaît fier, éperonné, vigoureux, avec ce jeune homme qui entre au parlement en bottes de chasse, un fouet à la main, autant il nous semble maigre, déshérité, chétif, avec ce vieillard gouverné par madame de Maintenon. Il est à son premier état de gloire et de splendeur, ce qu'est la veuve de Scarron à la jeune et brillante La Vallière. Avec Louis XIV, le gouvernement disparaît et s'efface dans ce grand mouvement qui agite les esprits et les emporte vers un but inconnu encore, mais certainement noble, utile, immense, comme tout ce qui se fait dans le monde avec ensemble et unanimité. Le pays a remplacé le pouvoir : à lui l'ambition, l'activité, les sciences, la philosophie, les vastes découvertes, les examens profonds, les lumières, l'autorité morale et définitive. Versailles n'a plus qu'un palais déjà vieux, une cour déjà usée d'intrigues et de corruption. C'est à Paris qu'il faut chercher la France ; c'est là qu'elle palpite, qu'elle pense, qu'elle détruit. Le libre examen prévaut à son tour : il emporte la dernière ombre du pouvoir absolu : notre Charles Ier est né : le 21 janvier n'est pas loin. On sait le reste. L'esprit humain, séparé de sa loi primitive et fondamentale, était tout-puissant pour détruire, inhabile à constituer rien de durable. La liberté est exclusive, et se détruit elle-même, lorsqu'elle n'obéit pas à son éternelle régulatrice, lorsqu'elle se met à la place de sa mère, lorsqu'elle prétend remplir une fonction différente de celle que lui assigna le Créateur : elle ressemble à un corps qui, refusant les aliments et les conditions de la vie, se dévore et se ravage lui-même, et meurt sous le poids de son néant et de ses propres malédictions. Aussi la mission de notre siècle est de combiner le mouvement libre de l'âge passé, avec un égal mouvement vers les régions de la foi. Tous les hommes d'amour et de pensée sont appelés à y concourir. L'ouvrage de M. Guizot a imprimé sous ce rapport aux esprits d'ordre et d'avenir une direction féconde et incontestable. Il a jeté partout une véritable connaissance des hommes, des temps et des faits ; il a effacé beaucoup de haines, en montrant la civilisation européenne se dégageant tour à tour des mille éléments qui la composent, et gravitant vers l'intelligence comme l'âme vers Dieu. Dans tout ce cours il n'a oublié qu'une chose, et la voici : la société de nos pères était comme une ville du moyen âge hérissée d'aspérités, de formes rudes, de grossièretés saillantes, de figures grimaçantes et risibles ; mais pénétrez au dedans, vous y trouverez une végétation d'idées, pleines de force, d'étendue, d'avenir; vous y trouverez cette foi robuste qui est comme le cœur de toute communauté; la foi, cette mère de la charité, dernière expression sociale après laquelle il n'y aura plus que le ciel.

Matre pulchra, filia pulchrior (1)!

(1) On trouvera peut-être que nous nous sommes démesurément étendu sur le cours de M. Guizot ; c'est que nous l'avons considéré comme l'expression de l'opinion philosophique d'une grande partie de la France contemporaine sur l'histoire générale, comme le travail historique le plus synthétique de notre temps.

XIII

Michelet. — Chateaubriand. — De Barante , etc., etc.

Si M. Guizot est aimé des esprits méditatifs et profonds, l'historien que les âmes poétiques et ardentes placent en première ligne est notre illustre professeur, M. Michelet. Ses plus remarquables travaux sont ses deux volumes sur l'histoire romaine, et les trois volumes qu'il a publiés jusqu'à ce jour sur l'histoire de France.

Personne, selon nous, n'avait expliqué aussi clairement les diverses phases de la grande histoire de la vieille Rome : sa fondation , sa lutte contre les peuples de l'Italie, sa conquête du monde au moyen de ces peuples qu'elle conduit au combat après les avoir vaincus et rendus Romains. Le style de M. Michelet est entraînant et plein de mouvements inattendus. L'auteur est peut-être trop sujet à se passionner pour les systèmes ; par exemple, il voit des *mythes* dans une foule de faits pris pour constants jusqu'aux recherches contemporaines de l'Allemagne. Il faut se méfier de la crédulité historique ; mais l'incrédulité jette peut-être en des erreurs plus dangereuses encore , en ce qu'elle laisse planer le doute sur les annales de tous les peuples. M. Michelet a porté sa passion investigatrice dans le premier volume de son *Histoire de France*. Ses curieuses et longues recherches sur les diverses races qui peuplent le sol français, ont été combattues dans la *Revue européenne* avec une ténacité et une patience tout allemandes par le baron d'Ekstein. Pour se faire juge entre ces deux éruditions, il faudrait recommencer les minutieuses études des deux savants ; le public comprendra que nous n'en avons pas le temps au milieu des vastes questions qu'il nous faut traiter dans ce livre.

Le tableau que M. Michelet trace de la France au début de son second volume est un morceau de géographie historique très remarquable. Il saisit à grands traits la physionomie des diverses provinces, suit avec l'œil de l'aigle le cours des chaînes de montagnes et celui des fleuves, et rappelle en passant les principaux faits politiques des contrées qui sont venues peu à peu se fondre dans l'imposante unité française. Le poëte-historien n'a garde d'omettre les écrivains et artistes éminents, les savants illustres, qui sont la gloire immortelle des nations. Cette rapide synthèse de notre patrie nous plaît singulièrement, mais nous lui voudrions dans quelques parties plus de méditation calme et profonde. Des légèretés singulières se sont glissées çà et là parmi de belles et nobles pensées exprimées avec cette désinvolture pittoresque qui est un des grands charmes de l'auteur. C'est un peintre habile que celui qui a tracé le tableau suivant :

« Je n'oublierai jamais le jour où je partis de grand matin d'Auray, la ville sainte des chouans, pour visiter, à quelques lieues, les grands monuments druidiques de Loc-Mariaker et de Carnac. Le premier de ces villages, à l'embouchure de la sale et fétide rivière d'Auray, avec ses îles du Morbihan, plus nombreuses *qu'il n'y a de jours dans l'an*, regarde par-dessus une petite baie la plage de Quiberon, de sinistre mémoire. Il tombait du brouillard, comme il y en a sur ces côtes la moitié de l'année. De mauvais ponts sur des marais, puis le bas et sombre manoir avec la longue avenue de chênes qui s'est religieusement conservée en Bretagne ; des bois fourrés et bas, où les vieux arbres mêmes ne s'élèvent jamais bien haut ; de temps en temps un paysan qui passe sans regarder ; mais il vous a bien vu avec son œil oblique d'oiseau de nuit. Cette figure explique leur fameux cri de guerre, et le nom de chouan que leur donnaient les bleus. Point de maisons sur les chemins ; ils reviennent chaque soir au village. Partout de grandes landes, tristement parées de bruyères roses et de diverses plantes jaunes ; ailleurs, ce sont des campagnes blanches de sarrasin. Cette neige d'été, ces couleurs sans éclat et comme flétries d'avance, affligent l'œil plus qu'elles ne le récréent ; comme cette couronne de paille et de fleurs dont se pare la folle d'Hamlet. En avançant vers Carnac, c'est encore pis : véritables plaines de roc où quelques moutons noirs paissent le caillou. Au milieu de tant de pierres, dont plusieurs sont dressées d'elles-mêmes, les alignements de Carnac n'inspirent aucun étonnement. Il en reste quelques centaines debout; la plus haute a quatorze pieds. »

La haute poésie philosophique apparaît partout dans M. Michelet; le moyen âge est pour lui une source de fortes et sublimes inspirations. La passion de Jésus-Christ, dont cette époque était si vivement préoccupée, pose à chaque instant devant les yeux de l'auteur. Il dit, tome II, page 640 :

« Quoique la passion soit active et volontaire, par cela seul que cette volonté est dans un corps, cette âme dans une enveloppe, ce Dieu dans un homme, il y a un moment de crainte et de doute. C'est là le tragique, le terrible du drame; c'est ce qui fait craquer le voile du temple, ce qui couvre la terre de ténèbres; c'est ce qui me trouble en lisant l'Évangile, et qui, aujourd'hui encore, fait couler mes larmes. Que Dieu ait douté de Dieu! qu'elle ait dit, la sainte victime : « Mon père! mon père! m'avez-vous donc délaissé? »

» Toutes les âmes héroïques qui osèrent de grandes choses pour le genre humain ont connu cette épreuve; toutes ont approché plus ou moins de cet idéal de douleur. C'est dans un tel moment que Brutus s'écriait : « Vertu, tu n'es qu'un nom. » C'est alors que Grégoire VII disait : « J'ai suivi la justice et fui l'iniquité; voilà pourquoi je meurs dans l'exil. »

» Mais d'être délaissé de Dieu, d'être abandonné

à soi, à sa force, à l'idée du devoir contre le choc du monde, c'est là une colossale grandeur ; c'est là apprendre le vrai mot de l'homme, c'est goûter cette divine amertume du fruit de la science, dont il était dit au commencement du monde : « Vous saurez que vous êtes des dieux, vous deviendrez des dieux. »

» Voilà tout le mystère du moyen âge, le secret de ses larmes intarissables, et son génie profond ; larmes précieuses, elles ont coulé en limpides légendes, en merveilleux poëmes ; et s'amoncelant vers le ciel, elles se sont cristallisées en gigantesques cathédrales qui voulaient monter au Seigneur ! »

M. Michelet a un sentiment profond de l'art gothique. Cette sorte de mérite ne saurait s'analyser. Les citations seules peuvent en donner une idée : nous nous en permettrons une dernière.

« Comment compter nos belles églises du xiii⁰ siècle ? Je voulais du moins parler de Notre-Dame de Paris ; mais quelqu'un a marqué ce monument d'une telle griffe de lion, que personne désormais ne se hasardera d'y toucher. C'est sa chose désormais, c'est son fief ; c'est le majorat de Quasimodo. Il a bâti à côté de la vieille cathédrale une cathédrale de poésie, aussi ferme que les fondements de l'autre, aussi haute que ses tours. Si je regardais cette église, ce serait comme livre d'histoire, comme le grand registre des destinées de la monarchie. On sait que son portail, autrefois chargé des images de tous les rois de France, est l'œuvre de Philippe-Auguste; le portail sud est de saint Louis, le septentrional de Philippe-le-Bel; celui-ci fut fondé de la dépouille des templiers, pour détourner sans doute la malédiction de Jacques Molay. Ce portail funèbre a dans sa porte rouge le monument de Jean-sans-Peur, l'assassin du duc d'Orléans. La grande et lourde église toute fleurdelisée appartient à l'histoire plus qu'à la religion. Elle a peu d'élan, peu de ce mouvement d'ascension si frappant dans les églises de Strasbourg et de Cologne. Les bandes longitudinales qui coupent Notre-Dame de Paris, arrêtent l'élan; ce sont plutôt les lignes d'un livre. Cela raconte au lieu de prier.

» Notre-Dame de Paris est l'église de la monarchie; Notre-Dame de Reims celle du sacre. Celle-ci est achevée, contre l'ordinaire des cathédrales. Riche, transparente, pimpante dans sa coquetterie colossale, elle semble attendre une fête; elle n'en est que plus triste : la fête ne revient plus. Chargée et surchargée de sculptures, couverte plus qu'aucune autre des emblèmes du sacerdoce, elle symbolise l'alliance du roi et du prêtre. Sur les rampes extérieures de la croisée batifolent les diables, ils se laissent glisser aux pentes rapides, ils font la moue à la ville, tandis qu'au pied du Clocher-à-l'Ange le peuple est pilorié.

« Saint-Denis est l'église des tombeaux; non pas une sombre et triste nécropole païenne, mais glorieuse et triomphante, toute brillante de foi et d'espoir, large et sans ombre, comme l'âme de saint Louis qui l'a bâtie ; simple au dehors, belle au dedans, élancée et légère, comme pour moins peser sur les morts. La nef s'élève au chœur par un escalier qui semble attendre le cortége des générations qui doivent monter, descendre, avec la dépouille des rois. »

M. Michelet peint le grand mouvement des croisades avec un rare bonheur. On sent dans ses pages toute cette commotion profonde qui ébranle les masses populaires aux époques travaillées par une idée neuve, par une de ces passions que l'on semble respirer avec l'air. Le pittoresque de son expression ne l'abandonne jamais.

Que manque-t-il donc à cet écrivain pour être un historien comparable aux grands historiens de l'antiquité? un jugement calme, une méditation grave, qui classent les diverses phases des siècles avec lucidité ; une parole moins emportée qui ait la solennité d'une raison élevée, au lieu de la fougue d'une imagination brûlante. Parfois M. Michelet entasse tant de faits, d'idées, de rapprochements inattendus dans une page, qu'il y a chaos et éblouissement. Cette méthode porte avec elle moins d'instruction que la méthode des historiens de la Grèce et de Rome, beaucoup moins que celle de M. Guizot, qui ne vise presque jamais à la poésie. Nous sentons parfaitement que M. Michelet ne changera jamais sa nature d'âme ; c'est peut-être un grand poëte dévoyé de sa route primitive. Quoi qu'il en soit, nous sommes très disposé à le remercier de ses défauts, car nous nous sentons porté vers les régions qu'il aime.

Le grand écrivain qui a comme illuminé de sa gloire le commencement de notre siècle, s'est associé aux historiens contemporains par son livre sur les Stuarts, et principalement par les *Études historiques*. Depuis plusieurs années on se disait que M. de Chateaubriand préparait une *Histoire de France*, et c'était une nouvelle accueillie avec enthousiasme; le public fut un peu déçu lorsqu'apparurent les *Études*. L'admirable écrivain renonçait à élever l'édifice, troublé qu'il était par l'âge et par les trônes qui tombaient à ses pieds. Il nous donnait seulement les fragments qui se trouvaient achevés. Puis, comme s'il tenait à ne pas tromper tout-à-fait l'attente de la France, il analysait les parties de l'histoire qu'il n'avait pu écrire. Plusieurs fragments de cet ouvrage sont de nature à nous inspirer des regrets bien vifs; nous y avons retrouvé la poésie et le charme qui caractérisent l'auteur du *Génie du Christianisme*, ce mélange d'élégance attique et d'esprit gaulois qui est si ravissant chez le grand poëte de la Bretagne.

M. de Chateaubriand et M. Ballanche sont les hommes qui, selon nous, ont le plus entrevu l'avenir des sociétés et le rôle que le christianisme est appelé à y jouer jusqu'à la fin. C'est une question que des esprits qui cachent leurs frivolités sous des apparences scientifiques et tranchantes semblent se plaire à embrouiller chaque jour.

« On voit par cet exposé, dit M. de Chateaubriand, comment mes idées sur le christianisme diffèrent de celles de M. le comte de Maistre, et de celles de M. l'abbé de Lamennais : le premier veut réduire les peuples à une commune servitude, elle-même dominée par une théocratie ; le second me semble appeler les peuples (sauf erreur de ma part) à une indépendance générale sous la même domination théocratique. Ainsi que mon illustre compatriote, je demande l'affranchissement des hommes ; je demande encore, ainsi qu'il le fait, l'émancipation du clergé, on le verra dans ces *Études*; mais je ne crois pas que la papauté doive être une espèce de pouvoir dictatorial planant sur de futures républiques. Selon moi, le christianisme devint politique au moyen âge par une nécessité rigoureuse : quand les nations eurent perdu leurs droits, la religion, qui seule alors était éclairée et puissante, en devint la dépositaire. Aujourd'hui que les peuples les reprennent, ces droits, la papauté abdiquera naturellement les fonctions temporelles, résignera la tutelle de son grand pupille arrivé à l'âge de majorité. Déposant l'autorité politique dont il fut justement investi dans les jours d'oppression et de barbarie, le clergé rentrera dans les voies de la primitive église, alors qu'il avait à combattre la fausse religion, la fausse morale et les fausses doctrines philosophiques. Je pense que l'âge politique du christianisme finit; que son âge philosophique commence ; que la papauté ne sera plus que la source pure où se conservera le principe de la foi prise dans le sens le plus rationnel et le plus étendu. L'unité catholique sera personnifiée dans un chef vénérable représentant lui-même le Christ, c'est-à-dire les vérités de la nature de Dieu et de la nature de l'homme. Que le souverain pontife soit à jamais le conservateur de ces vérités auprès des reliques de saint Pierre et de saint Paul ! Laissons dans la Rome chrétienne tout un peuple tomber à genoux sous la main d'un vieillard. Y a-t-il rien qui aille mieux à l'air de tant de ruines ? En quoi cela pourrait-il déplaire à notre philosophie? Le pape est le seul prince qui bénisse ses sujets. »

Il nous semble important d'ajouter toutefois que dans cette ère philosophique dont parle M. de Chateaubriand, les institutions politiques ne seront encore qu'une application plus profonde et plus étendue des paroles du Christ. Seulement cette application, au lieu d'être faite par un corps ainsi que dans le moyen âge, le sera par la raison universelle, par tout le monde. C'est là le résultat de la presse, cette grande découverte des temps modernes. On l'a dit : une croix et une presse, voilà les deux instruments de la civilisation du monde.

M. de Barante a puissamment contribué à la régénération de l'histoire de France par son *Histoire des ducs de Bourgogne.* Sous Voltaire et ses suc cesseurs l'histoire était devenue une sorte de pamphlet philosophique ; M. de Barante en a fait un tableau, et est devenu le fondateur de l'école historique pittoresque. Son récit a toutes les grâces des chroniques et toute la clarté de la langue moderne. M. Sismondi, que recommandaient ses *Républiques italiennes*, nous a donné dans son *Histoire des Français*, un travail de recherches patientes et courageuses. M. Sismondi juge trop le passé à la lumière des idées contemporaines, et nous croyons son jugement sur certaines époques empreint de quelques préjugés. Toutefois, nous ne saurions trop le remercier de ses études consciencieuses, nous avons presque dit héroïques. C'est par habitude et par étourderie surtout que l'on dit chaque jour que nous ne voyons plus paraître que des œuvres frivoles ; quelle frivolité que celle des livres qui figurent dans ce chapitre !

Nous allons encore omettre ici bien des noms dignes d'estime. Nous n'omettrons pas toutefois, le beau travail de M. Villemain sur Cromwell. M. de Chateaubriand a dit justement de cet ouvrage, qu'il appartenait par le style à l'ancienne école, et à la nouvelle par les idées. M. Michaud, l'historien des croisades, voit sa renommée survivre à bien des noms venus après lui ; c'est toujours son œuvre que l'on va consulter sur cette étonnante époque. L'auteur du brillant récit de *Don Alonzo*, M. Salvandy, a donné dans son *Histoire de Pologne*, un monument de style noble et ferme. Le premier

journaliste de notre temps peut-être, Armand Car-
rel, a produit un livre élevé dans son *Histoire de
la contre-révolution en Angleterre sous Charles II et
Jacques II.* Il y a mis son austérité un peu rude.

M. Delécluze, que nous aurions pu aussi bien
classer parmi les romanciers et les critiques, car
nous lui devons de petits romans pleins de charme
et de très remarquables jugements sur la littérature et les arts, appartient aux historiens par son
beau livre : *Florence et ses vicissitudes.* L'auteur,
quoique plus particulièrement occupé de l'histoire
de l'art florentin, présente cependant un brillant
tableau de la civilisation italienne au moyen âge.

La fécondité rapide de M. Capefigue prévient contre lui bien des esprits sérieux. Ses divers travaux
sur l'histoire de France attestent une vie étrange-
ment laborieuse, et ils auraient certainement fait
une grande fortune littéraire à l'auteur il y a vingt
ans. M. Capefigue sera compté parmi les célèbres
annalistes de notre patrie; mais nous ne saurions
trop rappeler que Salluste a travaillé des années
son petit volume si admirable. Encore une fois,
pardonnez-nous, vous que nous omettons dans cette
revue rapide. Notre époque si calomniée offre de
telles richesses que nous ne pouvons espérer de
nous souvenir de toutes. Passons à l'histoire contemporaine.

XIV

Madame de Staël. — Ch. Lacretelle. — Mignet. — Thiers, etc., etc. —
Conclusion.

Une des gloires littéraires de la France, madame
de Staël, occupe une place parmi les historiens modernes par ses *Considérations sur les principaux
événements de la révolution française*. Ce qui distingue principalement ce livre, c'est la noble alliance de l'amour de la liberté et de l'amour de la
justice. Quelle sympathie pour les progrès des
peuples, et quelle horreur pour le despotisme et
pour tout ce qui s'écarte du droit! Madame de
Staël s'éloigne également des hommes que la passion de la liberté aveugle sur les exécutions sanglantes de 1793, et de ceux que l'amour du passé
aveugle sur les bienfaits immenses de la révolution.
Son génie plane d'assez haut pour n'être pas obscurci par ces préjugés déplorables. La puissance
de Mirabeau elle-même ne saurait la distraire de
ses vices et de ses désordres. Il faut pardonner à
la piété filiale ses trop longs et trop nombreux

chapitres sur M. Necker. Le protestantisme lui
dicte aussi quelquefois des jugements qui paraissent fort étranges aujourd'hui.

M. Ch. Lacretelle a précédé dans la carrière les
deux plus célèbres historiens de la révolution française ; son œuvre est loin de celle de ses successeurs. M. de Chateaubriand a dit qu'il avait pris le
noble parti de la vertu contre le crime. C'est vrai ;
mais il n'a pas assez senti les étonnants résultats du
mouvement social qu'il avait à décrire. Il a été beaucoup trop l'homme du passé.

MM. Mignet et Thiers sont les fondateurs de l'école
historique que l'on a appelée fataliste. Le premier
a resserré le récit de la révolution française en deux
volumes ; sa manière est simple et rapide ; il
renferme souvent une foule d'idées dans quelques
lignes. Je n'examinerai sa pensée que lorsque je
vais parler de M. Thiers, dont l'histoire aux amples développements est en possession de l'estime
de tous les hommes qui appartiennent aux passions
et aux sympathies de l'époque nouvelle. Sans l'histoire de M. Thiers, celle de M. Mignet aurait conservé dans le monde une importance bien plus
grande.

L'œuvre de M. Thiers est inégale, comme il arrive souvent aux livres de longue haleine. Telle
partie est d'un style nerveux et plein de force, telle
autre accuse la fatigue et la rapidité de la rédac-
tion. Il y a des tableaux dignes des grands maîtres.
On a déjà cité la mort de Mirabeau et celle de

Louis XVI : nous choisirons ces deux passages pour donner une idée de l'éloquence de l'auteur :

« Mirabeau, dans cette occasion, frappa surtout par son audace ; jamais peut-être il n'avait plus impérieusement subjugué l'assemblée. Mais sa fin approchait, et c'étaient là ses derniers triomphes..... La philosophie et la gaieté se partagèrent ses derniers instants. Pâle, et les yeux profondément creusés, il paraissait tout différent à la tribune, et souvent il était saisi de défaillances subites. Les excès de plaisir et de travail, les émotions de la tribune, avaient usé en peu de temps cette existence si forte. . . . .

» Une dernière fois il prit la parole à cinq reprises différentes ; il sortit épuisé, et ne reparut plus. Le lit de mort le reçut et ne le rendit qu'au Panthéon. Il avait exigé de Cabanis qu'on n'appelât pas de médecins ; néanmoins on lui désobéit ; ils trouvèrent la mort qui s'approchait et qui déjà s'était emparée des pieds : la tête fut la dernière atteinte, comme si la nature avait voulu laisser briller son génie jusqu'au dernier instant. Un peuple immense se pressait autour de sa demeure et encombrait toutes les issues dans le plus profond silence..... Mirabeau fit ouvrir ses fenêtres : « Mon ami, dit-il à Cabanis, je mourrai aujourd'hui ; il ne reste plus qu'à s'envelopper de parfums, qu'à se couronner de fleurs, qu'à s'environner de musique, afin d'entrer paisiblement dans le sommeil éternel. » Des douleurs poignantes interrompaient de temps en temps ces

discours si nobles et si calmes : « Vous aviez pro-
mis, dit-il à ses amis, de m'épargner des souffrances inutiles. » En disant cela il demande de l'opium
avec instance. Comme on le lui refusait, il l'exige
avec sa violence accoutumée. Pour le satisfaire, on
le trompe, et on lui présente une coupe, en lui
persuadant qu'elle contenait de l'opium. Il la saisit, avale le breuvage qu'il croit mortel, et paraît
satisfait. Un instant après il expire. C'était le 20
avril 1791. . . . .

» L'assemblée interrompt ses travaux; un deuil
général est ordonné, des funérailles magnifiques
sont préparées. On demande quelques députés :
Nous irons tous, s'écrient-ils. L'église de Sainte-
Geneviève est érigée en Panthéon, avec cette ins-
cription, qui n'est plus à l'instant où je raconte
ces faits :

« AUX GRANDS HOMMES LA PATRIE RECONNAISSANTE. »

Écoutons maintenant M. Thiers peindre la mort
de Louis XVI :

« Dans Paris régnait une stupeur profonde; l'audace du nouveau gouvernement avait produit l'effet
ordinaire que la force produit sur les masses; elle
les avait paralysées et réduites au silence. Le conseil exécutif était chargé de la douloureuse mission
de faire exécuter la sentence. Tous les ministres
étaient réunis dans la salle de leur séance et comme
frappés de consternation. Le tambour battait dans
la capitale; tous ceux qu'aucune obligation n'appelait à figurer dans cette terrible journée se ca-

chaient chez eux. Les portes et les fenêtres étaient fermées, et chacun attendait chez soi le triste évè- nement. A huit heures, le roi partit du Temple. Des officiers de gendarmerie étaient placés sur le devant de la voiture. Ils étaient confondus de la piété et de la résignation de la victime. Une mul- titude armée formait la haie. La voiture s'avançait lentement au milieu du silence universel. On avait laissé un espace vide autour de l'échafaud. Des ca- nons environnaient cet espace, et la vile populace, toujours prête à outrager le génie, la vertu et le malheur, se pressait derrière les rangs des fédérés et donnait seule quelques signes extérieurs de sa- tisfaction. »

Les scènes de fureur populaire sont retracées avec une verve bien rare ; toutes les passions·des foules y hurlent leurs cris de mort. La partie mi- litaire nous a semblé très remarquable ; on a dit (et nous répétons ceci sans l'affirmer) que des of- ficiers de l'empire avaient aidé l'habile historien. Le seul reproche grave qui ait été adressé à MM. Thiers et Mignet, c'est celui de leur tendance au fatalisme. Il est impossible de la nier. Les écri- vains libéraux (je ne connais pas d'autre terme pour remplacer ce vieux mot) ont été sans doute fatigués de la fougue du parti contraire et sont tombés dans un autre excès. Pour eux, tout ce qui arrive dans l'histoire a une mission à remplir, et s'ils ne disent pas explicitement que les faits arrivés ne pouvaient pas ne pas être, il est certain que cette idée apparaît souvent dans leur œuvre. Ainsi les effroyables exécutions de Marat et de Robespierre semblent une sorte de nécessité sans laquelle la société française ne pouvait se renouveller. On conçoit à quel abîme mènent de telles doctrines, non sans doute, ainsi que je l'ai déjà dit, exprimées en toutes lettres, mais ressortant à tout moment du récit. Et d'ailleurs, non seulement ces grands exécuteurs sont absous par la philosophie de l'histoire, mais à chaque instant l'auteur nous parle de cet entraînement irrésistible des époques révolutionnaires, de ces vapeurs sanglantes qui enivrent et paralysent la volonté de l'homme. C'est là une erreur morale dont les résultats sont incalculables ; la mission de l'historien, comme celle du philosophe est de ranimer sans cesse dans les cœurs l'idée sainte du devoir et de la liberté humaine, de relever de plus en plus sa dignité par l'horreur du crime et l'amour du beau. Combien madame de Staël est plus sociale et plus vraie lorsque dans ses Considérations sur la révolution française, elle écrit ces paroles mémorables : « Le génie se manifeste non seulement dans le triomphe qu'on remporte, mais dans les moyens qu'on a pris pour l'obtenir. La dégradation morale, empreinte sur une nation qu'on accoutume au crime, tôt ou tard doit lui nuire plus que les succès ne l'ont servie. »

Et que l'on ne croie pas plaider la cause de l'avenir en s'éloignant de ces idées de haute morale politique ; notre nature nous entraîne toujours vers l'inconnu. Quoique né dans cette Bretagne que M. Michelet a signalée comme éminemment résistante, nos sympathies pour le passé sont bien peu de chose comparées à nos élans vers la société future; il y a dans notre âme de l'impatience et une grande frayeur de ne pas assister à l'état social prédit par toutes les bouches éloquentes du siècle. Nous sommes conséquemment très fier et très heureux de la révolution de 1789; nous applaudissons de toute notre force à cette nouvelle phase de l'histoire du monde; mais nous n'en détestons pas moins avec une énergie que nous ne dissimulerons pas, les sanglants sacrifices qui souillent nos annales à cette époque. Nous croyons que l'humanité, quoi qu'on en dise, n'avait pas besoin de tout ce sang; mais si nous avions une autre croyance à cet égard, nous n'en maudirions pas] moins les hommes cruels qui se sont faits bourreaux. C'est cette horreur que je n'aperçois pas assez dans les historiens de l'école appelée fataliste. Soyons bien convaincus que le matérialisme fataliste est tout aussi absurde en politique qu'en philosophie.

Plusieurs histoires de la révolution sont émanées du parti légitimiste; elles sont frappées de mort, parce qu'elles sont écrites du point de vue du passé. Pour l'historien comme pour le publiciste et le philosophe, il n'y a pas de gloire durable sans de vives et profondes sympathies pour les générations neuves, pour l'avenir des sociétés. L'*Histoire parlementaire de la Révolution française*, par Buchez et Roux ne saurait être encore appréciée; mais ses doctrines ont une teinte de philosophie et de christianisme qui semble convenir à l'époque actuelle. Nous attendons que plus de temps ait passé sur ces quarante volumes pour les juger. Nous n'aimons pas la précipitation lorsqu'il s'agit de pareilles œuvres.

De toutes les histoires de Napoléon, il n'y a guère que celle de M. de Norvins qui ait conservé quelque réputation, mais elle ne nous semble pas appelée à occuper l'avenir; nous attendions beaucoup plus de l'auteur des articles *Bonaparte* et *Napoléon* dans la *Biographie des Contemporains*. Le poëme de M. Ph. de Ségur sur la campagne de Russie est destiné selon nous à une gloire plus durable. L'histoire entière du dernier conquérant de l'Europe est encore à faire.

Des travaux historiques de notre époque, comme de ses travaux philosophiques une idée incontestée surgit : *le progrès*. Personne ne soutient plus que l'humanité est destinée à parcourir une certaine route et à la recommencer sans cesse.

En effet, cette opinion est absurde dès qu'on l'examine avec quelque profondeur ; et le développement de la société humaine apparaît d'une manière admirable dans les phases successives de l'histoire. A l'origine du monde, pendant la splendeur des peuples orientaux, l'homme n'était préoccupé que de l'idée de l'infini. Le monde oriental est avant tout un monde religieux; il a enseigné à l'avenir la nature de Dieu et le culte qui lui est dû par la créature. C'était là ce qui importait le plus à la terre, car sans la religion nulle société ne saurait s'établir ni subsister.

La seconde grande époque du genre humain, l'époque grecque et romaine, s'occupe spécialement de l'homme, de sa liberté, du développement de son intelligence. La Grèce se passionne si ardemment pour cette mission spéciale, que ses dieux eux-mêmes sont des hommes remplis des vices et des inconséquences de notre nature. Avec quel étonnant génie les Grecs ont rempli leur tâche! l'univers le sait.

Mais l'histoire restait incomplète après ces deux immenses évolutions : l'Orient et la Grèce continuée par Rome, l'infini et le fini, Dieu et l'homme, l'autorité et la liberté, devaient s'unir par un hymen glorieux : c'était la mission du christianisme.

Après bien des déchirements, de longs siècles de labeurs et de larmes, le christianisme arrivera à ce but sublime. Tous les peuples reconnaîtront que la liberté est nécessaire à leur vie, et qu'elle n'est possible qu'à l'abri des lois providentielles qui dirigent tout. C'est la dernière grande évolution sociale. Commencée depuis plus de dix-huit siècles, il en faut encore plusieurs pour qu'elle se généralise et se perfectionne.

Les travaux philosophiques et historiques du XIXᵉ siècle convergent à l'idée que je viens d'exposer. Les Grecs ont étudié l'homme, les modernes étudient les choses ; eux seuls pouvaient créer cette appellation si célèbre aujourd'hui : la philosophie de l'histoire.

FIN.

TABLE

DU

DEUXIÈME VOLUME.

ROMANS.

CRITIQUE.

HISTOIRE.

HISTOIRE CONTEMPORAINE.